Antje Glück

Terror im Kopf

Medien und politische Kommunikation – Naher Osten und islamische Welt /
Media and Political Communication – Middle East and Islam, Band 14
Herausgegeben von Prof. Dr. Kai Hafez, Universität Erfurt
(in Nachfolge der gleichnamigen Schriftenreihe beim Deutschen Orient-Institut,
Hamburg, 2000 bis 2005, Band 1 bis 10)

Antje Glück

Terror im Kopf

Terrorismusberichterstattung in der deutschen und arabischen Elitepresse

Frank & Timme
Verlag für wissenschaftliche Literatur

Titelillustration: Susanne Queck

ISBN 978-3-86596-157-0
ISSN 1863-4486

Herstellung durch das atelier eilenberger, Leipzig.
Printed in Germany.
Gedruckt auf säurefreiem, alterungsbeständigem Papier.

www.frank-timme.de

„Sprache definiert und verdammt den Feind nicht nur, sie erzeugt ihn auch; und dieses Erzeugnis stellt nicht den Feind dar, wie er wirklich ist, sondern vielmehr, wie er sein muss, um seine Funktion für das Establishment zu erfüllen." (Herbert Marcuse)

Danksagung

Die vorliegende Arbeit wäre in dieser Form nicht entstanden ohne die Hilfe von zahlreichen Menschen.

Besonderer Dank gilt dabei den Betreuern der Diplomarbeit Prof. Dr. Kai Hafez und Prof. Dr. Marcel Machill für ihre gewinnbringenden Anmerkungen während der Entstehung der Arbeit. Ebenso danke ich Prof. Dr. Werner Früh für das Setzen von Grenzen und Ilona Malter für die wertvolle Hilfe.

Unerlässlich waren die exzellenten Sprachfähigkeiten von Ibrahim, der ausdauernd und mit Leichtigkeit die schwierigsten Stellen im Arabischen knackte. Thomas danke ich für die schnelle technische Hilfe, und Christoph Peters für den Blick fürs Wesentliche. Wertvolle Anregungen gaben auch Walid Abd El-Gawad, Ines Wolter und Pascal Klopp. Silke Leopold las aufmerksam und im Eiltempo Korrektur ebenso wie Susanne Queck, die auch das Titelbild gestaltete. Thomas Tschepke prüfte das Kategoriensystem der Inhaltsanalyse auf Interreliabilität. Susanne und Thorsten sorgten für einen geregelten Tagesablauf mit positiven Nebeneffekten, und die Freunde des angebissenen Apfels verhalfen mir zu ungeahnten Zeitreserven.

Einen wirklich herzlichen Dank an Carola Richter für die sehr verlässliche Hilfe bei der Erstellung des Manuskripts und die Mühe der Durchsicht.

El mejor de los saludos geht jedoch an das einzigartige Erfolgsquartett der „Library Sisters and the Tambourine Man". Zu guter Letzt großen Dank an meine äußerst liebenswürdigen Eltern.

Vorbemerkungen zur Schreibweise

1. T-Akte, T-Akteure, T-Ereignisse

„Terrorismus" als Begriff ist mit einer hohen Normativität besetzt. Um diese zu umgehen, ist eine Entfernung der standpunktabhängigen Bewertungskomponente anzustreben. Nach einer Idee des Philosophen Georg Meggle wird im Folgenden der wertende „Terror"-Anteil von Wörtern durch den Buchstaben „T-" ersetzt:

> „Ein brauchbarer T-Begriff sollte [...] neutral sein: also weder Akteur-relativ, noch Ziel/Motiv-relativ, noch Standpunkt-relativ" (Meggle 2005: 18).

Dementsprechend wird in dieser Arbeit in vielen Kontexten von „T-Akten", „T-Akteuren" oder „T-Gruppen" gesprochen.

2. Die Darstellung arabischer Wörter

Die arabische Sprache enthält einige spezielle Phoneme, die konventionelle lateinbasierte Umschriften nicht darzustellen vermögen, dazu sind Ergänzungen nötig. Da diese Arbeit ihren Schwerpunkt jedoch nicht in der Orientalistik hat, wurde in diesem Rahmen auf eine genaue Transkription arabischer Wörter zugunsten leichterer Lesbarkeit weitgehend verzichtet. Eine Umschrift wurde bei Fachtermini aus dem islamwissenschaftlichen Bereich verwendet, nicht jedoch bei Namen von Personen, Institutionen oder Autoren, die nicht in Arabisch publiziert haben. Die Schreibweise der untersuchten Zeitungen entspricht dem deutschen Sprachgebrauch („Al-Ahram" statt „Al-Ahrâm", „Al-Hayat" statt „Al-Hayât").

Da im Arabischen die Differenzierung zwischen kurzen und langen Vokalen bedeutungsentscheidend sein kann, wurden zumindest lange Vokale bei Fachtermini in der folgenden Weise dargestellt: â, î, û. Ein Nachteil dieser schriftlichen Darstellungsweise ist das Zusammenfallen des stimmlosen Verschlusslautes *Hamza* mit dem stimmhaften Reibelaut *°Ain* (beide wurden in der Darstellung am Wortanfang und -ende weggelassen und lediglich in der Wortmitte marktiert durch ') und der empathischen und nicht-empathischen Versionen der Laute *s*, *d*, *t*, *z* sowie von *h* als laryngaler Hauch- und pharyngaler Reibelaut.

Die aus dem Englischen bekannte Entsprechungen wurden in folgenden Fällen verwendet: *kh* anstelle von *ch* (z.B. „Sharm El-Sheikh") und *th* zur Kennzeichnung des stimmlosen interdentalen Reibelautes (z.B. engl. „think").

INHALTSVERZEICHNIS

Abbildungs- und Diagrammverzeichnis

0: ZUSAMMENFASSUNG

Globale Medienereignisse wie Klimakatastrophen oder terroristische Akte (i.F. T-Akte) sollten – so könnte vermutet werden – durch die globale Betroffenheit eine weltweit agierende und sich koordinierende Zivilgesellschaft erzeugen, auch wenn diese nur zeitlich begrenzt in Erscheinung tritt.

Die vorliegende Arbeit ging dieser Frage nach, indem die Berichterstattung über zwei T-Akte untersucht wurde, die zeitlich fast synchron, aber unterschiedlich lokalisiert stattfanden. Von einer medialen grenzüberschreitenden Öffentlichkeit sollte gesprochen werden, wenn eine zeitgleiche Themenagenda vorhanden war, ähnliche Interpretationsmuster (Priming und Framing) benutzt wurden sowie der jeweils andere Diskurs und dessen Teilnehmer als legitime Sprecher wahrgenommen wurden (Bezugnahme).

Daneben sollte der Grad der Ähnlichkeit ermittelt werden, den deutsche und arabische Medieninhalte bei der Berichterstattung über die islamistisch motivierten Anschläge aufwiesen. Grundannahme war, dass beide Mediengruppen zunächst eine sehr ähnliche Quellenausgangslage aufwiesen. In welchem Ausmaß berichteten die Medien über die T-Akte und mit welcher Färbung? Welche Anschlussdiskurse initiierten sie? Anschließend sollten auf der Kommunikatorebene externe Einflussfaktoren ermittelt werden, die die journalistische Berichterstattung determinierten, sowohl auf individuell-lebensweltlicher Ebene als auch im Organisationssystem Redaktion.

Verglichen wurden deutsche und arabische Elite-Zeitungen, da diese am ehesten einen inter-elitären Bezug zu anderen Räumen herstellen können und sollen. Zwar stammen die Zeitungen aus sehr unterschiedlich strukturierten Mediensystemen, unterliegen aber ähnlichen Nachrichtenfaktoren, Quellen, Zugängen und Berichterstattungsroutinen. Untersucht wurden für Deutschland die ideologischen Gegenpole Frankfurter Allgemeine Zeitung und Frankfurter Rundschau, für den arabischen Raum die transnationale Al-Hayat und die auflagenstärkste arabischsprachige Zeitung Al-Ahram aus Ägypten.

In einer Inhaltsanalyse wurde eine Reihe von Variablen codiert, die sich zu acht Dimensionen zusammenfassen ließen: Thema, Prominenz, Zeitverlauf, journalistisches Handwerk, Informationsurheberschaft, Terrorismusbezug und Darstellung des kulturell „Anderen". Die Stichprobe (N=635 Artikel) umfasste jeweils die neun Folgetage nach den beiden „Juli-Anschlägen" des Jahres 2005 in London und Sharm El-Sheikh.

Hinzu kam eine mediale Diskursanalyse, die sich speziell der Ereigniskommentierung widmete. Die 45 ausgewählten deutschen und arabischen Artikel wurden nach dem Verfahren der qualitativen Inhaltsanalyse von Mayring einer induktiven Kategorienbildung auf Aussagenebene unterzogen, die sich in neun Dimensionen gliederte: Islamistischer Terrorismus, Motiv-, Ursachen- und Konsequenzen-Attribution, Reaktionen, das Selbst und der Andere (Muslime), das Ereignisgeschehen von London und von Sharm El-Sheikh sowie die Einbettung des T-Aktes. Es wurden Spannbreite und Häufigkeit der Argumente erfasst.

Der Test auf Homogenität der Berichterstattung ergab für die ähnlichen Merkmale einen Anteil von 61 % (5,5 Punkte auf einer Skala mit 9 Ausprägungen). Die homogenen Merkmale beschränken sich dabei auf die Bereiche des journalistischen Handwerks, der verwendeten Quellen, des Interpretationskontextes für Terrorismus und der gegenseitigen Thematisierung als der „Andere". Während die Prominenz der Terrorismus-Darstellung, ihr Zeitverlauf und die Feinanalyse des medialen Diskurses sowohl Ähnlichkeiten als auch Unterschiede aufwiesen, wichen deutsche und arabische Medien vor allem in der Themenagenda und den gegenseitigen Bezugnahmen voneinander ab.

Wenn deutsche und arabische Medien über Terrorismus berichten, dann also mit einer leicht erhöhten homogenen Tendenz, die vor allem im Bereich der Quellen und journalistischen Formstandards zu finden ist, jedoch deutlich weniger auf inhaltlicher Ebene.

Die Feinanalyse der Aussagen innerhalb des Kommentardiskurses ergab für beide Mediengruppen eine große Bandbreite an Argumenten, die jedoch auf unterschiedliche Schwerpunktbereiche entfallen. Deutsche Zeitungen diskutierten in den Kommentaren am häufigsten über das unmittelbare Geschehen in London und über die Effizienz westlich initiierter Maßnahmen zur Bekämpfung des Terrorismus in Vergangenheit und Gegenwart. Arabische Zeitungen hingegen konzentrierten sich auf die Ursachen für Anschläge und verfolgten einen multiperspektivischen Ansatz bei den Reaktionsmöglichkeiten darauf. Zudem wurde die Stellung der Muslime und muslimischen Minderheiten im westlichen Ausland als unschuldiges Opfer der Anschläge thematisiert und damit die westliche Welt indirekt einer gewissen Islamfeindlichkeit beschuldigt.

Setzt man die Ergebnisse nun speziell in den Kontext der Frage nach einer medialen transnationalen Öffentlichkeit, so ist von dieser nur im Ansatz zu sprechen. Die durchwachsene, eher ungleiche Themenagenda, die mäßig homogene Zeitverlaufsanalyse und die häufig nicht vorhandenen Bezugnahmen auf den Diskurs der „anderen Seite" lassen nur vereinzelt einen transnationalen Diskurs und eine transnationale Medienöffentlichkeit zu. Die Berichterstattung beschäftigt sich zwar mit ähnlichen Themendimensionen, verharrt im Detail aber in nationalen Interpretationsstrukturen.

Zwei leitfadengestützte Interviews mit je einem Redakteur von FAZ und FR ergaben sehr ähnliche lebensweltliche Prägungen, Einstellungen und Meinungen. Die befragten Redakteure zeigten Ähnlichkeiten in Ausbildung und professionellen Kompetenzen, Bewusstsein der Problematik, Begriffs-Semantik, Vorgaben der Institution und in den redaktionellen Routinen. Auch die Organisationsebene zeigte deutliche Entsprechungen. Generell erscheinen schriftlich fixierte Redaktionslinien nicht zur Koordinierung der Terrorismus-Berichterstattung erforderlich, da die Zeitungen Wert auf Distanz und Neutralität legen. Wichtig hingegen ist die Qualifizierung der Korrespondenten im Ausland, die nötige Sprach- und Landeskompetenz sowie handwerkliche Fähigkeiten besitzen sollten.

1: EINLEITUNG

Jetzt war Großbritannien an der Reihe. Am Morgen des 7. Juli 2005 kam das Grauen mit der morgendlichen Normalität, mitten in der Hauptstadt, am empfindlichen infrastrukturellen Nerv der Untergrundbahn. Den 4 Bombenattentaten im Herzen Londons folgte unweigerlich die Erinnerung an den 11. September 2001 in den USA. Die öffentlich gedachten Ziele blieben aber trotz der Breitenwirkung des Ereignisses und seiner medialen Präsenz im Dunkeln. Denn tote Attentäter können nicht reden. Und anders als in den 1980er Jahren laufen Medien heute kaum mehr Gefahr, eine Plattform für Attentäter oder terroristische Akteure (T-Akteure) zu bieten.

Berichterstattung über Terrorismus stellt dennoch hohe Anforderungen an Akteure (Journalisten) und Medieninstitutionen. Es ist eine Form des Krisenjournalismus, bei der die Konsequenzen des eigenen Tuns deutlich hinterfragt werden sollten. In entschleunigten Fernseh- und Internetzeitalter jedoch weicht die Zeit für Reflexionen dem Zeitdruck des Berichtens.

Analysen und Theorien zur Rolle der Medien bei T-Akten vor dem 11. September 2001 haben aufgrund der Änderung des Charakters des Terrorismus hin zur Religiosität und Transnationalität an Aktualität eingebüßt. Während der 11. September 2001 selbst eine hohe Menge von Analysen und Medienkritik nach sich zog, ist schon für den Anschlag von Madrid 2004 deutlich weniger Forschungsinteresse zu verzeichnen. T-Akte werden also offenbar zu unregelmäßig, aber etablierten Ereignissen. Da eine Dynamik der Berichterstattung über islamistisch motivierten Terrorismus erst längerfristig erkennbar wird, wählt die Arbeit als Untersuchungs-anlass die „Juli-Anschläge" des Jahres 2005.

Im Rahmen der informationstechnischen und wirtschaftlichen Globalisierung wird eine solche Entwicklung auch in anderen Bereichen vermutet, z.B. bei politischen Institutionen oder einer „Welt-Gesellschaft" im Sinne Luhmanns. Während positive Befunde über eine transnationale Zivilgesellschaft in europaweiten Untersuchungen zunehmen, stellt sich die Frage nach der temporären medial vermittelten Öffentlichkeit bei globalen Medienereignissen, zu denen neben dem Klimawandel auch der internationale Terrorismus gehört.

Gerade „kulturübergreifende" Vergleiche können gegenwärtige Mechanismen im Rahmen der Globalisierung nachweisen oder transnationale Standards im Journalismus aufzeigen. Hinzu kommt der Blick auf den Status und die Rolle von Medien in autoritären Staaten, die innerhalb der gegenwärtigen allgemeinen Transformationsprozesse dynamische Züge aufweisen können. Jedoch scheitern kulturraumübergreifende Analysen schon im Ansatz, wenn notwendige grenzüberschreitende Forschungskapazitäten oder Sprachkompetenzen fehlen.[1] Die vorliegende Arbeit unternimmt einen solchen Vergleich mittels deutscher und arabischer Zeitungen.

---

[1] Eine bemerkenswerte und umfangreiche Ausnahme stellt die zweifach durchgeführte Foreign-News-Studie dar, die Themen und Bezugsobjekte der internationalen Berichterstattung von 29 Ländern untersuchte (vgl. z.B. Sreberny-Mohammadi 1985).

Untersucht wird nachfolgend also die Darstellung von Terrorismus in der deutschen und arabischen Elitepresse mit dem Ziel, Unterschiede und Übereinstimmungen im Umgang mit islamistisch motiviertem Terrorismus in den beiden Kulturkreisen herauszufinden, d.h. in Darstellung, Einordnung und Wertung der Ereignisse. Im Vordergrund steht auch die Frage, ob Anschläge mit islamistischem Hintergrund als globale Medienereignisse eine zumindest temporäre globale Öffentlichkeit schaffen können, die Kulturraumgrenzen überwindet.

Untersuchungsansatz der Arbeit

Die Arbeit gliedert sich in zwei Teile. Zunächst werden die theoretischen Grundlagen, Ansätze und Faktoren erläutert, denen die Berichterstattung über Terrorismus unterliegt. Ausgehend von Systemtheorie und medienwissenschaftlichen Mesotheorien werden die medienspezifische Konstruktion von Realität, die Rahmenbedingungen bei der Produktion von Medieninhalten, die Unterschiede zwischen deutschem und arabischem Mediensystem sowie das Konzept des Konflikt- und Krisenjournalismus erläutert. Anschließend werden zentrale Begriffe (Terrorismus und Medien, transnationale Öffentlichkeit, Islam und Gewalt sowie die Sicht auf den Anderen) expliziert.

Den zweiten, empirisch gehaltenen Teil dominieren die Resultate der quantitativen und qualitativen Inhaltsanalysen, die ausgehend von zwei Zeiträumen nach den Anschlägen in London und Sharm El-Sheikh im Juli 2005 die Berichterstattung auf Homogenität prüfen und den medialen Diskurs analysieren. Ergänzt wird dies durch eine sehr knapp gehaltene Befragung von Redakteuren, die Erfahrung im „Ressort Terrorismus" aufweisen.

Die Untersuchung wäre in vielerlei Hinsicht noch zu ergänzen gewesen, indem das untersuchte Medienspektrum auf die Boulevard- und Wochenpresse sowie den Rundfunkbereich erweitert wird, da insbesondere das Fernsehen ganz eigenen Produktionszwängen unterworfen ist (z.B. bei der Live-Berichterstattung). Um ein Bild der Dynamik der Terrorismus-Berichterstattung zu gewinnen, sollten zudem Längsschnittanalysen einbezogen werden, die z.B. mit Hilfe der Frame-Analyse (dynamische Clusteranalysetechnik) regelmäßige Interpretationsmuster entdecken können. Der Check auf redaktionsorganisatorischer Ebene kann deutlich erweitert werden. Insbesondere scheint ein Vergleich von deutschen Journalisten mit arabischen Redakteuren in gleicher Position lohnenswert.

2: Der „Andere“ in den Medien

Mediale Repräsentationen des Islams und des Westens

Islamistisch motivierte T-Akte in den Medien funktionieren gegenwärtig nicht ohne Religionsbeimischung. Das religiöse Bekenntnis der Attentäter zum Islam wird oft miterwähnt und stellt damit unweigerlich eine feste Assoziation von Islam(isten) und Terroristen her. Diese Art von Stereotypen[2], Vorurteilen und Feindbildern findet sich in den meisten Kulturen und ngegenseitige Wahrnehmungen von Völkern und Nationen. Denkschablonen sind in jeder Sprache enthalten und werden schon als Kind durch Sozialisierung erworben (Flohr 1991: 81). Sie ermöglichen die Orientierung innerhalb der Komplexität einer Massengesellschaft, indem sie die Ordnung des Wissens und die Kategorisierung der Welt erleichtern. Lippmann (1922) sah darin eine geistige „Schubladisierung“.

Stereotypen sind längerfristig stabile und reduzierte Urteile über andere, die bestimmten Gruppen oder Personen Eigenschaften zu- oder aberkennen und dabei entweder stark verallgemeinern oder eine emotional wertende Tendenz hineinlegen. Sie sind meist affektgeladen und an psychologischen und äußerlichen Charakteristika orientiert (vgl. Silbermann 1982: 431). Ein besonders starkes Stereotyp ist das Feindbild[3], das so negativ besetzt, dass es Bedrohtheitsgefühle, Feindseligkeit und Aggressionen auslöst (Pürer 2003: 439). Feindgruppen werden dabei menschlicher Eigenschaften beraubt, um sie zu de-individualisieren und delegitimieren.

Stereotype basieren auf Vorurteilen. Ein Vorurteil ist ein meist auf indirekten Erfahrungen beruhendes falsches Urteil über Sachverhalte oder Personen(gruppen), das sich einer möglichen Korrektur entzieht (Änderungsresistenz, selektive Wahrnehmung). Als Abwehr schützt es sozial vor Unsicherheit und stabilisiert die Eigengruppe und die eigene Identität. Es baut Frustrationen ab und wirkt systemerhaltend, indem es die Bevölkerung von internen Schwierigkeiten ablenkt.[4]

Stereotype können für Medienkonsumenten schnell zu subjektiver Realität werden, denn „ein Medienpublikum hält die dargebotenen Informationen immer pars-pro-toto für eine Schilderung der Gesamtsituation“ (Schiffer 2004: 32).

Bei einer Gegenüberstellung von Islam und dem Westen vergleicht man sehr heterogene Gebilde: zum einen den Islam als Religion, zum anderen den Westen als „Bezeichnung einer Himmelsrichtung“ (Rotter 1994: 46). Dennoch kann man sich dieser Vergleichsbasis kaum entziehen. Als eine Legitimierung für den Vergleich ist das Verständnis von „westlicher Welt“ um den Begriff „Kulturchristentum“ ergänzbar, der einen Teil der entsprechenden Werte- und Normenprägungen historisch-religiös erklärt.

---

[2] griechisch, „dauerhafte Form“ (Ohde 1994: 37).

[3] Sommer und Theobald (1986: 1) definieren Feindbilder als „... a very negative, highly emotional prejudice against peoples, countries, or ideologies. This prejudice may include the fantasy or even the action of destroying the other”.

[4] Vgl. u.a. Six (1982: 29), Flohr (1991: 137), Kurre (1994: 49), Ohde (1994: 43).

Die gegenseitige Wahrnehmung des „Westens“ und der islamischen Welt folgt strukturell der Orientalismus-Debatte (vgl. Said 1979), denn „both worlds see one another through the eyes of their own self-understanding, as they strife to come to terms with their own identity and their views of the other“ (Kalin 2004: 178). Konzepte wie Ethnozentrismus, Universalismus gegen Partikularismus oder das Erbe des Kolonialismus können in einem Zeitalter ausgiebiger transnationaler Bezüge nicht erörtert werden ohne zu beachten, welche Implikationen dies auf die nichtwestliche Welt hat. Umgekehrt können Diskussionen über wichtige Themen wie die Moderne, die Technik oder die Belebung der islamischen Zivilgesellschaft nicht ohne Rücksicht auf die Rolle des Westens stattfinden (Kalin 204: 178).

a) Der Islam: Feuer und Schwert vs. Orientalismus

Die Wahrnehmung des Islams als das negativ bewertete Fremde findet seine ersten Wurzeln im 8. Jahrhundert, als Christen die neue Religion als Bedrohung ihrer selbst reklamierten einzigartigen, göttlich inspirierten Stellung empfanden.[5]

Das kolonial geprägte Orientbild des 19. Jahrhunderts wurde von Edward Said (1985) dekonstruiert. Diese Sicht des Orient strebte nach Dominanz über das „Unbegreifbare“, indem sie dem Orient Attribute wie Sensitivität, Tendenz zum Despotismus, Unakkuratheit und Rückständigkeit unterstellte, so dass

> „it is therefore correct that every European, in what he could say about the Orient, was consequently a racist, an imperialist, and almost totally ethnocentric” (1985: 204ff.).

Heute lassen sich zwei Hauptperspektiven auf den Islam unterscheiden. Die erste spricht von kulturalistisch begründeten Konfrontationstendenzen im Islam. Neben Bernard Lewis proklamierte vor allem Samuel Huntington (1993) den unausweichlichen „Zusammenprall der Religionen“, indem er von starken kulturellen und religiösen Differenzen zwischen 7-8 Weltkulturen ausging. Besonderes Konfliktpotential besitzt dabei die monolithisch verstandene islamische Zivilisation[6] (vgl. auch Esposito 1992: 177ff.). Diese geistige Richtung entstellt subtil oder direkt islamische Konzepte und lässt die historischen und politischen Hintergründe außen vor, die zur Abwesenheit von Demokratie, Säkularismus und einer aktiven Zivilgesellschaft beitragen (Kalin 2004: 173).

Die zweite noch junge Richtung[7] betont Koexistenz und Anpassung. Der Islam wird dabei als Schwesternreligion der drei abrahamitischen Religionen gesehen. Der Islam erscheint als grundsätzlich tolerant, demokratisch und nicht unbedingt anti-westlich. Radikale Stimmen gehören einer kleinen Minderheit (vgl.

---

[5] Watt (1991) identifizierte vier dominante Stereotypen des Islambilds im mittelalterlichen Europa: der Islam wurde als falsche Religion verstanden, die durch das Schwert verbreitet wird, der sexuellen Freizügigkeit frönt und dessen Prophet der Anti-Christ ist.

[6] Heftige (akademische) Kritik an Huntingtons Konzept äußerten z.B. Ajami (1993), El-Ansary (2004), Akram (2004), Said (2002).

[7] Bereits Goethe, Leibniz oder Lessing betonten die Vernunft, Rationalität und Spiritualität des Islams, Lessings Ringparabel setzte Islam mit Aufklärung gleich (Becker 2005: ix).

Kalin 2004). Akademiker wie Said oder Esposito betrachten die islamische Welt in ihrer Differenziertheit und deren Probleme in gesellschaftlich-politischem Kontext.

Das Bild über den Islam in den Massenmedien erscheint durch die Ereignisse der letzten Jahre inzwischen recht homogen, "Jihad not *Salam* (peace) is the word mostly commonly associated with Islam" (Milton-Edwards 2005: 10). Islam und Fundamentalismus werden inzwischen wegen kontinuierlicher Negativ-Thematisierung in den Medien (z.B. Hafez/Richter 2007) als "greatest threat to global security since the end of the Cold War" gesehen. Bereits mit dem Fall der Mauer 1989 wurde das alte Feindbild „Kommunismus" durch das „Feindbild Islam" abgelöst, das längst nicht so einfach strukturiert ist wie das des Kalten Krieges. Die übertriebene religiöse Mythologisierung und subtile Assoziation mit Rückständigkeit, Engstirnigkeit und Aggression beweisen sich bei Anlässen wie den Mohammed-Karikaturen oder der Papstrede (beide 2006) stets aufs Neue. Hafez (1999) merkt an, dass einst antijüdische Klischees zeitversetzt auf die „neue Minderheit" der Muslime in Deutschland übertragen werden. Die neue gesellschaftsfähige Islamfeindlichkeit konstruiert Muslime als „fremd", zwangsorientalisiert sie und stellt sie unter Ideologieverdacht.

Muslime scheinen nichts anderes als moralisch verwerfliche Taten begehen zu können, angefangen bei Geiselnahmen im Iran, Irak und Libanon, Todes-Fatwas gegen Schriftsteller, Diskriminierung der Frau unter den Taliban, Selbstmordanschläge in Nahost bis hin zum 11. September 2001: „at no other time has there been as much confusion about Muslims and their beliefs, and Islam and its legacy" (El Fadl 2005:2). Ein typisches Feindbild in Bezug auf den Islam ist der Feuer-und-Schwert-Mythos, „nämlich dass der Islam und damit die Muslime grundsätzlich gewalttätig und aggressiv seien und somit eine Bedrohung für die abendländische Kultur darstellten" (Rotter 1994: 47).[8] Der Spiegel, Deutschlands Leitmedium, und Stern werben mit reißerischen Titeln wie "Weltmacht Islam" oder „Geheimnis Islam" und publizieren ein selektives Bild der Wahrnehmungen des Islams, dass durch religiöse „Rückständigkeit", im „unterentwickelten und ‚dunklen' Mittelalter lebende Muslime oder eine „intollerante [sic.] und auf Expansion ausgerichtete Religion" gekennzeichnet ist (Thofern 1997: 138).[9] Das Bestreben nach journalistischer Ausgewogenheit geht angesichts zahlreich und massiv geäußerter Kritik am Islam unter.

In einer kursorischen Zeitverlaufsanalyse attestiert Hafez (2005) der deutschen Berichterstattung über den 11. September 2001 positiv die Reduktion des simplen Islam-Feindbildes aus den 1990er Jahren. Allerdings wurde der Islam dennoch assoziativ häufig in Verbindung mit Terrorismus und der Minderheitengruppe der radikalen Islamisten gebracht, während politische und gesellschaftliche Ursachen für die T-Akte im Hintergrund verblieben. Hafez (2002b) analysisierte zudem ausgiebig die deutsche Auslandsberichterstattung ausgewählter Ereignisse mit Bezug auf die arabisch-islamische Welt (Nahostkonflikt, Erdölkrise).

[8] Dieser Mythos findet sich bei Scholl-Latour (z.B. „Das Schwert des Islam", 1995).

[9] Schiffer (2004: 42) sieht 100 Jahre antiislamischer Diskurse als Basis für das heute akzeptierte Feindbild. „Das Tückische am Feindbild ist ja der ‚wahre Kern', das heißt das Anknüpfen an tatsächliche Ereignisse, die nur im falschen Zusammenhang wiedergegeben werden".

b) *Der Westen: Barbaren, Perverslinge, legitimierte Staatsterroristen*

Muslime nahmen westliche Christen erstmals mit den Kreuzzügen bewusst wahr. Seitdem wurde das Abendland nicht nur mit mangelnden Hygienestandards, sondern mit Barbarentum, Gewalt und Aggressivität assoziiert (Maaluf 2003).

Die westliche Kolonialherrschaft des 19. Jahrhundert sorgte mit der Niederschlagung von Unabhängigkeitsbewegungen für ein Image der Brutalität, das auch heute noch gern mit dem Aufruf zum Dschihâd als Verteidigung der muslimischen Länder gegen die westliche Präsenz gekoppelt wird (Kalin 2004).

Die Wahrnehmung des Westens ist ambivalent. Eine Gallup-Umfrage 2002 in mehreren arabischen Staaten zeigte starke antiwestlichen Gefühle wegen des Werteverfalls durch Individualismus und der Öffentlichkeit der Geschlechtersphäre (vgl. Schultz 2005). Westliche Errungenschaften wie wirtschaftlicher Wohlstand, Hightech-Innovationen und politische Werte (Demokratie, Meinungsfreiheit) werden jedoch bewundert, was die Streit-These Huntingtons fraglich werden lässt.

Für die islamistischen Denker Qutb[10], Hassan al-Banna und Maududi ist der Westen eine politische und religiös-kulturelle Bedrohung, auch indirekt als Unterstützer sogenannter anti-islamischer Regimes (Esposito 1992: 128f.). Dem Westen wird postkoloniale Aggressivität durch sein starkes Interesse an wirtschaftlichen Ressourcen der Region zugebilligt. Kritisiert wird die westliche Realpolitik von USA und Israel wegen dem legitimierten Staatsterrorismus Israels, Tyrannei, Doppelmoral[11] bei Menschenrechten (Gefangenenbehandlung) und ständigen Demütigungen.[12] Der „Krieg gegen den Terrorismus“ gilt als gescheitert, denn ihm fehlt die globale Basis und er dient zuerst US-Interessen, nicht der Bekämpfung echter T-Ursachen (Abd Al-Salam 2003: 68f.).[13] Ein kleiner Teil der Muslime begreift Terrorismus als einziges Mittel zum Erreichen politischer Ziele, da bisher alle gewaltsamen Konfliktaustragungen gegen den „Westen“ verloren wurden.

Der Ärger der arabischen Öffentlichkeit – sowohl bei Intellektuellen als auch Moderaten – wuchs durch das Gefühl der Marginalisierung ihrer Meinung im internationalen Diskurs (Tatham 2006: 30). Verschwörungstheorien, in denen sich Muslime (nicht unbegründet) als Opfer wahrnehmen, erleben eine Konjunktur.[14]

---

[10] Der ägyptische Vordenker des radikalen Islamismus Sayyid Qutb verurteilte nach einer Reise durch Amerika um 1950 die „gewalttätige Natur“ der Amerikaner, die zu Unterhaltungszentren mutierten Kirchen und die Primitivität im sexuellen Leben (Esposito 1992).

[11] Ein weiteres Beispiel ist die sofortige Sanktionierung und Gewalt gegen Libyen nach libysch unterstützten Flugzeugentführungen. Diese Maßstäbe gelten jedoch bei Israel nicht (z.B. Veto der USA gegen die Verurteilung Israels im Sicherheitsrat). Kritisiert wird auch das Einfrieren von Geldern islamischer Wohltätigkeitsorganisationen nach dem 11.9.2001 (Abd Al-Salam 2003: 29).

[12] Die per Satellit übertragenen Bilder vom Einhüllen der Saddam-Hussein-Statue mit einer US-Flagge empfanden Millionen als Demütigung ihrer „arabischen Brüder“ (Seib 2005: 606).

[13] Arabische Tageszeitungen kritisierten nach dem Afghanistankrieg 2001 deutlich die US-Politik und forderten neue Konzepte für die Beziehungen zwischen den Welten (Hafez 2005).

[14] So beim 11.9.2001 die Idee einer jüdischen Verschwörung gegen Muslime (Veer 2004: 7). Globale Verschwörungsideen nähren sich durch die Verarmung und moralische und politische Unterdrückung einer großen Reihe von Menschen in den Entwicklungsländern.

Theoretischer Rahmen

3.1 Normen- und Strukturkontext: Welche Faktoren den Journalismus determinieren

3.1.1 Medien und Politik

Trotz seiner zunächst singulären Erscheinungsweise ist ein T-Akt politisch, egal ob aufgrund seiner Absicht oder seiner Folgen. Massenmedien beziehen sich am häufigsten auf die Politik. Jede überregionale und regionale Tageszeitung, jede nachrichtliche Sendung im Fernsehen stellt den politischen Block ganz zuvorderst auf. Die Verbindung von Journalisten zu Politikern reicht bis ins 19. Jahrhundert zurück (Schuster 2004: 79). Auch Politikern kann es keineswegs schaden, über die Realitätskonstruktionen von Massenmedien Bescheid zu wissen, denn sie können in gewissem Maße steuernd auf die Berichterstattung der Massenmedien Einfluss nehmen. Neben den klassischen Ansätzen zum Verhältnis von Politik und Medien steht die Systemtheorie, mit der symbiotische Effekte und Irritationen zwischen Politik und Publizistik nachgewiesen werden können, wie im Folgenden gezeigt wird. Gefahr lauert insbesondere in Krisenzeiten. Dann können politische Quellen ihre Dominanz steigern und den Journalismus von sich abhängig machen.

Klassische Erklärungen des Verhältnisses von Politik und Medien gingen bisher alle von einer Grenzverwischung bzw. –verschiebung zwischen medialem und politischem System aus (Kunczik/Zipfel 2005). Das Gewaltenteilungsparadigma (vgl. Sarcinelli 1994) sieht Medien als die „Vierte Gewalt“, die im demokratischen Staat neben Legislative, Exekutive und Judikative eine Kritik- und Kontrollfunktion übernimmt. Dazu müssten die Medien völlig autonom vom politischen System sein, was jedoch eine unrealistische Annahme ist. Der Machtstatus der Medien wird überschätzt (Kunczik/Zipfel 2005: 85).

Als besonders eindimensionale Ansätze erscheinen der Instrumentalisierungsansatz, der Medien eine wachsende Abhängigkeit von der Politik unterstellt[15], und der Dependenzansatz, der von einer Machtverschiebung zu den Medien hin ausgeht[16]. Etwas weiter führt der Interdependenzansatz. Er betrachtet Politik und Medien als wechselseitig abhängig (vgl. Kaase 1986), die in einem „gegenseitigen Problemlösungs- freilich auch -schaffungszusammenhang“ stehen (Saxer 1981: 502). Kritiker sprechen dabei von einer „fragwürdigen Symbiose“, bei der Publizität gegen Information eingetauscht wird und zwischen „Politikgenerierung und

[15] Der Instrumentalisierungsansatz sieht einen zunehmenden Autonomieverlust bei den Medien (vgl. Schatz 1982). Medien dienen als Steuerungspotential für politische Public Relations, die immaterielle und symbolträchtige Handlungen konzeptioniert. Instrumentalisierungsstrategien finden sich bei kommunikations- und medienpolitischen Aktivitäten im Sinne einer Inszenierung und mediengerechten Vermarktung von Ereignissen und Personen, z.B. als „human pseudo-event“ (Boorstin 1961) oder die „television personality“ (Lang und Lang 1984).

[16] Der Dependenzansatz geht von einer Machtverschiebung zugunsten der Massenmedien aus. Politische Institutionen werden von den Medien abhängig, da sie den wichtigsten Zugang zur Öffentlichkeit bieten (vgl. Kepplinger 1983a). Medien beeinflussen dabei Legitimität und Durchsetzbarkeit politischer Entscheidungen. Sie sind selbst zu einer politischen Macht geworden.

Politikvermittlung nicht mehr klar zu unterscheiden ist" (Saxer 1998: 64f., 1992: 47). Schechter geht sogar von einer „mediaocracy" aus, „[which] sets the agenda and frames what issues get the focus, and which do not" (Schechter 2003: xxvii). Verschmelzen mediales und politisches System, kann schließlich auch ein Supersystem entstehen (Plasser 1985).

Politik als Systemumwelt des Journalismus

Neuere systemtheoretische Modelle (z.B. Choi 1995) erweisen sich als leistungsfähig: Sie analysieren strukturelle Gegebenheiten zwischen Politik und Journalismus, indem sie zwischen den beiden Systemen von einer Interpenetration ausgehen. Grundgedanke ist die Durchdringung und Beeinflussung des politischen Systems durch das Mediensystem, das die Logik des politischen Systems prägt.

Ein systemtheoretischer Ansatz vermag Instrumentalisierungs-, Dependenz- und Übermachtthese zu integrieren und zudem „noch den Interpretationsrahmen für diverse Beobachtungen ‚symbiotischer Kooperation' zwischen Politik und Publizistik" zu liefern (Marcinkowski 1993: 17).

Autonomie und Abhängigkeit der Medien werden dabei im systemtheoretischen Vokabular als Autopoiesis und strukturelle Kopplung verstanden, sind also keineswegs als Gegenpole aufzufassen (Marcinkowski/Bruns 2004: 489). Die Autonomie des Publizistiksystems zeigt sich darin, dass alle Entscheidungen über Öffentlichkeit im *publizistischen* Sinn getroffen werden, denn Selektion einer Information, ihre Mitteilung und ihr Verstehen, das Anschlussfähigkeit gewährleistet, sind alles innersystemische Operationen. Die strukturelle Kopplung zwischen Massenmedien und Politik liegt in den „Erwartungen der Politik an die Themenstruktur der Medien" (Marcinkowski/Bruns 2004: 492), unter der die öffentliche Meinung zu verstehen ist (Luhmann 2000: 311).

Für das System der Politik stellt Publizistik eine Art zusätzliche, systemexterne Peripherie bereit. Die Politik fungiert zudem als Beobachter zweiter Ordnung, indem die Konsens-Chancen von Themen und Personen getestet werden (Marcinkowski/Bruns 2004: 495). Politik kann in demokratischen Gesellschaften zwar nicht direkt auf Operationen des recht unkalkulierbaren journalistischen Systems Einfluss nehmen (z.B. mittels Zensur), vermag aber Irritationen auszulösen durch Etablierung (Gründung neuer Medien), Alimentierung (Finanzbasis und Bestandsfähigkeit journalistischer Organisationen), Regulierung (Gesetzgebung) und Programmierung (Strukturen bei eigenen Operationen berücksichtigen, „Medienlogik", Schimank 1990: 20).

Umgekehrt kann auch der Journalismus Irritationen benutzen, um Resonanz im politischen System auszulösen. Diese Mechanismen können jedoch letztendlich die Entfremdung der Bürger von der Politik fördern. So sind „Theater, Themenverschleiß und Diskontinuität [...] längst nicht mehr nur Inszenierungen für die Medien oder Konzessionen an ihre Vermittlungstechniken", sondern zunehmend „Politikrealität" (Oberreuter 1989: 40).

Speziell beim Auslandsjournalismus gelten komplexe Interaktionsmechanismen. Medien können die öffentliche Streitwürdigkeit eines Themas herabsetzen oder einen Thematisierungsdruck erzeugen, zusätzlich zu ihrer Ressourcen- und Innovationsfunktion (Vermittlung von Öffentlichkeit; Eigenthematisierungen), während die Außenpolitik die Medien zum Testen politischer Optionen nutzen kann (Hafez 2002a: 184). Regierungen profitieren von den begrenzten Ressourcen des Journalismus: Staatliche Öffentlichkeitsarbeit erfährt ihre Verbreitung mittels dem „trickle down"-Effekt, der dem westlichen Nachrichtenoligopol inhärent ist, denn mediengerecht aufbereitete Regierungsinformationen dienen den Agenturen als Input, die damit wiederum Zeitungen und Rundfunkanstalten beliefern. Die Rezipienten am Ende der Kette haben nur sehr eingeschränkte Mittel, Desinformation als solche zu entlarven (Hafez 2005: 56f.).[17] Im Krisenfall folgen Journalisten oft der staatlichen Linie. Bestes Beispiel war das "rallying around the flag" der amerikanischen Massenmedien nach dem 11. September.

3.1.2 Rahmenbedingungen der Mediensysteme

Medien sind Teil eines soziopolitischen Gesamtsystems. Für die Untersuchung passend erscheint das Konzept der „geolinguistischen Region" von Sinclair, Jacka und Cunningham (1996). Sie sehen Medienlandschaften in größeren, geolinguistisch strukturierten Zusammenhängen, die kein geschlossenes Territorium ergeben müssen. Die meist staatenübergreifenden Großregionen sind gekennzeichnet durch gemeinsame kulturelle, historische und sprachliche Konnektivitäten. Als Medienlandschaft sind sie erstaunlich kohärent (Hepp 2006b). Dazu gehören die englischsprachige, deutsche oder arabische geolinguistische Region.

Deutsche und arabische Medien sind in völlig verschiedene Mediensysteme mit entsprechend unterschiedlichen Einflussfaktoren und Rollenzuweisungen eingebettet. Während deutsche Zeitungen im Rahmen der gesetzlich verankerten Pressefreiheit ökonomisch von der Politik unabhängig sind und über diese eine Kontrollfunktion ausüben können, sind arabische und ägyptische Medien von zahlreichen Restriktionen betroffen, unterstehen häufig staatlicher Einflussnahme und können keine garantierte Pressefreiheit beanspruchen.

a) Deutschland

Saxer stuft das deutsche Pressewesen nach seiner Typologie als liberal ein. Es gibt „praktisch keine besondere Medienkontrolle neben den allgemeinen rechtlichen Normen" (Saxer 2002: 7) und Medien genießen Privilegien wie Pressefreiheit. Das bedeutet theoretisch eine „maximale Freiheit von staatlichen Zensureingriffen und anderen unmittelbaren politischen Kontrollen".

Massenmedien in Deutschland üben mehrere politische Funktionen aus: Sie informieren, wirken an der Meinungsbildung mit, kontrollieren und kritisieren. In

[17] Das zeigt sich beispielsweise besonders deutlich in Krisensituationen, bei denen die Macht der Regierungen jedoch nicht unbegrenzt ist: Während die britische Regierung beim Falklandkrieg oder dem Kosovo-Konflikt offenbar steuernd auf den Bilderfluss des britischen Fernsehens Einfluss nehmen konnte (Horsley 200: 115f.), ist dies bei einem T-Akt durch dessen Plötzlichkeit deutlich schwieriger zu realisieren.

demokratisch-pluralistischen Staaten bilden sie ein System zur Konfliktaustragung: „Ohne Massenmedien bestände die Gefahr, dass unbekannt, undiskutiert und ungeregelt bliebe, was als Streit der Interessen und Meinungen in der Demokratie öffentlich auszutragen ist“ (Meyn 2004: 23). Medien wachen über die Einhaltung rechtsstaatlicher Prinzipien bei der Gewaltenteilung, stellen aber keine „Vierte Gewalt“ dar (Pürer 2003: 113). Bundesdeutsche Printmedien sind privatwirtschaftlich organisiert[18] und fühlen sich für die Kontrolle der politischen Machtausübung zuständig (vgl. Jarren/Meier 2002). Es gelten die Freiheit von Information, Meinung und Berufszugang, Informationsvielfalt und Ausgewogenheit der Berichterstattung (Tonnemacher 2003: 48). Diese Faktoren sorgen in Zusammenhang mit der Auskunftspflicht der Behörden und dem Zeugnisverweigerungsrecht für eine Ausbalancierung der einzelnen Machtfaktoren wie Regierung, Parlament oder Interessengruppen.

Deutschland ist eines der medienreichsten Länder Europas. Im Jahr 2005 gab es hier 138 redaktionell selbständige Tageszeitungen (publizistische Einheiten) sowie 17 öffentlich-rechtliche und weit mehr als 100 private Fernsehprogramme. Knapp drei Viertel der deutschen Bevölkerung über 14 Jahre (73,7 Prozent) lesen regelmäßig eine Tageszeitung (Pasquay 2006). Der deutsche Zeitungsmarkt erweist sich trotz vieler Ein-Zeitungs-Kreise als sehr vielfältig, lokale und regionale Bindungen bestimmen die Inhalte. Mehrere überregionale Zeitungen wie FAZ und FR haben sich etabliert, während die Parteipresse keine Rolle mehr spielt.

b) Die arabische Welt

Das Mediensystem in der arabischen Welt wird trotz seiner hohen Heterogenität, die eine “arabische Medienpolitik“ verhindert (Al Jammal 1990: 14), von einigen Wissenschaftlern als eines der weltweit geschlossensten und kontrolliertesten eingeschätzt (Sinclair 1996:4). Der Media Sustainability Index (Middle East & North Africa) spricht von starken Diskrepanzen zwischen verfassungsrechtlich institutionalisierten Pressefreiheiten[19] und der mangelnden praktischen Umsetzung, konträrer Strafgesetzgebung sowie allgegenwärtiger Selbstzensur aus Angst vor dem Verlust des Jobs oder Lebens. Allerdings konstatiert der Bericht eine positive Entwicklung der Professionsebene:

> “Money available for media business investment has allowed outlets to better professionalize and access new technologies, providing more sophisticated media products and a relatively higher degree of plurality of news sources, despite the other constraints“ (International Research & Exchanges Board 2006).

---

[18] Der Pressemarkt in Deutschland folgt dem wirtschaftlichen Konkurrenzmodell, d.h. private Unternehmen stehen miteinander im Wettbewerb und werden zum einen über Anzeigen, zum anderen über den Kaufpreis finanziert.

[19] Darunter fällt Informantenschutz, korrekte Quellenauszeichnung, Plagiatsverbot, Trennung von Nachricht und Meinung, Recht auf Gegendarstellung (Hafez 2002b: 32).

Das arabische Pressewesen entspricht dem autoritären, gemäßigt undemokratischen Typus, bei dem Machtgruppen ihren Willen über den der Massenmedien hinwegsetzen und politisch und kulturell bestimmen, was publiziert wird (Saxer 2000). Medien werden also zur Machtsicherung der Eliten instrumentalisiert. Somit sind nationale Medien meist in staatlichem Besitz, nur selten privatwirtschaftlich oder öffentlich organisiert. Sie sind formal unabhängig, aber der Staat unternimmt dabei „repressive measures to control the press and prohibit the spread of opinions that might prove threatening to the regime's ideologies" (Mellor 2005: 49), übt also z.B. über Informationsministerien direkt oder indirekt eine Zensur aus. Normativ haben die Medien die gültigen moralischen und politischen Werte zu unterstützen und gelten als „Dienstleister des Staates" (Künzler/Hribal 2005: 188). Andererseits hat die arabische Presse häufig eine soziale Verantwortung mit der (positiven) Aufgabe, die nationale Entwicklung zu unterstützen, politische Stabilität abzusichern und Bürger zur Teilnahme zu ermutigen (vgl. Hamada 1993).

Journalisten in der arabischen Welt arbeiten generell unter gefährlichen Arbeitsbedingungen. Dabei sind sie nicht nur bedroht von staatlichen Restriktionen wie Büroschließungen, sondern auch von alltäglicher Gewalt (Blake 2005). Verbreiten einheimische Journalisten „falsche Informationen" über Staatschefs oder ‚befreundete Nationen', riskieren sie Gefängnisstrafen (Sakr 2004: 149f.).

Der Start von Al-Dschasira 1996 hat das arabische Mediensystem aus seiner Lethargie erwachen lassen mit seinen kontroversen Live-Formaten, Publikumsbeteiligung, kalkulierten Tabubrüchen und der Stimme für marginalisierte Minderheiten. Artikuliert werden nicht nationale Positionen, sondern „verschiedene, insbesondere regionale Repräsentationen als auf differente Lebenswirklichkeiten rückbezogene Perspektiven des Arabischseins" (Hepp 2006b: 207). Ein frischer Stil, der auch auf den Regierungsrundfunk abfärbte. Für andere panarabische Medien jedoch spielt Selbstzensur weiterhin eine Rolle, wie Al-Hayat-Chef Jihad Khazen (1999) berichtet, obwohl der Redaktionssitz in London Freiheiten garantieren sollte. Gründe dafür sind in der Finanzierung durch Saudi-Arabien bei Al-Hayat und Asharq Al-Awsat zu sehen.

Das Fernsehen ist neben dem Radio durch die lange Tradition der Oralität und die recht hohe Analphabetenrate[20] zum Leitmedium geworden (Ennaji 1995: 97).[21] Zeitungen spielten schon immer eine marginale Rolle und richteten sich seit der Gründungsphase im 19. Jahrhundert an die intellektuelle Elite[22], um den Gedanken der Freiheit von Land und Meinung voranzubringen. Das Internet bleibt wegen der gesellschaftsimmanenten Wissenskluft häufig einer westlich-orientierten,

[20] Im Jahr 2000 betrug die durchschnittliche Analphabetenrate 38,7%. Vor allem Frauen sind betroffen: in Ägypten mehr als 50%, im Jemen sogar mehr als 75% (Weltbank 2001: 276f.).

[21] In den Golfstaaten können z.T. mehr als 80 % der Haushalte Sat-TV empfangen (Sakr 2004).

[22] Die erste arabische Zeitung erschien 1816 im Irak („Jûrnal al-Irâq"). Spätere Zeitungen wurden häufig von Libanesen geleitet, die eine Tradition des literarischen, meinungsbetonten Journalismus pflegten (vgl. Mellor 2005: 27ff.).

englisch-sprechenden und kommerziell erfolgreichen urbanen Oberklasse oder oberen Mittelklasse vorbehalten[23] (Hafez 2001: 11).

c) *Ägypten*

Neben der Einordnung als Mediensystem mit autoritären Zügen charakterisierte Rugh (1979, 1987, 2004) in seiner Typologie das ägyptische Mediensystem lange Zeit als „mobilisierend"[24], bei dem in der Bevölkerung eine positive Einstellung zur Regierungslinie erzeugt werden soll mit einem begrenzten Kritikspielraum. Heute wertet Rugh das System als „transitional" durch das Aufkommen gemischter Eigentumsverhältnisse und Pro- & Contra-Debatten: "it is not clear which way they are headed or indeed that they are in fact in transition to a different type of system that will stabilize and remain for a long time" (2004: 134). Dieser Zustand wird sich in Ägypten nur langsam ändern, da Ägypten zu den machtpolitisch verlässlichsten und wichtigsten Klientelstaaten der USA in der Region zählt. So kann sich Mubarak in seiner „Republonarchie" („Gumlukîya")[25] gut einrichten (Thornton 2005: 207).

Noch heute stehen die Journalisten unter dem Druck des Notstandsgesetzes von 1981. Danach hat der Präsident das Recht, Chefredakteure ein- und abzusetzen[26], Zensur auszuüben und die Publikationsfreiheit im nationalen Interesse zu behindern. Eingriffe in die redaktionelle Freiheit setzen jedoch auch schon vorher an, z.B. beim Herausgeber (Bachit 1998). Wer als Journalist arbeiten möchte, muss sich zentral akkreditieren lassen und Mitglied der Journalistengewerkschaft werden.

Entgegen der Ankündigungen und unter dem stillen Zuschauen der USA wurden im Juli 2006 die Zusätze zu den Pressegesetzen v.a. im Strafrechtsbereich verschärft (Hackensberger 2006). Damit werden Berichte über Korruption innerhalb Ägyptens oder Kritik an befreundeten Staaten wie der USA und Israel nahezu unmöglich. Wer beispielsweise den nur schwammig definierten „öffentlichen Frieden" stört, muss wie Ibrahim Issa, der Chefredakteur der Zeitung Al-Dustûr, mit Gefängnisstrafen und hohen Geldbußen von mindestens 10 000 ägyp-

---

[23] Nach einer Statistik des AHDR gibt es große regionale Unterschiede: So nutzten 2001 in den VAE bereits 313 von 1000 Leuten das Internet, im Yemen hingegen nur 5 (UNDP 2004: 247). Ursachen dafür sind (Internet-)Analphabetentum und hohe Zugangskosten (UNDP 2003: 64).

[24] „Mobilisierend" bezeichnet den politischen Journalismus in Systemen, der nicht über die Opposition berichtet oder Systemkritik z.B. an der Außenpolitik übt. Die Presse soll in der Bevölkerung um Unterstützung für die Regierungspolitik werben, sind jedoch keine Regierungssprachrohre. Eine "Wachhund"-Rolle billigt Mellor (2005) immerhin der Parteipresse und den Boulevardzeitungen zu. Sie springen da ein, wo panarabische Medien versagen: bei der Debatte lokaler Themen, und dies sogar teilweise im Dialekt, um sich ein möglichst breites Publikum zu sichern. Einschränkungen können sie subtil umgehen, indem Kritik in Kurzgeschichtenform verpackt wird, durch Beiträge berühmter Persönlichkeiten oder Präsentation harter ökonomischer Fakten über die Wirtschaftslage (Rugh 1979: 44).

[25] Wortschöpfung vom pro-demokratischen und zeitweilig verhafteten ägyptischen Aktivisten Saad Eddin Ibrahim.

[26] §36 des ägyptischen Grundgesetzes legitimiert den Präsidenten dazu, vgl. Keshk 1995: 209.

tischen Pfund (etwa 1328 Euro) rechnen (Ägyptische Organisation für Menschenrechte 2006). Offensichtliche Behinderungen der Berichterstattung über die Parlamentswahlen 2005 erzeugten in Ägypten erstmals eine größere interessierte, protestierende Öffentlichkeit, die in dieser Form für arabische Länder untypisch ist.

Der Pressemarkt ist gekennzeichnet durch eine staatliche und parteigebundene Presse. Die arabische Ausgabe der Al-Ahram hat die höchste Auflage im Land und gehört mit weiteren elf Publikationen zum führenden Verlagshaus in Ägypten.[27] Weitere halbstaatliche Zeitungen sind Al-Akhbâr und die qualitativ abfallende Al-Gumhuriya. Mehrere Zeitungen werden in geringerer Auflage von den einzelnen Parteien herausgegeben[28], unterliegen jedoch indirektem Druck in Form von Papierzuteilungen usw. Andere Zeitungen wiederum setzen auf Boulevard und Sensationalismus, verbreiten Klischees und Anti-Israelismus. Eine ernstzunehmen-de Lokalpresse ist nahezu nicht entwickelt.

3.1.3 Ein strukturalistischer Ansatz: die Systemtheorie nach Niklas Luhmann

Die Systemtheorie ist eine Supertheorie mit universalistischem Anspruch. Sie beschreibt in der Kommunikationswissenschaft die Gleichberechtigung des Systems Journalismus[29] gegenüber anderen Systemen. Eine journalistische Krisen- und Konfliktberichterstattung funktioniert nur dann, wenn „die Autonomie gegenüber den Partialinteressen der anderen gesellschaftlichen Teilsysteme“ gewährleistet ist (Hug 1997: 358). In der Praxis allerdings verschmelzen Mediensystem und politisch-wirtschaftliche Subsysteme miteinander, es entstehen „gegenseitige Einfluss- und Abhängigkeitsverhältnisse“ (Rühl 1980: 369f.). Ein nichtautonomes Mediensystem kann seine Funktionen nicht mehr erfüllen – in autoritären Staaten sind Mediensysteme lediglich Subsystem der Politik.

Das systemische Denken wird in einer Vielzahl von Wissenschaftsdisziplinen verwendet. Dabei wird davon ausgegangen, dass die reale Welt in Systemen geordnet ist. Ein System ist dabei zusammengesetzt aus Elementen mit gegenseitigen Wechselwirkungen, die an der Systemgrenze als „Differenz zwischen System und Umwelt“ (Luhmann 1996a: 35) aufhören. Unter Umwelt ist dabei die gesamte restliche Welt bzw. alle anderen Systeme zu verstehen.

Wechselwirkungen bzw. Interdependenzen sind insoweit nötig, als dass sie zur Reproduktion des Systems beitragen. Das System besitzt eine operative Geschlossenheit, ist zur Umwelt jedoch kausal offen (Berghaus 2004: 58f.). Das System des massenmedialen Journalismus bezieht Geld und Irritationen als Input, und liefert nach außen Berichterstattung und Einfluss auf die Umwelt. Bei den

[27] Die englisch- und französischsprachige Ausgabe von Al-Ahram kann sich deutlich mehr Kritik an der staatlichen Politik erlauben, da sie nur einen beschränkten (sprachlich gebildeten bzw. aus dem Ausland stammenden) Leserkreis aufweist, der auch andere Informationsquellen konsultiert.

[28] So Al-Wafd (liberale Wafd-Partei), Al-Ahrar (islamistische Liberale), Al-Ahali (linke Tagammu).

[29] Das System Journalismus ist von anderen Systemen wie Verlag, Technologie oder den handelnden Personen abgrenzbar. Zur Systemumwelt gehört das Publikum und der politisch-wirtschaftliche Komplex (vgl. Rühl 1980).

Grenzstellen zwischen System und Umwelt, an denen sich dauerhafte Beziehungen bilden, spricht man von „struktureller Kopplung". Beim Journalismus ist das beispielsweise die Schnittmenge mit dem politischen System.

Die widersprüchlichen Anforderungen, die aus der Umwelt an das System herangetragen werden, transformiert das System in systeminterne Komplexität, indem es Strukturen wie Rollen, Subsysteme oder Programme entwickelt. Das Mediensystem orientiert sich dabei primär „an den Erwartungen des (potentiellen) journalistischen Publikums" (Hug 1997: 359). So kann das System Rundfunkanstalt durch verschiedene Programme, Sparten oder Genres den unterschiedlichen Erwartungen der Hörer gerecht werden (Rühl 1987: 51). Je komplexer dabei die redaktionelle Binnenstruktur ist, desto vielfältiger erscheint der „Unterscheidungs- und Programmvorrat" (Martens 1997: 310). Medien ermöglichen eine strukturierte Massenkommunikation als gesellschaftliche Funktion (Hafez 2002a: 124).

Grundlage der systemtheoretischen Gedankenführung war für Niklas Luhmann die Systemstruktur des menschlichen Körpers als Organismus, die er auf soziale Systeme übertrug. Das Übersystem, das auf einfacheren Systemen aufbaut, ist mehr als die Summe seiner Teile (*Emergenz*). Die Gesellschaft erlangt eine Existenzform, die es auf der Ebene des individuellen Bewusstseins nicht erreichen kann. Indem Menschen also kollektiv verbindliche Denk- und Verhaltensmuster zugeschrieben werden, nähert sich die Theorie dem Funktionalismus an (Becker 2001: 30). Ein Mensch gehört jedoch nicht streng zu einem System, vielmehr wechselt jeder zwischen verschiedenen Systemen hin und her. Deswegen bestehen Sozialsysteme nicht aus Personen, sondern aus Handlungen (Rühl 1987: 52). Personen nehmen soziale Rollen an, z.B. als Politik- oder Wirtschaftsredakteur.

Systeme müssen sich ständig für ihr Fortbestehen erneuern. Unter „Autopoiesis" wird dabei die Fähigkeit von Systemen verstanden, die Reproduktion in selbstbezüglichen Prozessen zu erfüllen, die vorhandenen Elemente erzeugen neue. Führt das System Austauschprozesse mit der Umwelt durch, werden die aufgenommenen Bestandteile sofort nach Systemregeln bearbeitet. Die Umwelt funktioniert dabei als Reizgeber, der die nötigen Schwingungen zur Selbstreproduktion des Systems auslöst. Massenmedien erzeugen jeden Tag neuen Output. Dieser sichert das Fortbestehen des medialen Systems, da das Erscheinen an einem Tag die Basis für den Kauf der Zeitung auch am nächsten Tag bildet.

Systeme treten in Beziehung zu verschiedenen Umweltbereichen. Dafür entwickelt das System Verhaltenserwartungen, die als Institutionen zu verstehen sind. Das Medium dafür bildet die Sprache. Subsysteme innerhalb eines Systems erfüllen bestimmte Bedürfnisse und erlangen dadurch eine gewisse Autonomie. Der Grad der Ausdifferenzierung zu Subsystemen nimmt zu, je differenzierter die Umwelt von Sozialsystemen ist. Zeitungen sind beispielsweise durch Ressorts differenziert, die für das Gesamtsystem Zeitung verschiedene Leistungen (z.B. politische, wirtschaftliche) übernehmen (Rühl 1987: 57).

Systeme operieren grundsätzlich sinnvoll. Zudem besitzen sie die Möglichkeit, ihre internen Programme anzupassen, indem sie sich selbstreflexiv beobachten. Dennoch gibt es innerhalb des Sinnprozessierens immer Blindstellen, an denen das System nichts sehen kann. Diese sind erst durch eine Metaebene bzw.

Beobachtung zweiter Ordnung erkennbar, sie macht das Sinnprozessieren zum Thema (Becker 2001: 68). Beispiel dafür ist im politischen System das symbolisch generierte Kommunikationsmedium Macht, als Programm fungieren die einzelnen Parteiprogramme und der Beobachter zweiter Ordnung ist die politische Öffentlichkeit. In einem Rundfunksystem wäre ein Fremd-Beobachter zweiter Ordnung hingegen die (beauftragte) Publikumsforschung und Marktanalyse, die kontrollieren, ob die Angebote überhaupt ankommen, und bei entsprechender Resonanz Rückwirkungen in das System auslösen können.

Kommunikation[30] ist der Grundbaustein sozialer Gesellschaften. Der Kommunikationsakt verläuft dabei dreistufig. Alter wählt aus einem Selektionshorizont mit quasi unendlichen Potentialen, z.B. selektiert der Journalist Informationsmaterial nach bestimmten Kriterien wie Nachrichtenwerten. Für die Mitteilung wählt Alter aus den Beobachtungen den Aspekt der Beobachtung aus, dies entspricht der inhaltlichen und formalen Festlegung der Erscheinungsweise des Artikels in der Redaktionskonferenz. In der dritten Stufe unterscheidet Ego, dass Alter eine Mitteilung machen möchte und welchen Inhalt sie hat. Erst dann lässt sich von Kommunikation sprechen (vgl. Berghaus 2004: 77ff.). Hier entscheidet also Ego, dass die Zeitung nur selektive Nachrichten bringt.

Massenmedien bilden das gemeinsame soziale Gedächtnis und Hintergrundwissen der Gesellschaft (Berghaus 2004: 242). Niklas Luhmann legte seiner Theorie die Annahme zu Grunde, dass die Welt letztendlich eine Konstruktion aus Beobachtungen der Realität bzw. von Unterscheidungen sei (Berghaus 2004: 24). Während das Mediensystem ‚real' operiert, d.h. ununterbrochen sendet, ist die Realität der Massenmedien „die Realität der Beobachtung zweiter Ordnung" (Luhmann 1996b: 153). Sie ist eine konstruierte Realität, „nämlich im Sinne dessen, was *für sie* oder *durch sie für andere* als Realität *erscheint*" (Luhmann 1996b: 14). Medien überprüfen dies durch systeminterne "Konsistenzprüfungen". Versionen verschiedener Beobachter, konkurrierende Medien und andere gesellschaftliche Instanzen helfen beim Abgleichen, dass nichts ‚Falsches' berichtet wird (Luhmann 1996b).

3.1.4 Ein integraler Ansatz nach Weischenberg

Journalisten sind maßgeblich am Prozess der (journalistischen) Strukturbildung beteiligt. Jedoch handeln sie immer im strukturellen Kontext unter Rekurs auf organisationsspezifische Regeln und institutionalisierte Praktiken (Wyss/Pühringer 2005: 304f.). Verschiedene Ansätze versuchen, das Forschungsfeld Journalismus in Dimensionen zu fassen. Weischenberg (1992) bietet mit seinem „Zwiebelmodell" auf Basis der konstruktivistischen Systemtheorie einen pragmatisch-integrativen Ansatz. Die zahlreichen Einflussfaktoren auf das journalistische Handeln strukturiert er dabei nach vier Ebenen („Schalen"): Mediensysteme (Normenkontext), Medieninstitutionen (Strukturkontext), Medienaussagen (Funktionskontext) und

[30] Sie kann als Differenz von Information und Mitteilung betrachtet werden. Information bezeichnet die Diskrepanz zwischen dem, was theoretisch vorbringbar ist und dem, was praktisch vorgebracht wurde. Unter Mitteilung ist der Äußerungsmodus zu verstehen. Luhmann trennt zwischen „Alter" (Verfasser der Botschaft) und „Ego" (Empfänger der Botschaft).

Medienakteure (Rollenkontext). Journalismus liefert dann nach diesen Bedingungen und Regeln Wirklichkeitsentwürfe.

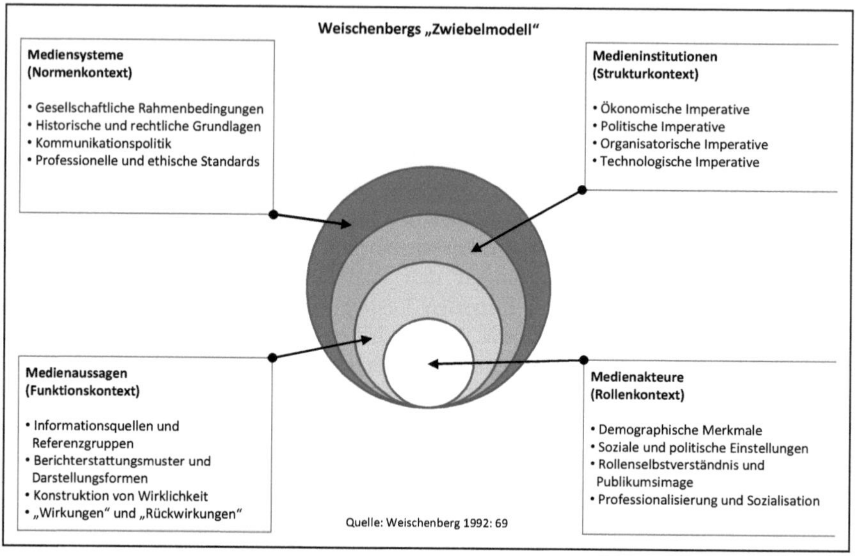

Abbildung 1: Das "Zwiebelmodell" nach Siegfried Weischenberg

3.2 Ansätze aus der Medienwissenschaft

3.2.1 Wie Realität entsteht: Realismus, Konstruktivismus

"Was wir über unsere Gesellschaft, ja über die Welt, in der wir leben, wissen, wissen wir durch die Massenmedien", konstatierte Luhmann (1996b: 9) über die erkenntnistheoretischen Möglichkeiten in modernen Massengesellschaften. Die gesellschaftliche Komplexität lässt Primärerfahrungen nur im geringen Maßstab zu (Mathes 1999: 249). Sogar für lokale Ereignisse wird auf Sekundärerfahrungen zurückgegriffen, die zumeist massenmedial transportiert werden.

Es ist evident, dass Medien und Journalisten die Wirklichkeit niemals in ihrer Komplexität abbilden können (Burkart 1999). Medien-Realität erscheint inszeniert, denn eine unverzerrte „Realitäts"-Abbildung ist nicht möglich. Der seit Jahrhunderten bestehende journalistische Konsens der Nachrichtenfaktoren ist nicht als ereignisimmanent zu betrachten, denn „Themen gewinnen oft genug v.a. deshalb mediale Aufmerksamkeit, weil sie die Kommunikatoren instrumentalisieren, d.h. als Mittel zur Unterstützung bestimmter Ziele verwenden" (Burkhart 2002: 287).[31] Wirkungsmächtig sind auch „Stereotype und Vorurteile der Journalisten, ihre professionellen Regeln und politischen Einstellungen, die Zwänge der Nachrichtenproduktion und die Erfordernisse medialer Darstellung" (Schulz 1989: 139).

Cohen (1990) und Schmid (1992) unterscheiden drei Realitätshorizonte: die ereignisbesetzte reale objektive Welt, die in den Medien porträtierte symbolische Welt und die subjektive Welt, so wie sie Menschen in ihrem Verstand interpretieren, resultierend aus direkter und medial vermittelter Erfahrung. Auf der Medienrealitätsebene fungieren Sachverhalte sozial als Thematisierung, Strukturierung und Bewertung (Mathes 1999: 249f.).

Schulz (1989) sortiert die unterschiedlichen Auffassungen vom Verhältnis zwischen Medien und Realität nach zwei Kontrapolen – der ptolemäischen und der kopernikanischen Antwort. Ptolemäisch denken heißt, von einer übermäßigen Macht der Medien auszugehen und Medien als Spiegel bzw. Abbild der Wirklichkeit und als passive Vermittler der Realität zu verstehen. Realität ist Voraussetzung von Kommunikation. Beispiel dafür ist die Klage über zuviel Gewalt im Fernsehen bzw. „verzerrte Medienrealität".

Der kopernikanische Ansatz hingegen sieht Medien als „Weltbildapparate", die an die soziale Wirklichkeit gekoppelt sind und aktiv am Bemühen teilnehmen, eine Realität zu konstruieren. Realität ist hier das Ergebnis von Kommunikation. Es ist möglich, verschiedene Realitätskonstrukte miteinander zu vergleichen (z.B. Medienkonstrukte mit denen der Sozial- und Wirtschaftsstatistik) und sich mit verschiedenen Definitionen von Wirklichkeit kritisch auseinander zu setzen. Objek-

[31] Eine Überspitzung davon stellte das Pseudo-Ereignis dar. Viele Ereignisse scheinen von außermedialen Instanzen als Realität inszeniert, über die dann berichtet werden soll (Burkhart 2002: 287). Fasst man Terrorismus primär als Kommunikationsstrategie auf, so erscheinen T-Akte in diesem Sinn als Pseudo-Ereignis.

tivität gilt als abstraktes Ziel und handlungsleitende Norm, sie sollte im Sinne von „intersubjektiv überprüfbar" begriffen werden.

Der Realismus mit dem Glauben an die Vermittelbarkeit der Realität dominierte lange Zeit die Sozialwissenschaften. Er folgt Schulz' ptolemäischer Linie und behauptet die prinzipielle Existenz einer realen Außenwelt (Weber 2003: 180f.). Diese Wirklichkeit strömt auf die Medien ein und wird an die Rezipienten selektiv (‚biased') weitergegeben. Der Journalist ist hier Wahrheitsvermittler, und Medien bilden die Realität ab, eine (naive) Position, die noch heute viele Medienpraktiker einnehmen (Pörksen 2004: 335, Haller 1993: 151).[32]

In den 70er/80er Jahren entstand schließlich mit dem Radikalen Konstruktivismus eine vollkommen entgegengesetzte Strömung. Gestritten wurde über Grundbegriffe wie (öffentliche) Kommunikation, Medien, Medienwirklichkeit und Objektivität (Bentele 1993: 153). Konstruktivismus an sich ist keine Theorie, sondern ein breit gefächerter Diskurs unterschiedlicher Erkenntnis- und Forschungsinteressen.[33] Epistemologische Ansätze, die konstruktivistische Züge aufwiesen, gab es schon vorher, jedoch ohne so benannt worden zu sein.[34]

Im Mittelpunkt steht der Erkenntnisprozess selber. Basistheorem ist, dass Menschen ihre Wirklichkeit subjektiv und eigenverantwortlich konstruieren (Schenk 1999: 176), dieser Prozess aber unbewusst und implizit abläuft (Weber 2003: 185). Dementsprechend gibt es so viele Wirklichkeiten wie Menschen (Merten 1993: 53). Deren kognitive Systeme gelten als geschlossen, weswegen eine objektive Realitätserschließung nicht möglich ist. Realität wird deswegen als soziales Phänomen verstanden, das durch Kommunikation zwischen Menschen entsteht (vgl. Krippendorf 1992), denn „Wirklichkeit ist in einer von Massenmedien geprägten Gesellschaft also zunehmend das, was wir über Mediengebrauch als Wirklichkeit konstruieren, dann daran glauben und entsprechend handeln und kommunizieren" (Schmidt 1994: 18).

Wenn Journalisten Mitteilungen erstellen, so handelt es sich dabei auf der Deutungsebene nicht um „Wahrheiten, sondern Versionen [...], die untrennbar mit den agierenden Personen verbunden bleiben" (Haller 1994: 286). Schulz (1976) sah in Nachrichten weniger inhärente Ereignismerkmale, sondern journalistische Hypothesen über Realität. Aktant der Wirklichkeitskonstruktion ist der Journalist.[35]

---

[32] Kepplinger (1993) vertritt eine elaborierte Variante des realistischen Paradigmas, die von einer unabhängigen natürlichen bzw. sozialen Realität ausgeht. Als Abgleich dienen Realitätsindikatoren (extramediale Daten), die mit der Berichterstattung (intramediale Daten) in Beziehung gesetzt werden. Schulz (1976) kritisiert, dass auch extramediale Daten soziale Konstrukte sind. Somit vergleicht man nur „Berichte aus verschiedenen Quellen" miteinander.

[33] Konstruktivistische Theoriebildung findet sich in den Sozialwissenschaften, in Maturanas Kognitionstheorien (biologisch-neurowissenschaftlich), der Kybernetik zweiter Ordnung und philosophisch-soziologischen Ansätzen (Glasersfeld, Hejl, Luhmann; vgl. Schmidt 1994a).

[34] So stellte beispielsweise die Nachrichtenwerttheorie fest, dass „nicht Abbildung, sondern Auswahl und Interpretation [...] die elementaren Kennzeichen jedweder medialer Berichterstattung" sind (Burkart 1999: 66).

[35] Der Medienwissenschaftler Schmidt entwickelte in den 90er Jahren das Modell der Wirklichkeitskonstruktion als autokonstituiven Kreislauf der vier Instanzen Kognition und Kommunikation (auf der Einzelmensch-Ebene) sowie Medien und Kultur (als soziale Umwelten). Dabei geht

Die Konstruktionsleistung beim Wahrheitsanspruch einer medialen Berichterstattung wird allerdings selten klar vermittelt. Das Fernsehen verschleiert durch „authentische" Bilder die eigene Medienrealität, im Pressekodex ist die „Wahrheitspflicht" verankert. Da das Wahrheitsmonopol jedoch durch die Konstruktionsleistung aufgelöst wird, können gesellschaftliche Irritationen entstehen. „Weil Realität ohnehin nicht mehr konsenspflichtig ist" (Luhmann 1996b: 168), können sich Fundamentalismen aller Art entwickeln. Zwar bleibt der Glaube an die Realität erhalten, jedoch hat jeder das Recht auf seine eigene Realitätsauffassung.

Messung von Realität: Der Rekonstruktions-Dekonstruktions-Ansatz

Diese Arbeit orientiert sich implizit an Hafez' Rekonstruktions-Dekonstruktions-Ansatz, der einen dritten Weg zwischen Realismus und Konstruktivismus darstellt. Medienrealität wird anstatt an einem nicht erfüllbaren Objektivitätsanspruch an der „*intersubjektiven Überprüfbarkeit* eines Realitätsentwurfs" gemessen (Hafez 2002a: 16). Untersucht werden soll, ob die eigene (journalistische) Position von anderen Diskursteilnehmern bestätigt wird.

Benteles (1990, 1993) Rekonstruktivismus basiert auf einem hypothetischen Realismus. Er geht davon aus, dass natürliche wie gesellschaftliche Realitäten weitgehend unabhängig vom Journalisten bzw. Mediensystem existent sind und vom Subjekt mit einer gewissen Unschärfe rekonstruiert werden können, da Teile der vermittelten Realitätsentwürfe intersubjektiv sozial bestätigt werden können. Andererseits muss Realität wegen ihrer Komplexität selektiert, transformiert und konstruiert werden. Berichterstattungsnormen wie Objektivität sichern diese Fähigkeit zur Rekonstruktion. Medienwirklichkeit ist dabei die möglichst adäquate Rekonstruktion anderer Wirklichkeiten. Re-Rekonstruktion meint die zuerst stattfindende Rekonstruktion der Realität durch die Medien, die anschließend durch den Rezipienten während des Wahrnehmungsprozesses erneut rekonstruiert wird.

Hafez (2002a: 19) unterscheidet an dieser Stelle als Vergleichsmöglichkeit „medienanalytische Qualifikationen", die in der Anwendung kommunikationswissenschaftlicher Verfahren bestehen, und „gegenstandsanalytische Qualifikationen", die die Abweichung von medialer und außermedialer Realität beurteilen, indem sie nichtmedial verankerte Kenntnisse einbeziehen. Notwendig ist also „Vorwissen" und „direkte Information" (Bentele 1990: 64). Diesen zweiten Schritt bezeichnet Hafez mit „Dekonstruktion", da hier zwar auch Realität konstruiert wird, aber lediglich, um den gleichfalls rekonstruierten Textsinn zu überprüfen und kritisieren.

In der vorliegenden Arbeit wird der Ansatz von Hafez in Teilen verfolgt. Die inhaltsanalytische und diskursanalytische Qualifikation, bei der Medienrealität auf der Basis einer Vielzahl von Textkörpern re-rekonstruiert werden soll, findet im empirischen zweiten Teil statt. Die gegenstandsanalytische Qualifikation (De-

---

Schmidt davon aus, dass Medien und Kultur Kognition und Kommunikation strukturell verkoppeln (vgl. Schmidt 1995). Das Modell gilt noch heute als Standardmodell des sozio- bzw. medienkulturellen Konstruktivismus (Weber 2003: 188).

konstruktion I), bei der interdisziplinär eine alternative Rekonstruktion der Gegenstandsrealität mit Hilfe der Politikwissenschaft und Orientalistik vorgenommen wird, erfolgt bereits im Theorieteil. Die medientheoretische Qualifikation (Dekonstruktion II), bei der diese Diskrepanzen erklärt werden sollen, manifestiert sich zum Teil in der Interpretation der Ergebnisse.

3.2.2. Die Produktion von Medieninhalten

a) Agenda-Setting und Priming

Die Darstellung von Terrorismus folgt wie andere Themen auch streng medialer Logik und Routinen.. Medien thematisieren Terrorismus nicht nur (Agenda-Setting), sondern prägen auch die öffentliche Perspektive auf die Ereignisse und deren Valenz (Priming, Framing).

Durch den *Agenda-Setting*-Effekt haben Medien einen großen Einfluss darauf, worüber Menschen überhaupt nachdenken (Bonfadelli/Wirth 2005: 579). Agenda-Setting als Modell der Medienwirkungsforschung beschreibt den Zusammenhang zwischen der Agenda der Medien und der Agenda des Publikums. Medien reduzieren in ihrer Berichterstattung durch Gate-Keeping-Prozesse und den Einfluss von Nachrichtenfaktoren die Vielzahl der Ereignisse auf einige wenige, setzen dementsprechend die Agenda. Nachrichtliche Themen konkurrieren durch diesen Auswahlprozess hart um den knappen Aufmerksamkeitsraum in den Medien (Dearing/Rogers 1996: 22). Als Agenda-Setter gelten Hauptquellen, andere Nachrichtenmedien und journalistische Normen und Routinen (Ebd.: 117). Medien schaffen damit eine Medienrealität, die von Rezipienten tendenziell als soziale Realität übernommen wird (Vgl. Jäckel 2002: 175ff.).

Massenmedien spielen durch Agenda-Setting eine Schlüsselrolle bei der Verleihung von Aufmerksamkeit und können letztendlich sogar die politische Agenda beeinflussen (Dearing/Rogers 1996: 22). Tageszeitungen erzeugen im politischen Bereich stärkere Agenda-Setting-Effekte als das Fernsehen im Sinne von längerfristigen Themenstrukturierungseffekten (Bonfadelli/Wirth 2005: 582). Leitmedien wie dpa oder der Spiegel sind für „Intermedia Agenda-Setting“ verantwortlich (McCombs 2004: 117).

Diese dominante Stellung der Medien kann durchaus Fiktionen erzeugen. (Lippmann 1990: 17). Gerade Terrorismus scheint aufgrund seiner Wertbesetztheit dem medialen Machtpotential ausgeliefert zu sein, denn die Ansichten der Hauptakteure – der als *Terroristen* benannten – werden bewertend, verzerrt oder gar nicht wiedergegeben. Und was von den Medien nicht aufgegriffen wird, bleibt dem Rezipienten fremd.

Bezeichnet Agenda-Setting die vermittelten Inhalte, auf die die Aufmerksamkeit des Rezipienten gelenkt wird, so benennt *Priming* die Vorgabe der Relevanz der Inhalte für den Rezipienten. Was Medien an die erste Stelle rücken, wird zum Schwerpunkt (Jäckel 2002: 193ff.). Werden bestimmte Kriterien oder Aspekte häufig wiederholt[36], entsteht beim Rezipienten ein festes Schema (Pürer 2003: 382). So können Medien in gewissem Maße bestimmen, wie die Öffentlichkeit Terrorismus wahrnehmen wird, indem zum einen Terrorismus eine ständige Priorität auf der Medienagenda zugeschrieben wird (Agenda-Setting, Weimann 1983) oder beispielsweise der Gewaltaspekt einer terroristischen Tat anstatt dessen Ursache betont wird (Priming, Hewitt 1992: 196).

Bestimmte Inhalte können sogar eine Themenkarriere durchlaufen, sofern sie die entsprechenden Nachrichtenfaktoren bedienen. Da ein T-Akt jedoch unvorhersehbar eintritt, muss man davon sprechen, dass er mit dem Höhepunkt beginnt. Danach folgen Abschwungphase und Nachproblemphase. Vor allem die Anschlussdiskussionen in der letzten Phase nehmen bei der Darstellung von Terrorismus einen größeren Raum ein, der T-Akt ist dafür das auslösende Ereignis.

b) Nachrichtenforschung und „Mr. Gates"

„Das Ausgeblendete nimmt den größten Teil der Weltereignisse ein."
(Schiffer 2004: 241)

Eine Nachricht teilt nicht nur auf der Sachebene etwas mit, sie kommuniziert ebenfalls auf der Beziehungsebene zwischen den Kommunikationspartnern (z.B. Art der Kommunikation), als Selbstoffenbarung und als Appell (vgl. Nachrichtenquadrat in Schulz von Thun 1994: 14).

Welche Medienbotschaften für das Bewusstsein der Rezipienten bereitgestellt werden können, bestimmen mediale Selektionsmechanismen. Eine „vollständige" Berichterstattung gibt es nicht, Massenmedien verringern die Komplexität des Geschehens durch Reduktion der raum-zeitlichen Kontinuität und der Ganzheit des Weltgeschehens (Schulz 1976: 8, Burkart 2002: 275).

Flegel und Chaffee (1971: 649) unterscheiden intrinsische (professionelle, rein sachbezogene Gründe wie z.B. organisatorische Zwänge) und extrinsische Selektionskriterien (individuelle Gründe wie Ansichten von Verlegern, subjektive Einstellungen des Journalisten). Die jeweiligen Einflussfaktoren werden zumeist mit Gatekeeper-Forschung, Nachrichtenwerttheorie und News-Bias-Forschung zu erklären versucht, auf die nachfolgend näher eingegangen wird.

Die *Gatekeeper-Forschung* sieht Journalisten bzw. Nachrichtenagenturen als „Schleusenwärter", die aus dem Fluss der Ereignisse einige zur Publikation herausgreifen, um die Informationsmenge zu begrenzen. Untersucht wird die Mikro- und Meso-Ebene, um Eigenschaften des einzelnen Journalisten bzw. der jeweiligen Medienorganisation herauszufinden, die die Nachrichtenauswahl beeinflussen (Kunczik/Zipfel 2005: 241). David M. White bezeichnete in einer der ersten Studien in den 50er Jahren den Journalisten, der die Nachrichten am Fernschreiber sortierte, als „Mr. Gates". Der anfangs reduzierte Blick auf allein subjektive bzw. professionelle Kriterien des Journalisten wurde bald erweitert durch sozialpsycho-

[36] Die Wiederholung bestimmter Charakteristika von Gegenständen, bei der quasi eine Attribute-Agenda geschaffen wird, heißt auch Second-Level Agenda-Setting (Bonfadelli/Wirth 2005: 583), wobei dieses Konzept sich dem Framing annähert (McCombs 2004: 97).

logische und soziologische Erklärungsmuster sowie organisatorische und technische Zwänge.

Kritisiert wird der Gatekeeper-Ansatz[37] wegen seiner anschaulichen Eindimensionalität: Es wird nur ein Faktor bzw. eine Schnittstelle im Medienproduktionsprozess untersucht, während beispielsweise Gewichtung und Inhalt der Meldungen außen vorbleiben (Kunczik/Zipfel 2005: 245).

Ein heterogener Forschungszweig auf der Mikroebene der Gatekeeper-Forschung ist die *News-Bias-Forschung*. Sie möchte „Unausgewogenheiten, Einseitigkeiten und politische Tendenzen in der Medienberichterstattung [...] messen sowie Aufschluss über deren Ursachen [...] erlangen“ (Staab 1990: 27). Untersucht wird der Zusammenhang zwischen den persönlichen Grundhaltungen von Journalisten und ihrer Nachrichtenauswahl (Pürer 2003: 128). In vielen Studien zeigte sich, dass sich die Berichterstattung an der redaktionellen Linie orientierte. Journalisten akzeptierten zwar, Aspekte eines Themas entsprechend ihrer Ansicht hochzuspielen, hingegen nicht, Informationen fallen zu lassen. Eine einseitige Berichterstattung, die eine hohe Synchronität (Übereinstimmung von Berichten mit der Kommentarlinie) aufweist, kann auch durch Selektion opportuner Interviewpartner zustande kommen (Kunczik/Zipfel 2005: 267ff.).

Nachrichtenwerttheorien wollen klären, welchen Einfluss Medieninhalte auf die alltäglichen Selektionsentscheidungen von Journalisten nehmen. Den Medieninhalten werden bestimmte Ereignismerkmale („Nachrichtenfaktoren“) zugeschrieben, die dem Journalisten eine Orientierungshilfe für seine Selektionsentscheidung bieten und die Publikationswürdigkeit (Nachrichtenwert) eines Geschehens bestimmen (Kunczik/Zipfel 2005: 246). Je mehr Faktoren zutreffen, um so eher werden Ereignisse zur Veröffentlichung ausgewählt. Der in der anglophonen Welt vielleicht berühmteste, wenngleich recht vage Versuch, Nachrichtenwerte in Worte zu fassen, stammt wohl von MacDougall: „timeliness, proximity, prominence, consequence and human interest“ (zit. in Palmer 2000: 26).

Für Lippmann (1922) muss Komplexität notwendigerweise zu Schemata reduziert werden. Nachrichtenwerte sind für ihn die intuitiven Annahmen der Journalisten darüber, was das jeweilige Publikum interessiert. Schulz schließt sich daran an: Er sieht in den Nachrichtenfaktoren weniger Charakteristika des realen Geschehens, sondern vielmehr "journalistische Thesen von Realität“ (Schulz 1976: 30), d.h., journalistische Annahmen über Inhalt und Struktur von Ereignissen, die die Realität sinnvoll interpretierbar erscheinen lassen.

Nachrichtenfaktoren sind keine universell gültigen Selektionskriterien, sondern abhängig von Kultur, Zeitgeschichte und der Situation bzw. dem Kontext (Kepplinger 1998: 30). Mellor (2005: 49) erklärt dazu:

> „As a cultural product, news is a reflection of its society and the professional standards fostered by journalistic organizations in that society”.

---

[37] Eine Weiterführung ist die Theorie der redaktionellen Entscheidungsprogramme/Routinen, die von Gaye Tuchman und Ulrich Saxer vertreten wird, und die „Theorie der instrumentellen Aktualisierung“ von Kepplinger (1989).

Während kulturelle Unterschiede in der Forschung bisher wenig erforscht wurden, lassen sich die zeitlichen Unterschiede in statische Nachrichtenwerte und dynamische Nachrichtenideologien untergliedern (Kunczik/Zipfel 2005: 256). Situativ können Schlüsselereignisse wie Katastrophen oder Unfälle die Selektionsentscheidung von Journalisten beeinflussen, indem ähnliche Themen eine erhöhte Publikationschance besitzen. Dies kann zu Themenkarrieren und Beitragswellen führen, die eine unrealistische Ereignishäufung vermitteln (Kepplinger/Habermeier 1995).

Die europäische Tradition der Nachrichtenwertforschung (z.B. Östgaard 1965, Galtung/Ruge 1965, Schulz 1976, Staab 1990) erwies sich als sehr produktiv hinsichtlich der Bestimmung von Selektionskriterien. So fanden beispielsweise Galtung und Ruge acht kulturunabhängige und vier kulturabhängige Faktoren, die sich zwischen Industrie- und Entwicklungsländern unterscheiden. Schulz erweiterte die Faktoren und prägte letztendlich sechs Dimensionen mit 18 Nachrichtenfaktoren.[38] In seiner Untersuchung von mehreren deutschen Medien dominierten die sechs Faktoren Komplexität, Thematisierung, persönlicher Einfluss, Ethnozentrismus, Negativismus und Erfolg. Außerdem kristallisierte sich heraus, dass Nachrichtenfaktoren internationale Ereignisse besser erklären können als nationale.

Ein spezifisch arabisches Nachrichtenkonzept?

Nachrichten in der arabischen Welt unterscheiden sich formal kaum von westlichem Berichterstattungsstrukturen, auch dort strukturieren Journalisten ihre Beiträge nach der „umgedrehten Pyramide". Sprachliche Marker für nachrichtliche Satzanfänge und das Bestreben, mehr als eine Seite zu Wort kommen zu lassen, demonstrieren westliche Grundkonzepte, die den arabischen Nachrichten unterliegen. Mellor (2005) prüfte arabische und amerikanische Nachrichtenwerte auf Konvergenz im Sinne Jenkins (2001: 93) als „the cultural hybridity that results from the international circulation of media content" und fand eine Bestätigung dafür, dass zumindest der westliche Journalismus die arabische Welt beeinflusste. So wird insbesondere arabischen Nachrichtensendern vorgeworfen, bei der Einführung des Fernsehjournalismus den sensationalistischen, konfrontativen Stil der Amerikaner mit der absolutistischen arabischen Debattentradition verbunden zu haben (Khoury 2001: 2).[39]

Zu klären ist die Frage, ob der „arabische Journalismus" genuin eigene Nachrichtenfaktoren entwickelt hat. Als wichtig kristallisierte sich wegen der umfangreichen Hofberichterstattung bei Politikern oder Militärs der Faktor Prominenz heraus (Mellor 2005: 92f.). Journalisten von transnationalen arabischen Medien erlernen ihr Handwerk häufig in der westlichen Welt oder durch westlich

[38] Darunter sind (Schulz 1976: 32ff.): Zeit (Dauer, Thematisierung), Nähe (räumlich, kulturell, (wirtschafts)politisch, Relevanz), Status (Regionale und nationale Zentralität, persönlicher Einfluss, Prominenz), Dynamik (Überraschung, Struktur), Valenz (Konflikt, Kriminalität, Schaden, Erfolg) und Identifikation (Personalisierung, Ethnozentrismus).

[39] Neue Erscheinungen sind Aktualität, der extensive Gebrauch von Analysten und Experten und das westliche Objektivitätskonzept. Ein Ende des Prozesses ist noch nicht absehbar.

initiierte Förderprogramme – damit könnte eine zunehmende spezifisch „westliche“ professionelle Orientierung verbunden sein.

Globalisierungsdynamik im Nachrichtengewerbe

Wer Einfluss auf den Nachrichtenfluss nehmen kann, besitzt Macht über die Weltwissens-Agenda. Nachrichtenagenturen sind keine neutralen Vermittler von Meldungen, sondern wie jedes Unternehmen eingebettet in ökonomische, politische, infrastrukturelle, akteurs- und institutionsbezogene Dimensionen.

Die herausragende Stellung weniger Nachrichtenagenturen in der Gegenwart erklärt sich durch die frühe Aufteilung des Nachrichten-Weltmarktes im 19. Jahrhundert. Diese Weltnachrichtenagenturen gehörten zu den ersten wirklich transnationalen Firmen und sind heute als Großunternehmen[40] wichtige Akteure der Globalisierung. Wenig hat sich verändert in ihrer Hierarchie, Lokalisierung und Interessenvertretung (Nordamerika und Westeuropa; Boyd-Barrett 1998: 33).

Jedoch ist durch regionale Verdichtungen, z.B. in der arabischen Welt oder dem indischen Subkontinent, inzwischen eine Art Gegenfluss entstanden (Boyd-Barrett/Thussu 1992, Hafez 2002c: 121),[41] der scheinbar die Dependenzansätze der 70er Jahre widerlegt und die Ideale der New World Communication and Information Order greifbar scheinen lässt. Thussu (2006b: 141) stellt jedoch ernüchtert fest, dass

> “Western control and ability to set the agenda of international communication debates have, in fact, increased, despite the proliferation of many non-Western media outlets and growing localization of mainly Western media cultural products.”

Versteht man den Prozess der Globalisierung als „intensification of worldwide social relations which link distant localities in such a way that local happenings are shaped by events occuring many miles away and vice versa“ (Giddens 1999), spielen Medien dabei eine entscheidende Rolle: sie sind Moment eines Modernisierungsprozesses, in dem Raum, Zeit und Nation keine Grenze mehr für Kapital-, Konsumgüter- und Kulturströme darstellen (Müller 2001).

Die Dynamik der Mediensysteme wird greifbar durch Hepps Konzept der „Translokalität“ (vgl. Hepp 2006a). Demnach sind in Zeiten der Globalisierung translokale Medienkulturen spezifische Verdichtungen, die teils territorialisiert, teils kommunikativ deterritorialisiert sind. Medien sind dabei allgemein Instanzen zur Herstellung von kommunikativen Konnektivitäten im Rahmen des globalen

---

[40] Die Agentur Reuters belegte 1997 den 48. Platz in Europas Top 500 Unternehmen. Die internationalen Nachrichtenmärkte werden nun dominiert von den „big three“ Reuters (London), AP (USA) und AFP (Frankreich). Eine in bestimmten Märkten relevante Rolle spielt auch die deutsche DPA. Im Fernsehnachrichtenbereich finden sich gar nur noch zwei globale Agenturen mit Sitz in London (Reuters, APTN) (Thussu 2006a: 7).

[41] So wächst der Anteil arabischer Nachrichten in arabischen Zeitungen (vgl. Mellor 2005: 43f.). Sonwalkar (2004) verweist auf die Diversifiziertheit der Dritten Welt am Beispiel Indiens, das in seinen Nachbarländern wegen seiner produktiven Medienindustrie eine regionale kulturelle Hegemonie zugebilligt wird und als ‚kleiner Medienimperialist’ gilt.

Medienkapitalismus, wobei der Staat als mögliche Referenzgröße erhalten bleibt (Hepp 2006b: 80).

Für Hafez allerdings hat der „Mythos Globalisierung" noch gar nicht wirklich stattgefunden: Eine Transnationalität der Eigentümerschaft von Medien, Investoren oder Publika ist nicht auszumachen. Transnationalen Projekten wie MTV droht ein Zerfall in die Dezentralität, und nationale Kommunikationsprozesse wachsen schneller als grenzüberschreitende:

> „Die globale kommunikative Vernetzung, die als eine Zunahme an Weltwissen verstanden wird, ist ein Phänomen, das nicht einmal alle Funktionseliten der Länder dieser Erde erfasst und das wichtige Mediensektoren wie den Auslandsjournalismus gar nicht substanziell transformiert hat, ganz zu schweigen von breiten Bevölkerungsschichten, die [...] oft nachhaltiger in ihren lokalen, nationalen oder bestenfalls regionalen Kommunikationsweisen bestärkt worden sind als darin, sich über Grenzen medial zu informieren oder gar auszutauschen" (Hafez 2005: 222).

Die nationale Orientierung des Publikums wird von Medienanbietern durch eine hybride Glokalisierungsstrategie[42] bedient mittels der Lokalisierung internationaler Programminhalte (Chalaby 2005: 3, Müller 2001: 15). Auch bei Nachrichtenagenturen sind globalisierungsbedingte Lokalisierungseffekte festzustellen: „They use a network of local media organizations, stringers and freelancers to collect raw materials" (Fahmy 2005: 396).

Medien sind durch die Kommodifizierung des journalistischen Produkts zunehmend ökonomischen Anforderungen in Produktion, Distribution und Konsumption unterworfen (Schatz 1997: 12) – mit negativen inhaltlichen Folgen auch für den Nachrichtenfluss. Die Homogenisierung und Kommerzialisierung von Inhalten durch die Medienprivatisierungen und die Tendenz zum Lifestyle-Journalismus simplifiziert komplexe Probleme und transformiert den Süden zum Reiseland ohne politische und kulturelle Hintergründe.

3.2.3 Journalisten als Friedenswächter in Krisen und Konflikten?

Der internationale islamistisch motivierte Terrorismus ist Gegenstand sowohl des Krisen- und Konfliktjournalismus als auch der Auslandsberichterstattung.

Krisen- und konflikthaltige Ereignisse sind schon lange essentieller Bestandteil der täglichen massenmedialen Berichterstattung, denn die von den Journalisten zugeschriebene Konflikthaftigkeit eines Ereignisses stellt einen zentralen Nachrichtenfaktor dar (vgl. Schulz 1989: 139). *Krisen* sind beobachterabhängig. Sie können als

> „(vermutete) Bedrohungen zentraler Werte eines Systems definiert werden. Dabei wird Sicherheit – bis hin zur Gefährdung der Existenz – reduziert,

[42] Der als soziologisches Konzept gedachte Begriff „Glokalisierung" geht auf Roland Robertson (1994: 173f.) zurück und bezeichnet die Vermischung globaler Phänomene mit lokalen Eigenheiten, die Kombination aus Globalisierung und Lokalisierung.

Zeitressourcen werden verknappt und hoher situativer Entscheidungsdruck induziert" (Löffelholz 2004: 48).

Unter Krise werden zumeist Kriege subsumiert, aber auch Terrorismus ist eine Form von überindividueller Gewalt, auch er kann Manifestation einer Krise sein. Zudem stellt sich ein T-Akt als asymmetrischer Konflikt dar, der gewaltsam ausgetragen wird. *Konflikte* können entweder um die Geltung von Normen (Wertekonflikt) oder die Verteilung von Gütern (Interessenkonflikt) wachsen, die auch miteinander verschränkt sein können (Aubert 1963).

Ein T-Akt als Primärkrise kann eine gewaltlose Sekundärkrise in Form eines publizistischen Konfliktes auslösen, bei dem „Kontroversen zwischen mindestens zwei Kontrahenten mit Informationen über einen Konfliktgegenstand via Massenmedien vor einem Publikum" ausgetragen werden (Kepplinger 1989: 201). Die Kommunikation zielt dabei auf die Beeinflussung der Massenmedien, die zwischen Kontrahenten und Publikum stehen. Dadurch dominiert das mediengerechte über das sachgerechte Verhalten der Kontrahenten. Journalisten wiederum können bestimmte Konfliktansichten, die sie teilen, stärker hervorheben (Kepplinger 1989: 204ff.). Bei den T-Akten manifestiert sich dies durch die Stimulation von Anschlussdiskursen zur Sicherheit und muslimischen Minderheit.

Die Thematisierung von Widersprüchen dient modernen Gesellschaften zur Koordination. Die journalistische Konfliktberichterstattung fungiert als autonomer Beobachter, sie „ermöglicht es [...] der sozialen Umwelt dieses Konfliktsystems, die Rolle des Dritten einzunehmen" (Hug 1997: 358) und durch Synchronisierung von Krisenbeobachtungen „Neuigkeiten und Unsicherheiten sinnvoll zu verarbeiten" (Görke 2004: 143). Das journalistische System weist auf Widersprüche zwischen den Partialinteressen der gesellschaftlichen Teilsysteme hin und stimuliert so die Gesellschaft, erzeugt also „Unruhe" durch das „kommunizierte ‚Nein', das eine vorherige Kommunikation beantwortet" (Luhmann 1984: 530). Zu einem Konflikt wird ein Thema erst durch ein journalistisches Publikum und Anschlussdiskurse.

Da Medien „gerade im Bereich der internationalen Beziehungen ein Substitut [sind] für eigene und persönliche Erfahrungen" (Becker 2002: 15), prägen sie mit konfliktreicher Berichterstattung ein ebensolches Weltbild zumindest bei den Rezipienten, die keine alternativen Informationsquellen hinzuziehen. Die ausschließliche Orientierung am Nachrichtenwert bringt dem Krisenjournalismus viel Kritik von Seiten der normativ argumentierenden Friedensjournalismus[43]-Befürworter ein. Journalistische Rollen sollten demnach Aspekte von Sozialarbeiter und Diplomat beinhalten, Medien nach Friedfertigkeit, Wahrheit, Empathie und Kompromissbereitschaft streben.

Bei bestimmten globalen politischen Krisensituationen konnte bisher bereits per „Telediplomatie" politische Entwicklungen erfolgreich beeinflusst wer-

---

[43] Dem Konzept des Friedensjournalismus zufolge sollten sich Journalisten weniger für den Kampf interessieren als für den Konflikt dahinter, also die Perspektive des Gegenübers miteinbeziehen und deeskalierend über Kriegsursachen, Friedensbemühungen und alternative Konfliktlösungen berichten (Weichert 2004). Die Leiden aller Beteiligten sollten benannt werden.

den.[44] Doch solche Möglichkeiten ergeben sich selten. Hafez kommt nach einer Analyse deutscher überregionaler Zeitungen zu dem Fazit: „Die Presse wird in akuten Krisenzeiten (und ohnehin in Kriegszeiten) zur Co-Konfliktpartei des politisch-wirtschaftlichen Komplexes, denn der Umweltdruck und die Interessen des Gesellschaftssystems werden größer als das Autonomiestreben der Medien" (Hafez 2002a: 207). In Kriegszeiten wird nationale Identität und Zugehörigkeit betont, und für Informationen werden überwiegend regierungsamtliche und militärische Quellen genutzt (Entman 2004).

3.2.4 Auslandsjournalismus

Medien sind Haupt-Vermittler für das Auslandsbild. Auslandsjournalismus deckt den Bedarf nach internationalen Nachrichten, die im Zeitalter der Globalisierung für das weltweite Börsengeschehen, die individuelle Karriere oder als Servicedienstleistung entscheidend sein können. Sie informieren, inwieweit Krisen oder Kriege persönliche Freiheitsrechte (z.B. Reisefreiheit) außer Kraft setzen. Die Leistung, Informationen aus aller Welt zu verarbeiten und in Handlungen umzusetzen, ist essentieller Bestandteil westlicher Industriegesellschaften.

Auslandsjournalismus ist „medial vermitteltes Auslandsbild" (Hafez 2002a: 179), er umfasst generell die Ereignisse, die national definierte Grenzen überschreiten. Auch die Bombenanschläge in London und Sharm El-Sheikh sind dem zuzuordnen. Auslandsnachrichten werden unterteilt in *foreign news abroad* (Berichte über das Geschehen im Ausland) und die Mischformen *home news abroad* (Nachrichten mit Inlandsbezug im Ausland) und *foreign news at home* (Nachrichten mit Auslandsbezug im Inland). Nach Wilke (1998a) prägen sieben Variablen das Auslandsbild: geographische Lage und Größe, politisches und ökonomisches System, Infrastruktur, Massenmedien und ihre Merkmale, journalistisches Berufsverständnis mit professionellen Normen und persönlichen politischen Zielen, Abhängigkeit von Ereignissen und Rezipienten.

Das globale Auslandsbild ist unausgewogen, besitzt klare Zentren und Peripherien. Über ein Land wird um so häufiger berichtet, je ausgeprägter die Nachrichtenfaktoren Status und Nähe zutreffen.[45] Westliche Medien legen im Hinblick auf periphere Länder einen Schwerpunkt auf Konflikte, Kriege, Katastrophen, Krankheiten und Sportereignisse (Rössler 2003: 314), was Mikich (2003) als eine Art von „geistiger Provinzialisierung" kritisierte. Medien in westlichen Industrieländern bringen aber häufiger Auslandsnachrichten mit nationalem Bezug als nichtwestliche (Wilke 1998a: 42), was auch als Folge der nachrichtensystemspezifischen Globalisierung und Konvergenz gewertet werden kann, bei der

---

[44] So z.B. von westlichen Medien in Bosnien 1994/95 und der Krise um kurdische Flüchtlinge 1991. Auch arabische Medien erzeugten eine politisch wirkungsvolle Medienöffentlichkeit, z.B. bei der Kritik an mageren Spendensummen arabischer Regierungen nach dem Tsunami Ende 2004 in Asien, was politisch eine Erhöhung der Spenden auslöste (Blake 2005: 18).

[45] Zwei größere Studien identifizierten als dominante Nachrichtenfaktoren in der Auslandsberichterstattung geographische und kulturelle Nähe sowie Elite-Nationen (Wilke 1986, 1998b); ferner Status und Nähe (Gawlas 2004).

„die *USA* als ‚Nachrichten-Supermacht' die Auslandsberichterstattung weltweit domi-niert" (Gawlas 2004: 195). Die größten strukturellen Schwierigkeiten beim Auslandsbild sind ferner die Dekontextualisierung von Nachrichten, die Politik- und Elitenzentrierung und die Nichtdarstellung von Strukturproblemen der internationalen Beziehungen (Hafez 2005: 46ff.).[46]

Der Auslandskorrespondent besitzt dabei innerhalb eines Mediums nahezu das Monopol[47] und die Deutungshoheit für bestimmte Regionen, fungiert somit als „Gatekeeper" idealerweise komplimentär zur konkurrierenden Routineberichterstattung. Auslandskorrespondenten sind allgemein begreifbar als

> "media personnel who report and interpret the actions and events of different societies for a selected audience of readers not native to the country" (Starck/Villaneuva 1992: 2).

Sie können „wertneutraler Informationsvermittler" sein, aber ebenso „Gesprächsanwalt", Förderer der „Völkerverständigung", „Mitgestalter der Außenpolitik oder „zentraler 'Sinn-Übersetzer' zwischen den Kulturen". Auslandskorrespondenten sehen sich selbst als Experten für die entsprechenden Länder und Regionen (Nafroth 2002: 55) mit Zugang zu lokalen Quellen und lokalen Meinungsführermilieus (Hafez 2002a: 183).

Der Anspruch an einen Auslandsjournalisten besteht darin, über weit „entfernte" Kulturen viel erklären zu können und den Rezipienten in die historisch-kulturell-gesellschaftlichen Hintergründe einzubetten. Unabdingbar dafür ist eine gewisse „bikulturelle Kompetenz" (Gawlas 2004: 75f.), um translatorisch als Wegbereiter von Verständigung und Vermittler indigener Diskurse des Berichtslandes fungieren zu können. Kann der Korrespondent das nicht einlösen, könnte seine Berichterstattung durch Eurozentrismus, Aktualitätsfetischismus, Ethnozentrismus und Exotismus geprägt sein (Wilke 1981).

Wichtige Kriterien sind daneben die berufliche und politische Sozialisation (Erwerb bestimmter Ideologien und Werthaltungen), die Sprachkompetenz und die individuellen professionellen Konflikte (Hafez 2002a, 2005, Ibrahim 2003).

---

[46] So gilt z.B. Großbritannien in seiner Beziehung zu anderen politischen Systemen als auch in den internationalen Wirtschaftsbeziehungen als Großmacht, während Ägypten zwischen Zentrum und Peripherie zu verorten ist.

[47] Die Monopolrolle wird ihm gegenwärtig streitig gemacht durch eine zunehmende (freie) Konkurrenz und das Internet (Wu/Hamilton 2004). Auch innerjournalistische Leitmedien, verschiedene Meinungsführer und der Verlag besitzen Einflusspotential.

3.3 TRANSNATIONALE ÖFFENTLICHKEITEN

3.3.1 Öffentlichkeit und Medienöffentlichkeit: Weßlers Öffentlichkeitsmodell und die systemtheoretische Sicht

„Öffentlichkeit" gab es bereits in der Antike in Form der ‚Polis' als ein Forum zwischen Bürgern, in dem „die Dinge zur Sprache" kommen und „Gestalt" gewinnen (Habermas 1969: 13). Heute findet Öffentlichkeit ihren Ausdruck vor allem in den Massenmedien, sie wird auf medialer Ebene konstituiert (Meyer 2000: 112). Deshalb soll nachfolgend auch auf die Spezifiken der medialen öffentlichen Meinung (Medienöffentlichkeit) im Sinne von „veröffentlichter Meinung" (vgl. Faulstich 2002: 217) eingegangen werden.

„Öffentlichkeit" ist als recht abstraktes Konzept kaum greifbar. Sie kann allgemein als eine Vielzahl von Kommunikationsforen verstanden werden, „deren Zugang prinzipiell offen und nicht an Mitgliedschaftsbedingungen geknüpft ist, und in denen sich Individuen und kollektive Akteure zu Themen äußern können" (zit. nach Donges/Jarren 1998: 97). So kann bereits ein Sprecher vor einem Publikum als Öffentlichkeit bezeichnet werden. Aus medienwissenschaftlicher Perspektive ist Öffentlichkeit ein medial konstituiertes Forum bzw. ein Medienkultursystem (Faulstich 2002: 221). Seit dem 18. Jahrhundert füllen Printmedien diese Rolle aus. Öffentlich war, was in den vielen nebeneinander existierenden Zeitungen (= Teilöffentlichkeiten) stand. Teilöffentlichkeit für „quality papers" wie FAZ und Süddeutsche Zeitung war die „repräsentative Öffentlichkeit" im Sinne der alten bürgerlichen Öffentlichkeit (Faulstich 2002: 222f.).

Öffentlichkeit ist ein nicht institutionalisiertes, aber dennoch sozial dauerhaft vorhandenes intermediäres System, das zwischen dem politischen System und den Bürgern vermittelt und dabei eine öffentliche Meinung erzeugt, die sich in anderen Foren durchsetzen kann. Als Funktion der Öffentlichkeit lassen sich die Sicherung relevanter gemeinsamer Wissensbestände (Information) und daraus ableitbarer allgemeiner Kriterien (Normen und Werte) festhalten. Öffentlichkeit festigt die laufend zu konstruierenden Wirklichkeitsentwürfe (Merten 1999: 222ff.).

Weßler (1999) erstellte nach Kritik am diskursiven Modell von Habermas ein Öffentlichkeitsmodell mit drei Dimensionen, die den medienöffentlichen Diskurs und dessen Prozessmuster prägen: In der Sachdimension erlangen bestimmte Problemdeutungstypen mit bestimmten Kausalattributionen und Reaktionsmöglichkeiten Wichtigkeit, die Zeitdimension ist durch Ereignis- und Ruhephasen gekennzeichnet, und sozial werden einerseits Sprechertypen aus Zentrum und Peripherie sowie Sprecherrollen (Koalitionsbildungen, Vermittler) unterschieden. Medienöffentliche Diskurse

> „stellen Deutungen und Gegendeutungen in einen gemeinsamen Rahmen und sichern so die Zusammengehörigkeit und Verstehbarkeit unterschiedlicher Sprecheräußerungen, auch wenn diese sich – wie bei

> Verlautbarung oder Agitation – nicht explizit aufeinander beziehen" (Weßler 1999: 40).

Die mediale Öffentlichkeit dient ferner politischen Akteuren als Testforum für politische Vorschläge und als Indikator zur Beurteilung von Meinungen und Problemen (Donges/Jarren 1998: 101f.).

Das System der Massenmedien bildet auch die Grundlage für den heutigen öffentlichen Diskurs.[48] Sie sind ein intermediäres System innerhalb des intermediären Systems Öffentlichkeit. Durch die Ausdifferenzierung des Mediensystems besitzen sie eine relative Autonomie, deren Eigenlogik (z.B. Zieldefinitionen) öffentliche Kommunikation nachdrücklich prägt. Sie unterliegen der Professionalisierung und müssen sich der Konkurrenz auf den Medienmärkten stellen (Neidhardt 1994: 11). Als Öffentlichkeitssystem müssen Medien bestimmte normative Anforderungen erfüllen wie Informations-, Kritik-, Kontroll- und Sozialisations- bzw. Integrationsfunktion (vgl. Donges/Jarren 1998). Unter allen Öffentlichkeitsebenen hat nur die Medienebene das Potential, alle Mitglieder der Gesellschaft zu erreichen.

Öffentlichkeit als zunächst leerer Ort (Neidhardt 1994: 9) wird sozial gefüllt mit Akteuren, die sich in spezifischen Rollen betätigen (Weßler 1999:25). Die Medienöffentlichkeit weist unter den verschieden komplexen Öffentlichkeitsebenen die größte Differenz zwischen Leistungs- und Publikumsrollen auf, indem eine informell reglementierte Anzahl professionalisierte Personen (Journalisten) in der Sprecher- und Vermittlerrolle[49] für ein theoretisch unbegrenztes Publikum Themen bereitstellt und kommentiert. Sie verfolgen systematisch gesellschaft-liche Bereiche und machen dadurch die hinter Konflikten liegenden Probleme transparent und relevant (Donges/Jarren 1998: 103). Die Sprecher müssen sich nach der Laienorientierung des Publikums richten. Die Vermittlerrolle ist in Form von Massenmedien institutionalisiert. Als Träger von Öffentlichkeit können neben den Medien auch Eliten oder die Mehrzahl einer Reihe von befragten Bürgern (Demoskopie) gelten. Diese starke interne Strukturierung der Medienebene als geordneteste Ebene ermöglicht öffentlicher Kommunikation Regelmäßigkeit und Berechenbarkeit.

Betrachtet man den Journalismus als autonomes System im Sinne der Systemtheorie, dann dient er dazu, als Leistungssystem des Systems der Öffentlichkeit die laufende Beobachtung von teilsystemischen Binnenoperationen (also die Handlungen anderer Systeme) auf umweltrelevante Aspekte hin zu garantieren, da dies die anderen Systeme (wie Politik, Wirtschaft) durch den hohen Ausdifferenzierungsgrad selbst nicht leisten können, aber zur vorbeugenden Umweltanpassung leisten müssen (Hug 1997: 317f.). Das Teilsystem Öffentlichkeit erfüllt also den

---

[48] In Krisenfällen, wie z.B. bei politischer Zensur, kann die Publikumsöffentlichkeit allerdings Rekurs auf ältere Formen von Öffentlichkeit nehmen (Veranstaltungsöffentlichkeit, sporadische Öffentlichkeit), was der informellen Kommunikation entspricht (Merten 1999: 231).

[49] Treten Journalisten als Kommentarautoren in Erscheinung, zählen sie zu den Sprechern. Üben sie jedoch eine rein berichtende Funktion aus, gelten sie als zumeist institutionell verankerte Vermittler bzw. Kommunikateure.

notwendigen Synchronisationsbedarf für die gesellschaftliche Komplexität der Moderne. Daraus entsteht öffentliche Kommunikation, die nach eigenen Relevanzkriterien über Politik oder Wirtschaft kommuniziert. Als relevant gilt in der journalistischen Logik das, was Werte und Normen bedroht (Skandal, Provokation, Krise), einen zukünftigen Schaden erwarten lässt (Risiko) oder Prozesse, in denen Werteorientierungen divergieren. Im Gegensatz zur zeitlich, sachlich und personell beschränkten interpersonalen Kommunikation im Alltagsleben ist die massenmedial vermittelte journalistische Kommunikation dauerhaft, erstreckt sich auf alle umweltrelevanten Aspekte und bezieht jedes Gesellschaftsmitglied mit ein.

3.3.2 Transnationale Öffentlichkeit

„Today, journalism's global prominence may even engender a sens of world community, shared human fate, and human rights that transcend nations."
(Schudson 2003: 212)

Der Beginn des Konzepts *Transnationalität* ist bereits im *Inter*nationalitätskonzept des internationalen Rechts veranlagt, erlangte aber erst in den 60er Jahren des vergangenen Jahrhunderts in Zusammenhang mit Wirtschaft und Terrorismus Bedeutung. *Transnational* heißt, den Begriff der politisch und geographisch geprägten Nation zu verlassen, denn „trans" bedeutet „über [etwas] hinaus". Indem also hier die Souveränität des Nationalstaates verlassen wird, handelt es sich um einen Aufbruch zu neuen sozialen und politischen Räumen, die aber noch keine nähere Definition erfahren haben. Als *transnational* können

> „zunächst ganz allgemein all diejenigen Interaktionen zwischen Individuen, Gruppen, Organisationen und Staaten bezeichnet werden [...], die über Grenzen hinweg agieren und dabei gewisse über den Nationalstaat hinausgehende Strukturmuster ausbilden" (Kaelble 2002: 9),

wobei jedoch offen bleibt, bis wohin genau diese Überschreitungen reichen werden. Der Begriff unterscheidet sich vom Terminus „international", der lediglich eine binäre Vergleichssemantik ausgehend von Nationalstaat und territorialen Grenzen pflegt (Hepp 2006b: 78). Während *Transnationalisierung* Prozesse der sozialen und institutionellen Vernetzung erfasst, wird unter *Transnationalität* die „semantische Konstruktion von gemeinsamen Sinnhorizonten und Zugehörigkeitsgefühlen" verstanden (Kaelble/Kirsch 2002: 10, vgl. Schriewer 1998: 167f.).

Im Zuge der Globalisierung findet nicht nur die weltweite Integration von Wirtschaft und Kultur statt, sondern auch der Zivilgesellschaft. Es ist nach Becks Theorie der „Risikogesellschaft" das zweite Zeitalter der Moderne, dass insbesondere durch Prozesse der Deterritorialisierung, Transmigration, De-Traditionalisierung und Wertepluralität bestimmt ist (Beck u.a. 2004). Phänomene wie die Klimaerwärmung und globale T-Akte deuten auf eine Ära transnationaler Risiken hin (George 2006: 30).

Eine transnationale Öffentlichkeit ist generell „a place where forms of organization and tactics for collective action can be transmitted across the globe"

(Guidry u.a. 2000: 7). Transnationalisierungsprozesse von Gesellschaften, sozialen Interaktionen und Medienstrukturen sind gekennzeichnet durch einen zunehmend horizontalen Verlauf, der die vertikale Integration auf nationalstaatlicher Ebene zurückdrängt (Sreberny-Mohammadi/Winseck u.a. 1997: xii).[50]

Transkulturelle Öffentlichkeiten sollten allerdings nicht als homogene globale Öffentlichkeit, sondern als „translokale Verdichtungen“ gesehen werden (Hepp 2006b: 73). Voraussetzungen für eine transkulturelle Öffentlichkeit im Sinne des Raums der Verständigung einer weltweiten Zivilgesellschaft sind plurale bzw. duale Mediensysteme in den verschiedensten Staaten.

Weltöffentlichkeit findet primär über Kommunikation in den Medien statt. Auch medial vermittelte Weltöffentlichkeit erfüllt eine „Synchronisationsfunktion, indem sie die „Grenzen“ bzw. „Grenzziehungen“ verschiedener anderer Funktionssysteme (Wirtschaft, Politik, Wissenschaft etc.) beobachtet und diese mit der eigenen Grenzziehung konfrontiert“ (Hepp 2006b: 69, vgl. Görke 2005). Eine funktionierende Weltgesellschaft ist ohne das Teilsystem Öffentlichkeit nicht denkbar (Görke 2005: 64). Kritikpunkt an dieser Theorie ist deren Unfähigkeit, die der transkulturellen Kommunikation inhärenten Konflikte zu fassen.

Aufgabe einer transnationalen (Zivil-)Gesellschaft soll die Lösung von Problemen sein, „that are beyond the reach of the sovereign nation-state or the international community as constituted in the United Nations” (Richter/Berking u.a. 2006: 20). Zudem sollte sie einer internationalen Gemeinschaft demokratische Legitimität verleihen, indem den durch Wissenschaft und Medien analysierten Problemen Publizität verliehen und moralische Imperative gesetzt werden (George 2006). Internationale Nichtregierungsorganisationen oder Bewegungen können eine aktive Perspektive und Alternative für ‚global governance’ bzw. eine neue Weltöffentlichkeit bieten (Kaelble 2002). Nachteil einer grenzüberschreitenden Zivilgesellschaft ist ihre bisher ausstehende demokratische Einflussmöglichkeit oberhalb der einzelnen Staatenebene (George 2006: 36).

Exkurs: Weltgesellschaft oder Partikularismus?

Im Anschluss an Luhmanns Systemtheorie erlangte der Begriff „Weltgesellschaft“ Geltung (Kriener/Meckel 1996: 14). Sie beruht auf der zunehmenden Entkopplung von Raum und Zeit, wonach sich Gesellschaften territorial nicht mehr abgrenzen lassen und azentrische Charakteristiken aufweisen (Berghaus 2004: 184). Voraussetzung dafür ist die globale Verbreitung von Kommunikation. Die Weltgesellschaft steht in enger Beziehung zu der durch die Medien sich bildenden Weltöffentlichkeit, ist aber nur eine Teilöffentlichkeit unter vielen.

Weltöffentlichkeiten konstituieren sich bei herausragenden „globalen Medienereignissen“[51], wie es oft bei der Krisenkommunikation der Fall ist (Meckel

[50] Unter horizontale Integration fallen transnationale Muster von Marketing und politischer Kommunikation, Integration lokaler Räume über Staatsgrenzen hinweg, Harmonisierung des rechtlichen Rahmens und neue Eigentümerschaftsmodelle nach transnationalen Mustern.

[51] Globale Medienereignisse sind „über verschiedene Kulturen hinweg integrierende Kommunikationsereignisse“ (Hepp 2005: 149), die erst im Zuge der Globalisierung von Medienkommuni-

2001: 50). Ein solch rarer Moment war der 11. September 2001, der eine temporäre globale Gemeinschaft erzeugte, auch wenn sich diese horizontale „global ‚zone of relevance'" kurz nach dem Anschlag wieder zugunsten vertikaler nationaler Öffentlichkeiten und Lokalisierungen auflöste (Volkmer 2002b: 237f.).[52]

Die genaue Entstehungszeit einer transnationalen öffentlichen Sphäre bleibt unklar.[53] Gegenwärtig hat sich zwar eine neue globale Kultur auf der Ebene der Konsumprodukte herausgebildet,[54] und auf politischer Ebene stehen nationale Regierungen scheinbar einer einflussreichen transnationalen Öffentlichkeit gegenüber. Die meisten Forscher sprechen jedoch sehr zurückhaltend von der Herausbildung einer Weltöffentlichkeit. Techniken wie das Internet deuten zwar auf eine Pluralisierung von Öffentlichkeiten hin (Stichweh 2002: 64), jedoch bringt technische Vernetzung nicht automatisch „an expansion of an intersubjectively shared world" hervor (Habermas 1998: 120, zit. nach Sinekopova 2006: 516).

Die meisten Länder werden bisher von einer internationalen öffentlichen Sphäre und dem damit verbundenen politischen Dialog ausgeschlossen. Eine wirkliche globale Zivilgesellschaft wird hoffnungsvoll als dritte Kraft neben Politik und transnationalen Unternehmen gesehen, jedoch mangelt es bisher an stabilen Prozessen informeller Rückkopplung zu deren Verankerung (Hafez 2005: 228f.).

Eine echte globale Öffentlichkeit müsste zudem sowohl ausländische als auch inländische mediale Perspektiven wahrnehmen, um eine Vielzahl nationaler Diskurse in sich vereinen zu können – bei dieser Aufgabe stößt selbst der global verstandene Sender CNN an seine Grenzen, er bleibt ein Nebeneinander partikularer Diskurse ohne integrative Kraft (Hafez 2005).

Die transnationale Medienöffentlichkeit

Medien können als Vermittler „between the nation and an extra-societal global public space" verstanden werden (Volkmer 2002b: 243). Massenmedien üben eine stark integrative Wirkung aus, nicht nur bei der Entstehung von Nationen, sondern auch von Regionen oder sogar einer gedachten Weltgesellschaft, denn es

> „werden verschiedenste Menschen in einen kommunikativen Prozess eingebunden, der auf die Konstruktion einer geteilten ‚vorgestellten

---

kation entstehen konnten. Die Gruppe der rituellen Ereignisse, zu denen Wettkämpfe, Krönungen, aber auch T-Akte zählen, besitzen jedoch keineswegs globale Integrationskraft, denn sie werden kulturabhängig unterschiedlich diskursiv kontextualisiert (Hepp 2005: 149).

[52] Beck spricht hier von der „Globalisierung der Emotionen" und „kosmopolitischen Empathie" in der Weltrisikogesellschaft, die in einer weltgesellschaftlichen Krisenerfahrung zum Handeln nötigt (Beck 2004: 13f.), so durch globale Protestbewegungen (z.B. gegen den Irakkrieg) und durch den Aufstieg der internationalen NGOs (Greenpeace, Amnesty International) zu politischen Akteuren, die die Agenden der Nachrichtenagenturen beeinflussen können (Hepp 2006a).

[53] Für Sinekopova (2006) beginnt sie in der Antike, für Paterson (1998) erst im Fernsehzeitalter, dominiert durch eine anglo-amerikanische Mainstream-Ideologie (bei TV-Nachrichten).

[54] Dies wird unterstützt von der globalen Verbreitung von Computer- und Kommunikationstechnologien, Popmusik oder Holly-/Bollywood-Filmen v.a. in Jugendkulturen (Thussu 2006b).

Gemeinschaft' eines ,home territory' oder einer ,kulturellen Verdichtung' zielt" (Hepp 2006a: 56).

Ein transnationaler Diskurs, der durch Medien-Akteure realisiert wird, liegt am Beispiel Europas dann vor, „wenn tatsächlich ein grenzüberschreitender Meinungsaustausch zwischen Sprechern aus verschiedenen Mitgliedsstaaten zu beobachten ist" (Wimmel 2005: 3). Eine transnationale Diskursgemeinschaft sollte durch grenzüberschreitende Kommunikationsflüsse gekennzeichnet sein, also durch Bezugnahmen auf Sprechakte und Meinungen von Akteuren anderer Länder. Dabei könnte das Phänomen der kommunikativen Deterritorialisierung[55] helfen, denn auch Medienkommunikation weist eine zunehmende kommunikative Konnektivität auf und bedient transnationale Publika (Hepp 2006a: 53).

Diesem Ideal gegenüber steht jedoch die Domestizierung transnationaler Ereignisse, noch immer besteht „die Weltkommunikationsordnung in hohem Maße aus national und regional orientierten öffentlich-kommunikativen Teilsystemen" (Rühl 1984: 217). Dies liegt an traditionellen Berichterstattungsstrukturen wie die Betonung von „world dualisms" (Volkmer 2002b: 236) und Schein-Weltöffentlichkeiten, die allein auf der gegenseitigen Rezeption von Journalisten basieren.

Hafez (2005) bemerkt pessimistisch, dass Transnationalität vor allem auf der technischen Ebene existiert. Solange Medien in national dominierte Systemstrukturen eingebettet sind und dementsprechend nationale Öffentlichkeiten bedienen müssen, können sie kaum Weltöffentlichkeit fördern. Das weltweite Mediensystem verharrt in der Internationalität und schafft nicht den Sprung zur Transnationalität. Nur vereinzelt begegnet man transnationalen Prozessen.[56]

3.3.3 Exkurs: Regionale Öffentlichkeiten

Bevor national integrierte Gesellschaften den Sprung zu globalen Diskursen wagen, steht meist noch eine regionale Ebene dazwischen. Faulstich (2002: 220) spricht von einer „Kulturöffentlichkeit" und meint damit kulturspezifische Räume wie „der Westen" oder „die arabische Welt", die als Basis Sprache oder Werte haben können. Mit der Globalisierung haben regionale Verdichtungen von medialen Repräsentationen, die über einzelne Staaten hinausreichen, gegenüber der ,nationalen Gemeinschaft' als Sinnhorizont des Lokalen an Relevanz gewinnen können.[57]

[55] Als „kommunikative Deterritorialisierung" bezeichnet Hepp den „fortlaufende[n] Prozess der Globalisierung von Medienkommunikation" (2006a: 53), also „das Herstellen von Kommunikationsbeziehungen" (2006b: 74), die den kulturellen Wandel der Globalisierung in Form von gestiegener Mobilität (physische Deterritorialisierung) unterstützt. „Deterritorial" meint die Verortung eines Gegenstandes oder Prozesses an verschiedenen Lokalitäten gleichzeitig (Hepp 2006b: 136). Deterritoriale Medienproduktion besteht aus entgrenzten Medienkonzernen, transkulturellen Medienmärkten und globalen Medienstädten (Hepp 2006b: 129ff.).

[56] So einer transnationalen investigative Journalismuskultur in Europa (Meyer 2000) oder dem Schaffen einer globalen muslimischen Identität durch Al-Dschasira (Cherribi 2006).

[57] Auf Rezipientenseite wird die lokal gelebte Identität ergänzt durch eine Reihe von weiteren, deterritorial vorgestellten und kulturell lokalisierten Gemeinschaften, z.B. Diasporas, Populärkultur, soziale Bewegungen (Hepp 2005: 154).

Sie können sich mit politischen Gebilden wie in Europa decken, existieren wie im Fall Indiens und seinen Nachbarstaaten aber auch ohne politische Ebene (Hepp 2005: 151). Eine transnationale Öffentlichkeit ist Grundlage für die Herausbildung einer transnationalen Identität.[58]

Nationalstaaten gehören meist regional definierten Gebilden an. Deutschland (FAZ, FR) ist in die EU-Ebene integriert, Ägypten (Al-Ahram) sowie Al-Hayat in den arabisch-islamischen Raum.

a) *Regionale Öffentlichkeiten I: Europa*

Im Falle Deutschlands bildet die Europäische Union die nächsthöhere Ebene, die politisch, wirtschaftlich und rechtlich ausdifferenziert ist und dadurch ein Synchronisierungs- und Beobachtungssystem in Form von Öffentlichkeit benötigt. Deutschland kann zudem in „Europa“ integriert gesehen werden durch langfristige geschichtliche Parallelentwicklungen und Interkonnektivitäten.

Von einer europäisierten Öffentlichkeit kann erst dann gesprochen werden, wenn „in den jeweiligen national organisierten Medienproduktionen, seien es die Printmedien oder das Fernsehen, regelmäßig und ausführlich über alle relevanten europapolitischen Themen berichtet und diskutiert werden würde“ (zit. nach Wimmel 2005: 4). Die reale Herausbildung einer regional-transnationalen europäischen Öffentlichkeit steht erst am Beginn. Sie weist zwar eine europäischen Themenagenda auf, beschränkt sich aber sonst auf Teilöffentlichkeiten oder lokalisierte parallele Diskurse.[59] Ein strukturelles Hindernis stellt auch das Fehlen eines einheitlichen, einsprachigen Mediensystems dar (Kevin/Schlesinger 2000).

b) *Regionale Öffentlichkeiten II: Arabisch-islamische Welt*

In Bezug auf Ägypten bildet die arabisch-islamische Welt den regionalen Kontext. Zwar kann hier nicht von einem einheitlichen wirtschaftlichen und politischen Raum wie bei der EU gesprochen werden. Politisch-institutionell sind jedoch mehrere regionale oder übergreifende Akteure etabliert (z.B. Arabische Liga), und grenzüberschreitend erscheinen auch die gemeinsame Geschichte und Kultur.

Das augenfälligste transnationale Merkmal ist die im Gegensatz zu Europa einheitliche sprachliche Ebene: das Moderne Standard-Arabisch dient als Verkehrs-

---

[58] Identität erlaubt einen Grad an Zugehörigkeit für die Mitglieder einer gedachten Gemeinschaft, die das Fällen von Entscheidungen effektiv machen (Meyer 2000: 109). Noch in der zweiten Hälfte des 20. Jahrhunderts bildete der Nationalstaat den primären Identitätsbezugsrahmen.

[59] Studien einer europäischen Öffentlichkeit konstatierten in den 90ern keine nennenswerte transnationale Öffentlichkeit, da nationale Akteure im Fokus standen und EU-Politik als Innenpolitik abgehandelt wurde (Bunz 2000: 25). Seit Ende der 90er Jahre jedoch mehren sich positive Zeichen (Van de Steeg 1999, Hodess/Sievert 1998, Wimmel 2005). Danach beleuchtet die nationale Nachrichtenberichterstattung mehr EU-Themen und erscheint transnationaler (Meyer 2000).

und Mediensprache für knapp 300 Millionen Menschen.[60] Somit konnte innerhalb der letzten 15 Jahre ein grenzüberschreitendes Mediensystem im Satelliten- und Printbereich[61] etabliert werden. Dieses sorgt für einen „collective discourse that raises issues that have meaning to all Arabs" (Rinnawi 2006: 23).

Da die arabische Welt vor kaum mehr als 100 Jahren von der Bevölkerung noch geographisch und politisch als relative Einheit wahrgenommen wurde (die willkürlichen Grenzziehungen der Kolonialmächte erfolgten erst später), findet sich noch heute der Einheitsgedanke der arabischen Gemeinschaft in religiöser („Umma") oder politischer Form („qaumîya", Tatham 2006: 22f.) [62]. Rinnawi nennt diesen Regionalisierungsprozess „McArabism", der gegenwärtig vor allem für die Mittel- und Oberschicht eine (gedachte) arabische Identität re-kreiert. Der Terminus als Mischung zwischen Barbers (1992) Idee von „Jihad" (Lokalisierung in Form von Tribalismus) und „McDonaldization" (Globalisierung) bezieht sich auf

> „a situation in which citizens throughout the Arab world receive identical nationalist pan-Arab content via transnational media, just as one can get the same Big Mac at any McDonald's outlet", manifestiert in Struktur, Inhalten und Rezipienten (Rinnawi 2006: xiii).

Entgegen der politischen Marginalisierung der „Arab Street"[63] in der Vergangenheit aus Angst vor den Folgen der Pressefreiheit werden heute durch das allgemein höhere Bildungsniveau, die größere Mobilität und vor allem die neuen Kommunikationstechnologien wie Satellitenfernsehen und Internet zunehmend autoritäre Perspektiven religiöser und politischer Autoritäten herausgefordert und transnationale Demokratisierungsprozesse ausgelöst (vgl. Sreberny 2001).[64] Allerdings erscheint es fraglich, ob diese neuen Medien es schaffen werden, eine panarabische Öffentlichkeit herzustellen, solange sich panarabische Medien auf die Darstellung von Außenpolitik konzentrieren anstatt innere Probleme auf die öffentliche Agenda zu bringen (Mellor 2005).

---

[60] Arabisch wird auf zwei Kontinenten gesprochen und – zählt man die Bevölkerung der 22 Mitgliedsstaaten der Arabischen Liga zusammen – ist offizielle Landessprache für 280 Millionen Menschen. Damit ist sie eine der sechs weltweit am meisten gesprochenen Sprachen.

[61] Neben Al-Hayat insbesondere die Zeitungen Asharq Al-Awsat und Al-Quds Al-Arabi.

[62] Unter „Umma" ist die gedachte Gemeinschaft aller Muslime zu verstehen. „Qaumîya" betont das Nationale und geht auf das ältere Konzept der „asabîya" („Blutsverwandschaft") zurück.

[63] Der in der arabischen Welt für „Öffentlichkeit" häufig benutzte Terminus „Arab street" anstatt von „public sphere" manifestiert die vorhandene Distanz zu westlichen Öffentlichkeiten und impliziert Passivität und den Mangel an (in)formeller Führerschaft (Eickelman 2004: 62ff.).

[64] Ein Beispiel dafür ist die zivilgesellschaftliche Bewegung „Kifaya" in Ägypten, die seit 2003 die Einhaltung von Grund- und Menschenrechten sowie eine Demokratisierung des Staates fordert.

3.4 Begriffsverständnis: Terrorismus

„Auf meiner Seite die Freiheitskämpfer, auf der anderen Seite die Terroristen."
(Uri Avnerys „absolut wissenschaftliche Idee von Terrorismus")[65]

Der Aufstieg des religiös-transnationalen Terrorismus ist zwar ein historisch altes, in der Gegenwart jedoch noch relativ junges Phänomen. Erinnert sei an Baruch Goldsteins Mord an Muslimen 1994, Aum Shrinkyos Nervengasattacke in der Metro in Tokyo oder die Anschläge des 11. Septembers 2001, die jegliche Maßstäbe für punktuelle nichtstaatliche T-Akte sprengten. Insbesondere der gut organisierte islamistisch motivierte Terrorismus, der weit mehr als nur religiöse Ziele verfolgt, hat Potential zum Super-Terrorismus. Al-Qaida ist heute keine materielle Bedrohung mehr, sondern ein global zu aktivierendes Franchise-System. Während die BRD bisher verschont blieb, ist die gesamte arabische Welt davon betroffen.

Dabei sei die mehr als 2000 Jahre währende Geschichte des Terrorismus „a history of failure", fasst Rapoport (2006a: xxx) zusammen. Erfolge hatten lediglich die antikolonialen Befreiungsbewegungen Mitte des 20. Jahrhunderts zu verzeichnen, die sich selbst als „Freiheitskämpfer" betrachteten.

3.4.1 Etymologie: „Terrorismus" und „Al-Irhâb"

Der Begriff *Terrorismus* ist knapp 200 Jahre alt. Das Wort ist aus dem Lateinischen entlehnt („terror") und bedeutete dort „Angst", „Schrecken" (Duden 2001: 844). Es bezeichnete zunächst im positiven Sinn die Herrschaftssicherung der Jakobiner in Frankreich. Edmund Burks verlieh dem Begriff die enge Bedeutung von der „Schreckensherrschaft der Jakobiner" im Jahr 1793/4. Später wurde der Begriff um die Angst-Dimension erweitert: „Als Terrorist galt jeder, der seine Ansicht mit Zwang und Einschüchterung zu verbreiten versuchte" (Laqueur 1982: 12). Mit Kants Idee eines „moralischen Terrorismus" und sozialistischen, anarchistischen und kommunistischen Gedankengut entwickelte sich im 19. Jahr-hundert das Konzept eines „Terrorismus von unten".[66] Durch den Faschismus wechselte der Begriff wiederum zum „Terror von oben", vom Staat. Das heutige T-Verständnis ist geprägt durch die antikolonialen Befreiungsbewegungen und linken Strömungen der letzten Jahrzehnte. Es steht für „kriminelle Tätigkeiten extremisti-scher Gruppen, die mit Anschlägen auf öffentliche und private Einrichtungen und Attentaten bestimmte Ziele durchsetzen wollen und die bestehende staatliche Ordnung bekämpfen" (Pfeifer 1993: 1426).

[65] Vorlesung an der Universität Leipzig, 29.01.06.

[66] Pisacane lieferte die Basis für das Konzept der „Propaganda der Tat" (Hoffman 2001: 18), eine Rechtfertigung individueller Anschläge gegen bekannte Vertreter des staatlichen oder wirtschaftlichen Herrschaftssystems. Der russische Anarchist Netschajew schrieb den ersten modernen Text zum Terrorismus – den „Katechismus des Revolutionärs".

Das arabische Wort für Terrorismus *Irhâb* bedeutet semantisch dasselbe wie seine europäischen Pendants: „Terrorisieren", „Einschüchterung", „Einflößung von Angst und Schrecken".[67] Ein *Terrorist* heißt im Arabischen *irhâbi*, ist also jemand, der einschüchtert oder Angst und Schrecken verbreitet. Die Benutzung der Begriffe orientiert sich am Sprachgebrauch des Englischen und Französischen. In der politischen Rhetorik werden sie für die militärische Gewalt Israels und islamistischer Gruppen benutzt. (Martin 2004).

Der Begriff *Irhâb* war jedoch eher gedacht als Aufruf zu Moderation und Abschreckung gegen (extreme) Tyrannen. Er ist „eine ‚natürliche' Furcht vor der Möglichkeit, Schaden zu nehmen, eine Furcht, die der Abschreckung dient und dem, der sich fürchtet, nicht schadet." (Al-Manzur: Lisan al-Arab, r-h-b, zit. bei Capan 2005: 111f.).[68] Muslimische Gelehrte hatten für T-Akte jahrhundertlang „Hirâba" verwendet, das „Krieg gegen die Gesellschaft führen" bedeutet (El Fadl 2005). Die Täter (*Muhâribûn*) terrorisierten Einheimische oder Reisende, und verbreiteten damit ‚Zerstörung auf der Erde'.[69] T-Akte weisen starke Parallelen auf: Gewalt gegen Verteidigungslose, im Geheimen und ohne Vorwarnung.

3.4.2 Zur Definition des Begriffs „Terrorismus"

Im Nahost-Konflikt ist der Terrorist jeweils der andere – der „Terrorismus" palästinensischer Selbstmordattentäter richtet sich gegen die „staatsterroristischen" Maßnahmen der Israelis (Hippler/Lueg 1987: 29ff.). Der Begriff „Terrorismus" ist oft emotional besetzt und hängt in der Regel von der eigenen Position ab. Er ist durch „Herrschaft erzeugt[e] Definitionsmacht" (Gießmann 2000: 121), „basierend auf Vorwissen, dem kulturellen Hintergrund und der persönlichen politischen Vorliebe des jeweiligen Autors" (Nitsch 2001: 45). Er passt sich dynamisch an den jeweils aktuellen politischen Diskurs an.

> „There are few neutral terms in politics, because political language affects the perceptions of protagonists and audiences, and such effects acquires a greater urgency in the drama of terrorism." (Crenshaw 2005: 7)

Die Politikwissenschaft brachte es immerhin auf eine begriffliche Kernidee,[70] während Medien und politische Institutionen bei Erklärungsansätzen versagen. Der kleinste gemeinsame Nenner der Bedeutungsfindung ist der Bezug zur Gewalt und deren Funktion in der Verfolgung politischer Ziele, die der Öffentlichkeit nicht argumentativ, sondern durch Angsterzeugung vermittelt werden (Whittaker 2002: 22). Aus politikwissenschaftlicher Perspektive begreifen die meisten Autoren

[67] Übersetzung nach Wehr 1985: 502f.

[68] „Irhâb" gehört zur Wortfamilie von „Rahab", was „das Empfinden von Furcht" bezeichnet (Al-Jahni 2002: 9).

[69] Die klassische islamische Tradition verbot Taten wie Geiselnahmen, Körperverstümmlungen oder das Vergiften von Brunnen (vgl. auch Abd Al-Salam 2003: 49ff.).

[70] Alex P. Schmid (1976) versuchte aus 109 existenten Terrorismus-Definitionen der Politikwissenschaft eine allgemeingültige Metadefinition zu bilden, die allerdings auch kritisiert wurde.

Terrorismus als substaatliche Gewalt (Hoffman 2006, Laqueur 1987).[71] Crenshaw (1983: 1ff.) schlägt hingegen vor, bestimmte Formen politischer Gewalt kontextunabhängig als „Terrorismus“ zu klassifizieren. Damit werden Gesellschaft, ideologische Richtung und politischer Kontext ausgeblendet. Erst im zweiten Schritt soll die Tat normativ danach beurteilt werden, ob sie legitim ist oder nicht.

Institutionelle Definitionsansätze vermeiden das Wort „Terrorismus“ und beschäftigen sich lieber mit normativen, juristischen oder kriminalistischen Aspekten. Deutschland orientiert sich an der Terrorismus-Definition der EU. Das Auswärtige Amt konzentriert sich in seiner Auffassung lediglich auf die unscharfe Kriminalisierung einzelner T-Handlungen. Zwischenstaatliche Ansätze ächten nur besonders verwerfliche Formen von T-Gewalt und streiten um die Integration von T-Akten im Kontext ‚nationaler Befreiungskämpfe'.[72]

Als Arbeits-Definition möchte ich den akademischen Minimalkonsens wählen, den Weinberg und Pedahzur (2005) nach der Durchsicht von 55 Artikeln der vier führenden (westlichen) Terrorismus-Zeitschriften herauskristallisierten:

> „Terrorism is a politically motivated tactic involving the threat or use of force or violence in which the pursuit of publicity plays a significant role.”

Diese Definition erfasst London und Sharm El-Sheikh: Beide Anschläge waren zumindest teilweise politisch motiviert, wandten Gewalt an und verfolgten Terrorismus als Kommunikationsstrategie. Zu ergänzen wäre noch die implizite Drohung (weiterer Anschläge) zur Einschüchterung der Bevölkerung als T-Adressaten.

3.4.3. Typen und Strukturen von Terrorismus

Terrorismus kann nach sehr unterschiedlichen Kriterien systematisiert werden: nach den beabsichtigten Zielen, Mitteln, Akteuren oder der Struktur.

Terrorismus ist zumeist eine politisch-militärische Strategie, die gewalthaltige Elemente umfasst. Waldmann (1998) unterscheidet vier Typen von Terrorismus: separatistisch-nationalistisch (ETA, IRA), sozialrevolutionär (RAF), religiös (Al-Qaida) und konservativ vigilantistisch (Ku-Klux-Klan). Den letztgenannten Typus ersetzt Hoffman (2006) durch den modernen, internationalen Terrorismus, der mit Selbstmordterrorismus einhergeht. Homegrown Terrorism bezeichnet Terror, der von Personen ausgeht, die im Zielland des Terrors aufwuchsen und erst dort zu ihrer terroristischen Überzeugung gelangten, wie z.B. die Anschlägen in London.

Terrorismus kann „von oben“ offen angeordnet sein (Staatsterrorismus) oder indirekt von Staaten unterstützt werden (Stellvertreterkriege). „Von unten“ wenden nichtstaatliche Akteure terroristische Methoden zumeist bei asymmetri-

[71] Terroristische Gewalt kann auch von Nationalstaaten oder von faschistischen Staaten ausgehen (z.B. Hannah Arendt). Waldmann (1998: 15) bezeichnet staatlichen Terrorismus als „Terror“.

[72] Artikel 2 der Arab Convention for Combating Terrorism, Kairo 22.4.1998, verleiht vielen militärischen Bewegungen in Nahost Legitimation: „The cases of armed struggle against foreign occupation and aggression, for the purpose of achieving liberation and self determination according to the principles of International law are not considered crime and any act that touches the land unity of any Arab nation is not considered as such cases of struggle.”

schen Gewaltverhältnissen an als „Aufeinanderprallen prinzipiell ungleichartiger Militärstrategen und Politikrationalitäten, die sich (...) völkerrechtlichen Regulierungen und Begrenzungen zunehmend entziehen“ (Münkler 2002: 57). T-Akteure nutzen die zivilen Ressourcen des angegriffenen Gegners, zu denen auch das Nachrichten- und Unterhaltungssystem gehören (Münkler 2001: 12). Deshalb sind demokratische Staaten besonders anfällig, denn hier findet sich nicht nur eine Vielzahl leicht zugänglicher, attraktiver Ziele, sondern auch eine hohe Kommunikationsdichte und ein postheroischer Gesellschaftscharakter (Ebd.: 17).

Schließlich kann Terrorismus nach der räumlichen Ausdehnung geordnet national, international oder transnationale Ziele und Strukturen haben.

Die Charakteristik der Anschläge von London und Sharm El-Sheikh wird nachfolgend genauer analysiert. Beide Anschläge haben sowohl eine religiöse als auch eine transnationale Dimension.

a) *Religiöser Terrorismus*

Religion und Terrorismus hatten schon immer eine besondere Beziehung zueinander.[73] So wurden vor mehr als 2000 Jahren die ersten T-Akte von religiösen Fanatikern begangen.[74] Bis zum 19. Jahrhundert bot Religion „the only acceptable justifications for terror“ (Rapoport 2006b: 5). Religiös-terroristische Gruppen finden sich in fast allen Weltreligionen, z.B. in Form der protestantischen Aryan Nations oder der jüdischen Kach (Hoffman 2001: 131ff.). Während fundamentalistische Strömungen sich i.d.R. auf breitere religiöse Bewegungen beziehen, leben Sekten wie die japanische Aum-Sekte oder die amerikanischen Davidianer meist losgelöst von etablierten Religionen und verehren einen charismatischen, teilweise gottgleichen Führer und dessen Lehre (Appleby 2000: 103).

Hoffman sieht Religion als „wichtigste[n] Impetus des internationalen Terrorismus in den 90er Jahren“ (2006: 119) aufgrund des Niedergangs der kommunistischen Ideologie und der mangelnden Implementierung von Demokratie.[75] Der „heilige Terrorismus“ unterscheidet sich insofern von seinen säkularen Gegenstücken, indem er auf einem völlig anderen Wertesystem, Mechanismen der Legitimierung, Moralkonzepten und einer manichäischen Weltsicht aufbaut. Gewalt wird vor allem bei Sekten als „sacramental act“ oder „divine duty“ (Hoffman 1993) wahrgenommen.

Religiöse T-Gruppen bezwecken die „Verteidigung der eigenen Glaubensgemeinschaft gegen einen äußeren Feind und zugleich deren grundlegende religiöse

---

[73] Das Motiv für terroristische Aktionen unter den religiösen Blickwinkel zu stellen, wird heute sowohl von Religionsvertretern als auch von Außenstehenden kritisiert, die in der Religion gerade eine Gegenmotivation zu terroristischen Anschlägen sehen.

[74] Z.B. der jüdischen Sekte der Zeloten im Römischen Reich 70 v.u.Z. (Hoffman 2006: 112).

[75] Waren 1980 noch 2 der 64 verzeichneten Gruppen des internationalen Terrorismus religiöser Natur, so hatte sich deren Anteil 2004 bereits auf 42 Prozent aller T-Gruppen erhöht. Die Opferzahl religiöser Gruppen ist im Durchschnitt weit höher als die anderer T-Gruppen: Allein auf Al-Qaida entfielen nach Angaben der RAND Corporation 1998-2004 nur 0,1 % der Anschläge, erforderten aber fast 19 % der Opfer (Hoffmann 2006).

und soziale Erneuerung (unter Rückbezug auf die religiöse Tradition)" (Malthaner 2004: 106), vereinen also mit Ausnahme der Sekten politische und religiöse Motive. Appleby (2000) sieht als fundamentalistisch bezeichnete religiöse Bewegungen wie die Tamil Tigers in Sri Lanka oder Ansar al-Islam Interessen primär im „Diesseits" verfolgen. Religiös motivierter Terrorismus hat nach Ansicht von Heiligensetzer (2001: 90) nicht unbedingt eine kommunikative, sondern eine instrumentelle Funktion: „die Feinde des Glaubens sollen auf dem Weg zum Gottesstaat schlicht ausgemerzt werden", Gewalt und Terror sind in den Augen der Fundamentalisten „lediglich gerechte Bestrafungen gegenüber Sündern und Ketzern." Menschen mit einer anderen Überzeugung werden herabgewürdigt, was Angriffe auf sie erleichtert (Nitsch 2001: 302).

Religiös motivierte T-Akte sind nicht auf explizite Bekennerschreiben oder Manifeste angewiesen, sie bauen auf Bilder, die sich vom Text emanzipiert haben. Die Botschaft wird dadurch polysemisch, und die Vielzahl der eingelagerten Mitteilungen stellt die Angegriffenen vor ein Rätsel (Münkler 2001: 16).

b) Internationaler und transnationaler Terrorismus

Eine noch recht junge Unterart des Terrorismus ist der grenzüberschreitende Terrorismus. Er tritt entweder als „internationaler" oder „transnationaler" Terrorismus auf. Ab 1968 gehörten Flugzeugentführungen zum Standardrepertoire internationaler T-Akte. Institutionalisierter transnationaler Terrorismus entstand jedoch erst in den 1990er Jahren mit dem Prototyp Al-Qaida. Die Anschläge von London und von Sharm El-Sheikh sind diesem Typus zuzuordnen.

Bei *internationalen* T-Akten soll eine internationale Aufmerksamkeit für meist nationale Konflikte erreicht werden (z.B. PFLP, vgl. Schneckener 2006). Im Gegensatz dazu steht globaler oder *transnationaler* Terrorismus „ohne Heimat und lokale Verortung", er bezieht sich auf *„grenzüberschreitende Aktivitäten nichtstaatlicher Akteure"* (Schneckener 2006: 19, 49). Der transnationale Terrorist ist also „letztlich heimatlos und ein moderner Nomade", der sich in transnationalen Netzwerken und Beziehungen bewegt, also innerhalb von „soziale[n] und symbolische[n] Bindungen an ‚Gleichgesinnte'" in anderen Teilen der Welt (Ebd.: 50). Die transnationale Agenda und Ideologie muss nationale, kulturelle, sprachliche oder geographische Unterschiede integrieren können. Die Gruppen besitzen meist eine multinationale Mitgliedschaft und sind in verdeckten Netzwerken organisiert, die durch informelle Beziehungen, horizontale Koordinierung von Aktivitäten und eine dezentrale Struktur gekennzeichnet sind (vgl. Raab/Milward 2003: 417). Sie nutzen parasitär lokale Strukturen und Milieus für ihre Zwecke. Ziel ist die Änderung der internationalen oder regionalen Ordnung, bei der die vermeintliche Dominanz eines Staates oder Gesellschaftsmodells bekämpft werden soll. Die transnationale T-Variante fordert weit mehr Opfer als der internationale Terrorismus.

c) *Transnationaler religiöser (islamistisch motivierter) Terrorismus*

Der islamistisch motivierte Terrorismus ist gegenwärtig die wichtigste Erscheinungsform des religiösen Terrorismus (Krumwiede 2004: 64). Er tritt auf als arabisch-islamistischer Terrorismus (z.B. Hamas, Dschihad), als schiitischer, im wesentlichen vom Iran gestützter Terrorismus (Hizbollah) und als ethnisch begründeter Terrorismus außerhalb der arabischen Welt (vgl. Foertsch 2005: 69f.). Es gibt nur wenige wirklich transnationale Gruppen radikal-islamistischer Ausrichtung. Neben Al-Qaida gehören noch die südostasiatische Jama'a Islamiyya und das sunnitische Netzwerk Jama'at al-Tawhid wa al-Jihad dazu, das eng mit dem Jordanier Abu Mus'ab Al-Zarqawi verbunden war (Schneckener 2006: 87ff.).

Erleichtert werden radikale religiöse Auslegungen, weil der Islam als politische Religion nur einen geringen Grad an Klerikalismus aufweist und dadurch ein Deutungsmonopol ähnlich dem des Papstes im Katholizismus fehlt (Krumwiede 2004: 69).

Radikale Islamisten zielen allgemein auf die Etablierung eines islamischen Staates primär im islamischen Kulturraum ab. Hizbollah, Hamas oder radikale Bewegungen in Ägypten stehen subjektiv einer doppelten Bedrohung gegenüber. Zum einen sehen sie sich einer Verschwörung und Aggression des „Welt-Zionismus" zusammen mit dem „Imperialismus des kapitalistischen Westens" als äußeren Feind ausgesetzt, zum anderen den verderblichen Einflüssen von außen auf die religiöse Gemeinschaft (Malthaner 2004: 108) und dem schleppenden Modernisierungsprozess. Die auszumachenden Konfliktstrukturen tragen Elemente von sozialrevolutionärem (Gamaat al-Islamiya) und ethnisch-nationalistischem Terrorismus (Hamas). Durch die Realität seiner Machtausübung (Algerien, Iran) wurde der Islamismus allerdings längst entzaubert.

Die derzeitige Lage hinsichtlich des „internationalen Dschihâds" ist unübersichtlich, es überwiegen dabei tendenziell Dezentralisierung und Regionalisierung.[76]

Al-Qaida: McDonald's des Terrors

Al-Qaida („die Basis") gilt als das Paradebeispiel für transnationalisierten Terrorismus.[77] Die Handlungsstruktur der Gruppe um Bin Laden besitzt den Charakter des traditionellen Terrorismus, der durch Mord, Entführung und Sach-

---

[76] Die vernetzten Gruppen können sich sehr flexibel veränderten Umständen anpassen. Al-Qaida ist immer noch Motor und besitzt eigene operative Ziele. Der Irak dient als Erfahrungsort für Nachwuchs-Jihad-Kämpfer aus aller Welt. In Europa haben sich auch komplett unabhängige und abgeschottete radikale Gruppen herausgebildet (Hildebrandt 2005).

[77] Al-Qaida ist die Nachfolgeorganisation eines von westlichen Interessen finanzierten Rekrutierungsbüros der Mudschahedin im Krieg in Afghanistan in den 80er Jahren. Zu Beginn der 90er Jahre weitete es unter Führung von Osama bin Laden seine Aktivitäten aus, indem sie weltweit Kontakte zu anderen islamistischen Führern knüpfte. Ab 1996 geriet die westliche Welt in den Fokus der Organisation, die sich nun umtaufte in die „Weltweite islamische Front des Dschihâd gegen Juden und Kreuzritter", zunächst durch Anschläge außerhalb, seit dem 11. September 2001 auch innerhalb der westlichen Welt.

beschädigung eine möglichst große Öffentlichkeit erreichen will, aber auch des Superterrorismus, der durch den potentiellen Gebrauch von Massenvernichtungswaffen gekennzeichnet ist. Ideologische Basis für Al-Qaida ist die Vorstellung einer globalen Konfrontation zwischen der „Allianz der Zionisten und Kreuzzügler" mit Al-Qaida als Speerspitze der „muslimischen Nation" (Schneckener 2006: 126).

Al-Qaidas häufig mythologisiertes Ziel, „eine gerechte Weltordnung hier auf Erden" in Form eines panislamischen Kalifats auf gottesrechtlicher Grundlage zu errichten, entspricht der „innerweltlichen Eschatologie" des „Sunni mainstream Islam" (Scheffler 2002: 4), die Säkularisierungsthese greift in muslimischen Gesellschaften nicht (Krumwiede 2004: 66). Viele Muslime sehen die USA und Israel als verantwortlich für ihre Probleme, aber nicht alle stimmen mit Bin Laden überein, ihr Leben für den Dschihâd zu opfern.

Die Anschläge des 11. September 2001 zielten auf eine idealistisch vorgestellte islamische Umma als zu interessierenden Dritten ab. Vielen radikalislamistischen Gruppen waren aber lokale Verbündete und Agenden wichtiger. Deshalb verlor das diffuse Netzwerk durch 9/11 einige ideologische Allianzen.

Heute funktioniert Al-Qaida als „McDonald's des Terrors" (Reuter 2004: 15) nach dem Franchise-System, indem lokale sunnitische Gruppen mit nur geringen Verbindungen zu Al-Qaida das Label übernehmen und nach ihrer Auslegung der Ideologie handeln (Hermann 2004: 323). Die Organisation lokalisiert, indigenisiert und dezentralisiert sich also zunehmend „with Bin Laden merely the logo for small-time operations managed by independent micro-entrepreneurs working under licence to purvey terrorism" (Kepel 2004: 141). Zum Franchising-System gehört auch der Selbstmordterrorismus als „Markenzeichen". Knapp 80 % der Selbstmordanschläge seit 1968 entfallen auf die Zeit nach dem 11. September 2001 (Hoffman 2006: 211). Gegenwärtig ist Al-Qaida in 70 Ländern präsent (Reinares 2005: 75).

3.4.4 Deutsche und arabische Erfahrungen mit T-Akten

Die vier untersuchten Medien stehen jeweils in einem sehr länderspezifischen T-Kontext. Während für deutsche Zeitungen T-Akte seit 30 Jahren zur Ausnahme zählen, kehrt T-Gewalt in Ägypten regelmäßig wieder und zählt in einigen Ländern der arabischen Welt zum Alltag.

Akte terroristischer Gewalt beschränken sich im bundesdeutschen Kontext auf den „sozialrevolutionären Terrorismus" bzw. Linksterrorismus[78], der seinen Zenit im „Deutschen Herbst" 1977 erreichte[79] (Botzat/Kiderlen 1997). Hinzu

---

[78] Hervorgegangen aus der Außerparlamentarischen Opposition und dem Sozialistischen Deutschen Studentenbund. Seit 1968 Anschläge gegen symbolträchtige Gebäude und Entführungen von Personen aus dem bundesdeutschen ‚Establishment' (der herrschenden Ordnung), aus Politik, Wirtschaft und Justiz. Ihre prominentesten Protagonisten waren die Rote Armee Fraktion (RAF) bzw. Baader-Meinhof-Gruppe und die „Bewegung 2. Juni".

[79] Dazu gehörte die Entführung und Tötung von Arbeitgeberpräsident Hanns Martin Schleyer und die Ermordung des Chefs der Deutschen Bank Jürgen Ponto. Bis 1998, dem Jahr der Auflösung der RAF, starben 34 Opfer (Dietl/Hirschmann 2006: 69-83).

kommen extern geplante Anschläge: Während der Olympischen Spiele 1972 in München nahmen palästinensische Extremisten des „Schwarzen September" israelische Sportler als Geiseln. Islamistisch motivierte T-Akte konnten in Deutschland bisher verhindert werden[80], aber das Land steht spätestens seit dem 11. September im Fokus international aktiver T-Akteure mit radikal-islamistischem Hintergrund.[81] Das Bundesamt für Verfassungsschutz (2006) geht von 3350 Islamisten arabischen Ursprungs und 200 Irak-Veteranen in Deutschland aus, von denen einige zu Anschlägen bereit seien. Europa ist ein realistisches Terrorziel als Verbündeter der USA bzw. „Mitglied der Kreuzfahrer-Allianz". Dabei wird vor allem mit Angriffen auf weiche Ziele aus Politik, Wirtschaft oder Religion gerechnet (Dietl/Hirschmann 2006: 173). Zu Anschlägen kam es in Istanbul 2003 (57 Tote), Madrid 2004 (191 Tote), Amsterdam 2004 (1 Toter), London 2005 (57 Tote).

Ägyptens Erfahrung mit T-Akten begann in den 1970er Jahren mit der Abspaltung radikaler islamistischer Gruppen wie Takfir wa-l-Higra (Exkommunikation und Flucht) oder Islamischer Dschihad von der Muslimbruderschaft. Sie verfolgten primär ideologische Ziele sowie die wirtschaftliche und politische Destabilisierung der Gesellschaft (Esposito 2002: 62). Denkwürdig war das erfolgreiche Attentat auf Präsident Sadat 1981 und die Anti-Touristen-Anschläge in den 90er Jahren mit dem Massaker an 58 Touristen in Luxor 1997, wonach die Bewegung jedoch massiv an Sympathie in der Bevölkerung verlor. Eine Anschlagswelle gibt es erst wieder seit 2004 mit Anschlägen auf israelische und westliche Touristen.[82] Diese Attentate werden kausal entweder als extern (Al-Qaida) oder intern (Konflikt zwischen Beduinen und den staatlichen Regierungsbehörden) gedeutet.

In der übrigen arabischen Welt sind T-Akte an einigen Konfliktorten nahezu Alltag geworden (Irak, Palästina bzw. Israel). Die Ära des ethnonationalistischen linken Terrorismus der PLO mit Flugzeugentführungen und Geiselnahmen ist jedoch dem Aufstieg der islamistischen Ideologie gewichen (Dietl/Hirschmann 2006: 51): Hamas, Hizbollah und Palästinensischer Dschihad rufen auf zur Vernichtung Israels (friedliche Lösungen werden abgelehnt) und pflegen einen religiös islamischen Fanatismus gepaart mit nationalen oder pannationalen Gedanken eines islamischen Gottesstaates. Der transnationale radikale Islamismus fand seine Ziele in Saudi-Arabien. Der Irak hingegen wurde nach dem Einmarsch westlicher Truppen 2003 zu einem globalen Zentrum für permanenten, sich territorialisierenden Terrorismus, in dem meist anonym Anschläge auf Unschuldige verübt werden.

---

[80] So z.B. 2006 der Anschlag der „Kofferbomber" auf zwei Regionalzüge in Essen.

[81] Im November 2002 bezeichnete Al-Qaida die europäischen Staaten als Hilfssheriffs der USA – etwas später sterben deutsche Touristen auf der tunesischen Halbinsel Djerba. Die Bundesregierung geht von einem ernsten Anschlagsrisiko für Deutschland aus (Theveßen 2004).

[82] So der Bombenanschlag auf israelische Touristen in einem Hotel in Taba, gegen westliche Touristen im April 2005 im stark frequentiertem Kairoer Bazar Khan El-Khalili, im Juli 2005 in Sharm El-Sheikh und zehn Monate später in Dahab.

3.5 Der Terrorismus und die Medien

3.5.1 Terrorismus als Kommunikationsstrategie?

Im Fernsehen ist Gewalt ein sicherer Quotenbringer.[83] Ein besonderer Fall von medial vermittelter Gewalt ist „media terrorism“, genauer: „mass-mediated terrorism“, also medial vermittelter Terrorismus (Nacos 2002a: 187f.). Dieser Begriff enthebt die Medien einer unterstellten Komplizenschaft und erfasst gleichzeitig die Absicht terroristischer Akteure, politische Ziele kommunizieren zu wollen. Denn Terroristen müssen erfinderisch und in gewissem Maße kreativ sein, sie sind die „Superunterhalter unserer Zeit“ (Laqueur 1982: 273). Im „terrorist theater“ (Harper's 1984: 43) agieren sie als Zeremonienmeister einer „staged performance of violence“ (McAlister 2005: 151). Während Terrorismus in der Vergangenheit kaum Publizitätseffekte aufwies, wird er in der Politikwissenschaft seit dem Aufkommen der „Propaganda der Tat“[84] zumeist als Kommunikationsstrategie gedeutet, denn primär zählt die Symbolik der Tat (Waldmann 2004b: 9, Nacos 2002a: 188) und das Erreichen der Aufmerksamkeit von nationalen und internationalen Öffentlichkeiten (Hafez 2004: 55). Dafür werden Ereignisse auch inszeniert – die meisten T-Akte sind Pseudo-Ereignisse[85]. In den Worten von Schmidt und de Graaf formuliert (1982: 14): „For the terrorist the message matters, not the victim“.[86]

Wenn T-Akteure das öffentliche Denken besetzen wollen, so kann dies in modernen Gesellschaften nur über die Massenmedien geschehen. Diese allein bestimmen, was von der öffentlichen Kommunikation ausgeschlossen und was hineingenommen wird, sie gewichten Themen und dessen Unterthemen, üben Gatekeeper-, Agenda-Setting- und Priming-Funktionen aus (Weinhauer/ Requate 2006). T-Aktionen unterliegen den Selektionskriterien der Massenmedien und stehen damit in Konkurrenz zu anderen Themen. Um die je nach Medium unterschiedlich hohe Aufmerksamkeitsschwelle zu überwinden, müssen Personen, die Attentate (öffentlichkeitswirksam) verüben wollen, in Anschläge Momente der Neuheit und Einzigartigkeit, der Überraschung, eine gesteigerte Zerstörungsdimension (Schaden), Konflikt/Aggression, Status und Prominenz der Betroffenen sowie Personalisierung einbringen (Neverla 2003: 160).

Die These vom Terrorismus als Kommunikationsstrategie erweist sich jedoch schnell als singulär und ethnozentristisch. Finden T-Akte kontinuierlich statt wie derzeit im Irak, verliert sich ihr Charakter als unerwartetes Ereignis (Nachrichtenfaktor Überraschung) im Sog des brutalen Alltags. Religiös motivierte

[83] Eine Studie von Media Tenor bezifferte 2003 den Anteil an Meldungen zu Terrorismus, Gewalt und innerer Sicherheit im deutschen Fernsehen mit knapp 78 % (vgl. Hafez 2005: 51).

[84] Der Begriff wurde zuerst von deutschen, spanischen und russischen Anarchisten des 19. Jahrhunderts verwendet. Das Dynamit ersetzte dabei Massenansprachen.

[85] Unter einem Pseudo-Ereignis versteht Boorstin (1961) ein geplantes oder angeregtes Ereignis, das hauptsächlich für die journalistische Berichterstattung geschaffen wurde.

[86] Die Medienstrategie des bekanntesten T-Akteurs der jüngeren Zeit Osama Bin Laden bestand darin, allein Al-Dschasira Bänder mit vorher aufgenommen Interviews zuzuspielen (Shpiro 2001).

T-Akte können in Dauer-Konfliktregionen wie dem Irak als Taktik lokaler Guerilla-Kämpfe eingesetzt werden und nicht einer Öffentlichkeitsstrategie dienen. Auch nationalistisch orientierte Gruppierungen lehnen Medien ab als „integral element of the capitalist, hegemonic state that generally conspires with government to suppress alternativ political views“ (Irvin 1992: 67).

Bei vielen Bewegungen, so auch des militanten politischen Islams, ist Kommunikation von Terrorismus zudem nur *eine* Strategie zum Erreichen der psychologischen und politisch-religiösen Ziele. Mitgliederwerbung und Propaganda in Basis und Internet sollen ebenfalls dafür sorgen, eine globale islamische Bewegung aufzubauen und zu koordinieren (Whine 1999).

3.5.2 Teilnehmer am T-Kommunikationsprozess

Ein T-Akt richtet sich gleichzeitig an drei unterschiedliche Adressatengruppen: Der den T-Akt ausübende Akteur wendet seine Gewalt-Tat (z.B. Aktivieren einer Bombe) direkt gegen einen Gewalt-Adressaten (z.B. Urlauber, nicht-legitime Gewaltziele bzw. „Unschuldige“) und indirekt zum einen gegen den T-Adressaten (die Bevölkerung), zum anderen gegen den finalen Adressaten (die Regierung), dessen Gewaltmonopol in Frage gestellt wird. Es folgen Reaktionen, entweder als direkte Reaktion (Freilassung von Gefangenen), Konsequenzen-orientierte Reaktion (Potentieller Wahlverlierer) oder in Form der Akteur-Konsequenzen-orientierten Reaktion (Drohung eines Folgeanschlags, vgl. Meggle 2005: 24f.).

Ein besonders zentraler Adressat, gegen den aber i.d.R. keine Gewalt ausgeübt wird, sind die Medien, denn sie ermöglichen den Zugang zur Öffentlichkeit. Die Botschaft der T-Akteure kann dadurch Anschlusskommunikationen in alle Richtungen auslösen. Anschläge können zudem institutionell an die eigene Gruppe gerichtet sein (Erhöhung der Moral), an potentielle Sympathisanten (der zu interessierende Dritte) oder rivalisierende Gruppen (Schmidt 2006: 101).

T-Akte unterliegen häufig einer Verschränkung der Ebenen. Im Irak müssen die international ausgerichteten Terroristen Globalisierung und Lokalisierung bei ihrer Botschaft vereinbaren. Zwar gelten westliche Besatzer als Feinde und das anzusprechende Publikum ist global, jedoch benötigen hier T-Akteure die lokale Bevölkerung, um nicht in Isolation zu geraten (Rötzer 2004: 25).

Bei transnationalen T-Akten im Westen hingegen kann davon ausgegangen werden, dass Attentäter nicht auf die Unterstützung der Bevölkerung angewiesen sind. Nicht immer wollen sie die dortige Öffentlichkeit erreichen, sondern alternativ diejenige autoritärer Staaten, die terroristischen Gruppierungen durch Zensur keinen Zugang zum Diskurs gewährt und ihre Bewegungen sofort niederschlägt (Cohen-Almagor 2005: 385).[87] Da mehr und mehr Staaten sich inzwischen (schein-)liberalisieren, ist von einer zunehmenden Attraktivität des massenmedial

---

[87] Allerdings besitzt z.B. speziell der militante Islamismus noch andere öffentliche Kommunikationsmöglichkeiten wie die Freitagspredigt in Moscheen (Wilkinson 1997:52).

vermittelten Terrorismus auszugehen (Nacos 2002a: 203), denn Terroristen können am besten in demokratischen Systemen ihre Botschaft verbreiten.[88]

Nachfolgend soll die Beziehung zwischen den einzelnen Akteuren näher untersucht werden. Die Beziehung zwischen Medien und T-Akteuren ist allerdings komplex, einfache Reduktionen wie auf die „Symbiose-Theorie" besitzen keine hohe Erklärungskraft.

a) Faktor Terroristen: Instrumentalisierungsstrategien

Die Kontrolle über Massenkommunikationsmittel zu haben, ist neben der Kontrolle über Werteinterpretation oder der über Status und Geld einer der elf Machtfaktoren, die die US-amerikanische Marktforschung bereits in den 1960er Jahren unterschieden hat (Ludes/Staab 1997: 140).

Terroristen heutzutage sind sich zumeist der medialen Macht sehr bewusst.[89] Um sie zu manipulieren gilt zumeist die einfache Formel: je größer der Anschlag und je höher die Opferzahl, desto mehr Aufmerksamkeit wird den Terroristen zuteil. Doch auch Anschläge mit symbolischem Hintergrund (z.B. an einem Nationalfeiertag), spektakulärer Wirkung oder spezieller „Choreographie" (wie im Fall Londons die Anschläge, die ursprünglich in Form eines Kreuzes geplant waren) erhöhen den Nachrichtenwert eines Ereignisses (Gerrits 1992: 46).

Weitere kommunikative Ziele von Terrorismus sind, öffentlich-demonstrativ das Vertrauen in den Staat und seine Schutzfunktionen zu unterminieren (Weinhauer/Requate 2006: 15, Nacos 2002a: 190)[90], dessen Verletzlichkeit zu zeigen, psychologisch die Behörden zu demoralisieren, die Öffentlichkeit zu polarisieren und terroristische Gewalttaten als heroisch darzustellen (Gerrits 1992: 31ff.).

Auch religiös motivierte Terroristen sehen „Öffentlichkeitsarbeit" als festen Bestandteil ihrer Strategie. Die Erzeugung von größtmöglichem Schaden allein reicht nicht (Nacos 2002a: 190). Bereits das Handbuch des afghanischen Dschihâds, das Bin Ladens Al-Qaida als Lehrbuch diente, sieht die Herstellung von Öffentlichkeit als wichtiges Anliegen.[91] Das Internet fungiert für radikale Islamisten als ‚Gottesgeschenk' (Hoffman 2006: 310), denn diese haben einen Teil ihrer Kommunikationsstrategie inzwischen ins Netz verlagert. Das ist schnell, billig, umgeht staatliche Zensurbemühungen und bietet Wahrnehmungsmanagement, indem die terroristischen Akteure selbst den Rahmen (Frame) bzw. die Perspektive auswählen. Mittels Propaganda, PR und Öffentlichkeitsarbeit sowie Publizität

[88] Dowling (1986) und Schmid/De Graaf (1982: 9) koppeln sogar die Existenz von Terroristen an die Massenmedien.

[89] So schreibt z.B. RAF-Mitglied Michael „Bommi" Baumann, dass die Gruppe ihre Strategie an den Medienreaktionen auf die Anschläge orientierte (Gerrits 1992: 48).

[90] „Massenmedien wirken als ‚Amplifier': Ein paar Bomben, und der Eindruck wird erweckt, die öffentliche Ordnung sei zusammengebrochen." (Laqueur 1981: 345)

[91] So sollten sensible Ziele wie Big Ben in London oder der Eiffelturm in Paris anvisiert werden. Deren Zerstörung würde „intense publicity with minimal casualities" erzeugen (Hendawi o.D.).

sollen neue Sympathisanten gewonnen und Gegner durch Drohungen in Schrecken versetzt werden.[92]

Allerdings erweisen sich T-Akte als Kommunikation für ein Anliegen strategisch äußerst ineffektiv, versagen teilweise total. Denn T-Akteure besitzen zwar Einfluss auf Thematisierungsprozesse der Massenmedien, jedoch nicht auf Framing und Priming. Diese Filterprozesse wirken vor allem im semantischen Bereich: Gewaltakteure werden medial u.U. „Terroristen" genannt, auch wenn sie sich in ihrer Eigeninterpretation als „Revolutionäre" oder „Gotteskrieger" bezeichnen und ihre T-Akte als „Krieg", „Kampf", „Dschihâd" oder „revolutionäre Aktion".

Zweitens kann das Besetzen eines kommunikativen Raumes durch einen T-Akt zwar einerseits Potential für neue Sympathisanten eröffnen (Crelinsten 1989), andererseits formiert sich eine entsetzte Öffentlichkeit zur Abwehr (Rapoport 1996: vii) oder lässt ihrer Regierung freie Hand für Restriktionen gegen T-Akteure (Hafez 2004: 56).

Nur in drei Fällen können T-Akteure einen weiterreichenden Einfluss für sich verbuchen. Die erzeugte Berichterstattung kann Regierungen unter Handlungszwang und Zeitdruck setzen; die Einschätzung persönlicher Risiken wird durch die disproportionale Häufigkeit von Berichten manipuliert; und T-Gruppierungen können von ihrer zuvor erlangten internationalen Prominenz profitieren, wenn sie zu politischen Bewegungen werden (z.B. die palästinensische PLO).

b) Faktor Medien: Die Symbiose-Theorie

Kritiker warfen bislang den Medien gern im Rahmen der „Symbiose-These" vor (z.B. Hoffman 2001: 188f.), T-Akte als geeignetes Material zu benutzen, um wirtschaftliche Imperative (Marktanteil, Auflagenhöhe) zu erfüllen. Vor allem beim Fernsehen erscheinen T-Akte als „dramatische schlechte Nachrichten" im harten Infotainment-Kampf um die Zuschauer nützlich (Wilkinson 2001: 177). Terroristen wurden insbesondere in den 1970er und 1980er Jahren mystifiziert (z.B. „Robin Hood", „Staatsfeind Nr. 1"), sie konnten sich selbst inszenieren und die technische Infrastruktur von (amerikanischen) Massenmedien nutzen (Weichert 2002: 75). Ein T-Akt kann zudem auch langlebig sein, denn nicht allein das Ereignis ist berichtenswert, sondern auch die Aufräumarbeiten oder menschliche Schicksale.

Der „Symbiose"-Ansatz bleibt jedoch eindimensional und plakativ. Medien sind bis auf Ausnahmen[93] keinesfalls Unterstützer terroristischer Akte, sondern

---

[92] Zudem schaffen sie mittels Videoclips ‚Internetsensationen' und bieten Möglichkeiten zum Spendensammeln, unterstützen also den Erhalt der Gruppe (Hoffman 2006: 310f.). Das weltweite Web vermochte eine „'globale Dialektik' in Gang zu setzen – bei der Erweckung, Bewusstsein, Aktivismus und Radikalismus auf lokaler Ebene stimuliert und dann zu einer umfassenden Dissens- und Protestbewegung ausgebaut werden können" (Hoffman 2006: 310).

[93] Traurige Berühmtheit erlangte 1985 die Entführung der TWA 847: US-Zeitungen konkurrierten um Exklusivinterviews mit den Entführern und gaben so deren Botschaft ein unkritisches öffentliches Forum. Die Marktökonomie siegte also über die Medienethik. Durch den medialen

eher „*unwitting* accomplices of media-savvy terrorists“ (Nacos 2002a: 205). Medienakteure, Publikum und gesellschaftliche Eliten lehnen den Terrorismus tendenziell ab, Medien lassen sich nicht zum Propagandawerkzeug machen.[94] Doch welchen Dynamiken folgen Medien im Umgang mit T-Akten?

Abbildung 2: Framebildung bei T-Akten (Quelle: unbekannt)

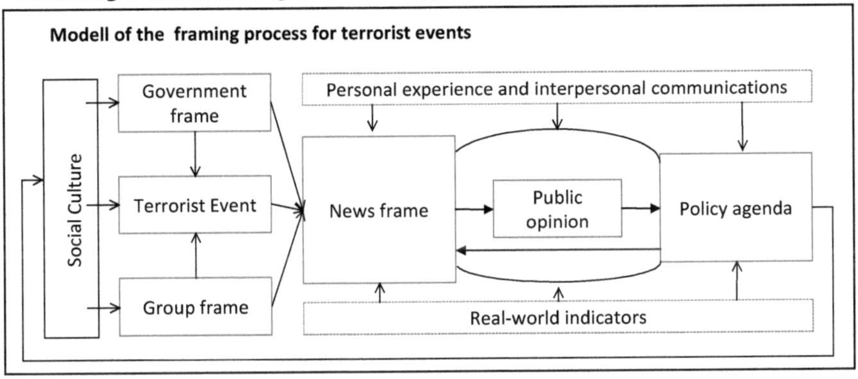

Medialer Umgang mit Terrorismus: Semantische Ebene und Berichterstattungszwang

Medien benutzen Termini wie „Terrorismus“, “Terroristen“ oder „terroristische Ereignisse“ keineswegs semantisch-systematisch oder stringent (vgl. die Inhaltsanalyse mehrerer überregionaler deutscher Zeitungen von Beermann 2004; Nacos 2002b). Deutsche Zeitungen haben die Tendenz, den Begriff „Terrorismus“ vor allem zu benutzen, wenn bei der Gewalttat deutsche Staatsangehörige ums Leben kamen, wenn Täter gegen Staatsformen, Regierungen oder Gruppen kämpfen, die im Westen als legitim anerkannt sind oder wenn sich die Tat im Inland ereignet bzw. vom Autor als illegitim gesehen wird.

Medien stimmen allerdings in der Bezeichnung eines Ereignisses als „terroristisch“ überein, was an den Quellen (Statements offizieller Vertreter wie Regierungen, Nachrichtenagenturen) und der Sprachregelung der Medienhäuser liegt. Diese wenig reflexive Handhabung könnte Journalisten zu „Werkzeugen von politisch motivierter Instrumentalisierung“ machen (Beermann 2004: 122).

Geis verteidigt jedoch diese ideologisch geprägte Wortwahl, denn in der Welt des Journalismus, dessen Produkte sich sowohl an Gebildete als auch an wenig Gebildete richten, sind Journalisten verpflichtet, die bedeutungsflexible Sprache des Alltags zu benutzen. „As a result, since there is often no value-free

---

Druck erfüllte die US-Regierung schließlich die Forderungen der Entführer und ließ 776 libanesische Gefangene frei.

[94] Ausnahmen gibt es jedoch bei hochgradig polarisierten Situationen, wie z.B. im Baskenland. Staatsterrorismus wird von Medien weitgehend ausgeblendet (Waldmann 2004b: 13).

vocabulary for reporting on events, reporting will, in such cases, inevitably not be value-free" (Geis 1987: 16).

Sobald ein T-Akt passiert, stecken Medien in einem Dilemma: Sie unterliegen der Informationspflicht, müssen also den T-Akt zur Nachricht erheben, und dienen als Frühwarnsystem. Damit setzen sich Medien jedoch den Vorwürfen der Instrumentalisierung und der Verantwortung für die Botschaft aus (Neverla 2003). Dabei wirken Medien allgemein nur als Katalysator für vorhandene Trends.

Auf der Inhaltsebene transformieren Medien das T-Ereignis. Der semiotische Theorieansatz besagt, dass es zunächst auf der Medienebene dekontextualisiert und komplexitätsreduziert sowie später von den Medien als Ritualagenten in der medieneigenen Logik rekontextualisiert wird – in Ästhetik, Dramaturgie, der kohärenten Erzählhaltung und der Zuweisung archetypischer Rollenbilder an die involvierten Akteure (Weichert 2003: 79). Geschaffen werden dabei Medienphantome wie Osama bin Laden, die durch die Authentizität der Botschaften (verwackelte Videos) real werden.

Der Terrorismus von Al-Qaida der letzten Jahre benutzt neuerdings symbolische Bilder der Zerstörung statt langer Bekennerschreiben, und bedient damit die Berichterstattungsroutinen insbesondere des Fernsehens. Dessen Agenda-Setting hat negative Rückkopplungen auf Printmedien, die kritikwürdige Berichterstattungsmechanismen sowie Voyeurismus und den mangelnden größeren Zusammenhang übernehmen (Hoffman 2001: 186f.).

Hafez (2004) kritisiert weiterhin die Tendenz zur Ereignisberichterstattung, da „Journalisten das Phänomen des internationalen Terrorismus von der Substanz her häufig kaum verstehen" und sich an bekannten Namen oder Reizwörtern orientieren, aber die Ursachen- und Konfliktanalyse des Terrorismus stark vernachlässigen (zit. nach Weichert 2004: 4).

Exkurs: T-Akte in der Medienforschung – Charakteristika

An der Berichterstattung über T-Akte als Krisenereignisse ist bisher reichlich Kritik geübt worden. Ein kursorischer Literaturüberblick über Studien zum Terrorismus der jüngeren Zeit zeigt, dass die meisten Studien keine Verbindung zwischen Berichterstattung und Förderung des Terrorismus nachweisen können. Durch die mediale Konzentration auf Gewaltereignisse ist kaum Platz, um Motive und Ziele von Attentätern darzustellen. Allerdings haben „die Anschläge nur aufgrund der Fernsehpräsenz, die ihnen unweigerlich zugestanden wird, einen politischen Sinn und Wert" (Virilio 1998: 45). Inhaltsanalysen zeigen, dass (westliche) Regierungen medial gegen den Terrorismus unterstützt werden. Auffälig ist auch die konsequente Lokalisierung („Domestizierung") der Diskurse auf der Inhaltsebene.

Norris und Kern fanden heraus, dass sich bei der Berichterstattung über T-Akte generell zwar die einzelnen Details ändern, Journalisten jedoch in „familiar news frames" berichten, „how similar events have been covered in the past" und auf Grundlage von „interpretation of events offered by credible sources" (Norris/Kern 2003: 4). Das neue Ereignis füllt also nur Slots in vorstrukturierten Schemata aus, den interpretativen Strukturen, die Journalisten benutzen, „to set particular events within their broader context" (Ebd.: 10). Speziell der „Terrorismus-" oder „Anti-Terrorismus-Frame" wird von Medien benutzt, damit Leser schnell verstehen, um was es sich bei Anschlägen auf einen Nachtclub in Bali oder auf ein Hotel in Amman handelt, ohne von den einzelnen Gruppen oder Orten viel wissen zu müssen. Auch Nossek und Berkowitz (2006) sehen Strukturen wie den extrakulturellen Wild-West-Mythos für den Nahost-Konflikt unabdingbar: „For foreign news, the crisis somewhere else and mythical newswork helps make the story closer and meaningful to the audience" (Nossek/Berkowitz 2006: 704).

Zu Terror-Anschlägen nach dem 11. September gibt es wenig Studien mit direktem Bezug auf Europa oder die arabische Welt. Deutsche und arabische Zeitungen verharrten in national begrenzten Diskursen. Die Perspektiven schienen spiegelbildartig angeordnet. Medien fungierten dabei als „Kritikfilter", da Kritik der anderen Seite kaum in die eigene Sichtweise einging (Hafez 2005).

Sádaba und La Porte (2006) verglichen spanische Pressereaktionen auf die Anschläge vom 11. September und 11. März mit ETA-Anschlägen und argumentierten, dass sich zwar für amerikanische Medien die Welt nach dem 11. September änderte, spanische Medien jedoch eine skeptische Distanz aufrecht erhielten, indem sie die Botschaft in lokale Strukturen (Semantik, Bezugsrahmen) einpassten. Nach dem Anfangsschock und der moralischen Verurteilung wurde die Themenverarbeitung bestimmt durch gängige Redaktionsroutinen, die politische Agenda und politische anstatt moralische, religiöse oder kulturelle Interpretationsmuster.

Für mediale Produktionsbedingungen erwies sich der 11. September als Extremtest. Der Fernseh-Journalismus erfuhr eine neue Leitfunktion durch den technischen Modus der Live-Übertragung und Simultan-Journalismus, der mit seinen verbalen Erklärungsversuchen des Unbegreifbaren schnell an seine Grenzen stieß und auf Mythen anstatt Faktenorientierung und soziale Relevanz setzte. Dabei ist gerade im Krisenfall das Fernsehen eine maßgebliche Ordnungsinstanz der öffentlichen Agenda durch rituelle Funktionen wie Orientierung, Kontinuität, Integration und Sinnstiftung, ist „therapeutisches Ritual" (Ebd.: 386). Dem Rezipienten wird suggeriert, die Krise unter Kontrolle gebracht zu haben. Das unfassbare Geschehen wird in begreifbare Geschichten verwandelt, als Formgebung fungierten Rituale wie Talkshow-Runden, Korrespondentenschaltungen und Expertenbefragungen (Weichert 2006).[95] Auf redaktioneller Ebene hat sich vor allem das Fernsehen mit Notfallplänen und Breaking-News-Systemen versorgt, konkrete Richtlinien werden in Deutschland jedoch meist intern gehandhabt.

Printmedien leisteten Anteilnahme durch die Ikonisierung der Fotos.[96] Um die negativen Folgen der kumulierten Berichterstattung über die Anschläge zu relativieren, riefen die meisten Zeitungen bewusst zu Toleranz gegenüber Muslimen auf. Patriotische Uniformität wie in den USA sowie politische Konformität ist bei deutschen Medien nicht zu verzeichnen gewesen (Kammann 2001: 23). Hysterie und Bunkermentalität blieb aus, die journalistischen Standards galten als erfüllt, das Ereignis als „professionell gemeistert" (Neverla 2003: 166).

[95] Weichert (2006: 50-59) bietet eine gute Übersicht über deutsche Forschungsarbeiten zu 9/11.

[96] Viele arabische Printmedien veröffentlichten ebenfalls auf der Titelseite Bilder der Anschläge.

Perspektiven und journalistische Qualität

Schaefer (2003) konnte bei den Anschlägen auf die US-Botschaften in Kenia und Tansania 1998 in der afrikanischen und amerikanischen Elitepresse einen starken Ethnozentrismus ausmachen, indem die jeweils eigenen Bedürfnisse und strukturellen Frames in den Vordergrund gestellt wurden, eine Reflexion über die bisherige Wahrnehmung des Anderen hingegen ausblieb.[97] Vor allem physische Nähe und der "lokale Blickwinkel" beeinflussten das Medienframing, wohingegen kulturelle Einflüsse (Journalist, nationaler Kontext) eine geringe Rolle spielen, denn die erste Reaktion des Schocks ist überall gleich. Zusätzlich haben nationale Ansichten vom internationalen System einen hohen Einfluss auf den Blickwinkel:

> „just as terrorism may be in part caused by peoples' perceptions of the global political-economic power structure, the message of terrorist attacks appears to be mediated to diverse publics around the globe through frames crafted by the very same system" (Ebd.: 111).

Medien wollen durch eine möglichst neutrale, kaum wertende Berichterstattung die eigene Macht als Realitätsvermittler stärken (Picard/Adams 1988). Printmedien wie die New York Times berichten detaillierter und ausbalancierter über Hintergründe, Intentionen und Aktionen der Gewalttäter als das Fernsehen (Carpini/Williams 1984). Speziell bei der Repräsentation politischer Gewalt als Auslandsnachricht gilt: Je näher Reporter einem Nachrichtenereignis hinsichtlich nationaler Interessen sind, desto weniger wenden sie professionelle Regeln (Nachrichtenwerttheorie) an und desto mehr unterliegen sie Praktiken der nationalen Loyalität (Nossek 2004).

Von externer Seite wurde an der Berichterstattung über den 11 .September kritisiert, dass abweichenden Diskursen kein Platz eingeräumt und ein nur unzureichender Blick auf die „andere", die arabisch-muslimische Seite geworfen wurde (Hatef 2001: 43f.).[98] Zudem wurde Borderline-Journalismus praktiziert, der auf Spekulationen aus dem Internet baute, und der politische US-Frame unbewusst übernommen, der Al-Qaida die Schuld zuwies. Expertomanie erhöhte die Desinformation. Zwischen den Medien war Redundanz und Gleichförmigkeit zu verzeichnen (Neverla 2003: 163). Alternative Ereignisse fanden medial kaum statt.

c) *Faktoren Politik und Publikum: Kontroll-Lust und Entertainment*

Politische Eliten können – und wollen – einen entscheidenden Einfluss auf die mediale Präsentation eines Konfliktes nehmen. Die frühere britische Ministerpräsi-

---

[97] So wurden die Anschläge in US-Zeitungen primär nach ihren Auswirkungen auf Amerika analysiert, während Hilfeaufrufen für die afrikanischen Opfer ausblieben. Afrikanische Zeitungen veröffentlichten selektiv amerikanische Stimmen – wenn sie zu ihren Ansichten passten.

[98] Selbst Qualitätsmedien wie der WDR oder Arte tendierten nach dem 11. September 2001 dazu, vom politisch dominanten Kausal-Diskurs des Anschlags abweichende Stimmen als „Verschwörer" zu brandmarken und sie zu delegitimieren, indem deren Evidenzien übergangen wurden und der Begriff „indiskutabel" Prominenz erlangte (Vgl. Spoo, Fikentscher/Neumann, Bader 2004).

dentin Margaret Thatcher sah Medien als Lieferanten des „Sauerstoffs der Publizität, von dem sie [die Terroristen] abhängen“ (Hoffman 2001: 189). Sind Regierungen selbst in den Konflikt involviert, möchten sie sich die Deutungshoheit sichern, notfalls auch mit Desinformation[99] und Zensurpraktiken.[100] Konnten diese früher noch umgangen werden, zeigen sich seit dem 2. Golfkrieg 1990/91 amerikanische Eliten sehr einfallsreich (Euphemismen, Zugangsbeschränkungen zu Material und alternativen Quellen, „embedded journalism“).

Aus dem Blick eines Zuschauers ist ein T-Akt in erster Linie Unterhaltung, bei der der Gewaltaspekt im Vordergrund steht und die weit entfernt vom Rezipienten stattfindet (Hewitt 1992, Dowling 1986). Die Bedeutung der Medien im T-Kommunikationsprozess wird also weit überschätzt. (Gallup-Studie, vgl. Hoffman 2001: 194). Dennoch können Medien aufklären und die öffentliche Agenda positiv stimulieren, indem z.B. durch die Berichterstattung ausgelöste Proteste den Terrorismus in die Defensive drängen (Waldmann 2004b: 18).

d) *Der mediale Umgang mit Terrorismus: Perspektiven*

Durch die nicht nachlassende Brisanz des Themas fordern Wissenschaftler eine medienethische Debatte über die Berichterstattung über Terrorismus (z.B. Hafez 2004, Bassiouni 1982, Schmid/De Graaf 1982). Cohen-Almagor (2005) fasst zusammen: Medien sollten sich der Konsequenzen der Berichterstattung bewusst sein, sie sollten bei Entführungen mit den Behörden, nicht aber den Terroristen kooperieren, Sensationalismus und Scheckbuchjournalismus vermeiden, Recherche- und Ausbildungsstandards einhalten und den Terrorismus klar verurteilen. Neverla (2003: 161f.) ergänzt die Liste um eine ‚Ressortkompetenz Krisenjournalismus‘, die vom Journalisten Fachwissen und Archivkenntnis verlangt, von der Medieninstitution eine internationale Vernetzung von Korrespondenten und die Etablierung von Krisenjournalismus als Teil der journalistischen Expertise. Journalisten sollten außerdem die Inszeniertheit des Ereignisses im Hinterkopf behalten, um eine ausbalancierte Berichterstattung zu wahren.

Anders jedoch Staaten mit autoritärem Mediensystem: Arabische Medien stehen häufig in der Pflicht, die staatliche Sicherheit zu wahren. Nach einer Resolution zum Sicherheitsbewusstsein und zur Verbrechensverhinderung (adoptiert 1996 vom Rat der Arabischen Innenminister) sollen Sicherheits- und Medieninstitutionen kooperieren, Medien moralische und erzieherische Werte verbreiten und das Sicherheitsbewusstsein der Bürger schärfen (Al-Jahni 2002: 166).

---

[99] Bei den Anschlägen vom 11. März 2004 in Madrid versuchte die spanische Regierung, zunächst die ETA zum Täter zu machen (Bassetts 2004).

[100] Graber (2007) unterscheidet bei der Zensur von Medien drei Ansätze: ‚formal‘ (Zensoren oder Regelungen zur Publizierung mit Sanktionierungsmöglichkeiten bei Verstoß), ‚free press‘ (Journalisten entscheiden letztendlich, was sie berichten) und ‚informelle Zensur‘ (die politische Elite erzeugt ein Klima, das Medien zur Selbstzensur drängt, auch wenn sie offiziell frei sind). So „bat“ Condoleezza Rice im Oktober nach dem 11. September 2001 Journalisten, die Videobänder mit Osama bin Laden nicht auszustrahlen, da sie wohl versteckte Botschaften an andere Attentäter enthalten könnten. Der „Bitte“ wurde von den US-Fernsehsendern entsprochen.

3.6 Islam, Gewalt und Terrorismus

„Verallgemeinerung ist die Philosophie der Primitiven."
(M.Y. Ben Gavriel, zit. nach Stolz 2001: 28)

Unter den vielen Begriffen zur Bezeichnung von T-Akteuren mit radikal-islamistischem Hintergrund, die insbesondere in deutschen, aber inzwischen auch in arabischen Medien im Umlauf sind, sollte genaues Augenmerk auf die feinen semantischen Unterschiede gelegt werden. „Radikaler" oder „militanter Islamist" stellen wohl die treffendsten Bezeichnungen dar, wohingegen „Fundamentalist" und das wenig differenzierende „Islamist" Unschärfen produzieren. Jedoch ist natürlich auch die journalistische Etablierung eines Begriffs zu beachten. Nachfolgend werden diese Unterschiede diskutiert.

Die Frage nach dem Gewaltpotential des Islam muss negativ beantwortet werden. Der Islam als Religion ist nicht genuin gewalttätig und rechtfertigt auch keine Selbstmordattentate. Jedoch bieten Koran und Sunna einen gewissen Interpretationsspielraum für abweichende Auslegungen, die durch das fehlende theologische zentrale Deutungsmonopol im Islam begünstigt werden. So erfährt auch „Dschihâd" diverse Deutungen.

3.6.1 Islam – Islamismus – Fundamentalismus

So verschieden die Begriffe Islamismus, politischer Islam, (islamischer) Fundamentalismus oder Integrismus scheinen – sie bezeichnen ein und dasselbe. Man fordert,

> „das gesamte private und öffentliche Leben müsse durch den Islam bestimmt werden, ja sie behaupten sogar, für jedes in einer Gesellschaft auftretende Problem eine religiös fundierte Lösung bereitstellen zu können" (Steinberg 200: 681).

Die Termini unterscheiden sich in Schärfe und Wertungspotential. Doch ihre häufige Synonymisierung droht die spezifischen Nuancen verschwimmen zu lassen.

Zu unterscheiden ist zunächst zwischen *Islam* und *Islamismus.* Der Islam ist „the complex manifestation of a religion, which at the same time is a lawful, social and political order with international format" (Hartmann 2002: 60). Eine islamistische Strömung ist Teil des Islams, für sie hat der Islam

> „as body of faith [...] something important to say about how politics and society should be ordered in the contemporary Muslim world and implemented in some fashion" (Fuller 2003: xi).

Islamismus bezieht sich also auf Menschen mit einer bewussten aktivistischen Agenda, während der Begriff „Muslime" lediglich auf eine nominale Identität für Menschen variabler Weltansichten hinweist (Ghadbian 1999: 7).

Mit *Islamisten* werden im Deutschen wie in anderen westlichen Sprachen sowohl gewalttätige als auch pazifistisch ausgerichtete Gruppen assoziiert. Daher wäre eine präzisere Umschreibung für die Gruppe islamisch motivierter Terroristen „radikaler Islamismus" (vgl. Arístegui 2004: 38). *Integrismus* als Begriff, der vor allem im frankophonen Raum Anwendung findet, bezeichnet im Wortsinn Bewegungen, deren Ziel „die Integralität von politischer Gestaltung der islamischen Gemeinde und göttlichem Gesetz" ist (Barth 1992: 24). Der Islam steht für eine ganzheitliche Lösung, egal ob in Rechtsprechung oder Körperhygiene (Arístegui 2004: 33).

T-Akteure allein als „Fundamentalisten" zu bezeichnen scheint hingegen eine äußerst unpräzis getroffene Wortwahl, denn Fundamentalisten gibt es nicht nur im Islam, sondern auch in vielen anderen Religionen.

a) Der „Islamist"

Inhaltlich ist das Konzept „Islamismus" recht klar umrissen. Formulierungen wie „Islamismus" und „intégrisme" (frz.)

> „...besagen zunächst nichts anderes, als dass seine Anhänger den Islam zur primären, wenn nicht ausschließlichen Grundlage ihres Denkens und Handelns machen wollen und dass sie ihn als umfassendes gesellschaftspolitisches Programm verstehen, das als Weltanschauung mit den Ideologien fremder Herrschaften konkurriert. Der Islam soll alle Aspekte individuellen Lebens und kollektiver Ordnung durchdringen und unter einer einheitlichen Richtschnur zusammenführen..." (Krämer 1999: 30).

Ein etwas schärfer gehaltener Definitionsversuch hebt den Instrumentalisierungsaspekt des Islams und dessen Zukunftsorientierung hervor:

> „It provides political responses to today's societal challenges be imagining a future, the foundations for which rest on reappropriated, reinvented concepts borrowed from Islamic tradition" (Denoeux 2002: 61).

Nur so könne die islamische Welt ihre Krise überwinden.[101] Die Dehistorisierung und Dekontextualisierung durch den „Mythos der Gründerzeit" des Islams ignoriert jedoch weitgehend heutige soziale, wirtschaftliche und politische Umstände und besitzt eine starke ideologische Wirkung (Ayoob 2005: 952).

Als Diskurs gesehen steht der Islam in der Mitte der politischen Ordnung, wobei die innere Spannbreite recht weit ist (Sayyid 1997: 17, Roy 1994). Im Gegensatz zum missionarischen Charakter des Christentums haben islamistische Strömungen generell nicht die Absicht, Anhänger anderen Glaubens zu bekehren, sondern zunächst einmal die eigene Bevölkerung zu re-islamisieren, die man als unwissend („dschâhilî") sieht (Roy 1995: 81). Damit möchte man mittels einfachen

[101] Die Grundlagen für diese Ideen schufen bereits mittelalterliche Denker wie Ibn Taimiyya, ein arabisch-islamischer konservativer Gelehrter (1268-1328), der um 1300 nach dem Mongoleneinfall zum Widerstand aufrief. Er vertrat das Prinzip der „rechten Mitte", wandte sich also gegen Extremerscheinungen innerhalb des Islams. Seine Schriften beeinflussten besonders den konservativen Reformislam, z.B. die Wahhabiten in Saudi-Arabien.

Welterklärungen das Konzept der „Umma" verwirklichen, das tribale, staatliche und ethnische Grenzen überwindet. Der Wiederaufstieg des Islams wird erst nach der Verwirklichung der „true and pure Islamic society" gesehen (Ayoob 2005: 959) – durch die Rückbesinnung auf die eigenen Wurzeln, was sich im häufig verwendeten Spruch „Der Islam ist die Lösung" manifestiert.

Islamismus als politische Ideologie besitzt nur einen Minderheitenstatus, denn die breite Mehrheit spreche sich für die Re-Islamisierung als Rückbesinnung auf die eigene Identität aus (Schimmelpfennig 2005: 9). Dennoch beinhalten islamistische Bewegungen Potential sozialen Protestes und sind Mittel revolutionärer Massenmobilisation.

Historisch gehen die gegenwärtigen Strömungen alle auf die antikolonialistischen Erweckungsbewegungen der Zeit um 1900 zurück, die sich vor allem in Indien und Ägypten zunächst gegen die britische Herrschaft, später gegen die eigenen westlich orientierten Eliten richteten, wobei die Wortführer recht häufig theologisch kaum gebildete Naturwissenschaftler waren und sind (Halm 1994: 215). Diese Strömung wurde im 20. Jahrhundert primär von Hassan al-Banna, Abu Ala Maududi und Sayyid Qutb geprägt (vgl. Esposito 2002: 51ff.).[102]

Die vage soziale Programmatik und mehrdeutige religiöse Sprache konnte nach 1967 zunächst eine breite Bewegung schaffen, die sich erst in den 1990ern als nicht mehr massentauglich erwies, als sich Mittelschicht und radikalen Stadtjugend teilweise abwandten, was schließlich zu den T-Aktivitäten der „Dschihadis" führte.

Während die französische Schule um Roy (1994) und Kepel (2002) lange Zeit die These vertrat, dass der Islamismus im Niedergang begriffen ist, sieht Lewis (2003: 150) gegenwärtig drei ausdifferenzierte Strömungen des radikalen Islamismus: der subversive Radikalismus der Al-Qaida, der vorbeugende Fundamentalismus des saudischen Establishments und die institutionalisierte Revolution der herrschenden Hierarchie im Irak.

Exkurs: Semantische Differenzen im europäischen und arabischen Sprachgebrauch

„Islamismus" ist als Begriff in der deutschen Alltagssprache negativ besetzt, wie auch der nahezu adäquate arabische Begriff „Islâmîyûn" (Islamisten).[103] Der arabische Terminus ist auf der semantischen Ebene jedoch deutlich enger gefasst

---

[102] *Hassan Al-Banna* (1906-1949) ist der Begründer der ägyptischen Muslimbruderschaft 1928. Sein Ziel bestand in einer auf Koran und Sunna gegründeten „islamischen Ordnung", die aber nicht primär durch terroristische Gewalt erreicht werden sollte. *Abu Ala Maududi* (1903-1979) war ein indisch-pakistanischer religiöser Führer und plädierte nach seinem Studium der muslimischen Herrschaft über das weitgehend hinduistische Indien für die Gründung eines von Indien unabhängigen islamischen Staates. Er wurde einer der einflussreichsten islamischen Denker und beleuchtete mehrfach das Verhältnis des Islams zur Moderne. 1940 gründete er die pakistianische Jamaat-i-Islami. *Sayyid Qutb* (1906-1966) war zunächst Schulinspektor im Erziehungsministerium in Ägypten, später wurde er ein führender Ideologie der späteren radikalisierten Muslimbrüder. Er wurde nach einem längeren Gefängnisaufenthalt gehängt.

[103] Das noch recht junge arabische „Islamawiyun" soll in hyperkorrektiver Weise für radikale Islamisten stehen – möglicherweise, um eine drohende Begriffskonfusion zu umgehen.

als das vorherrschende deutsche Verständnis von Islamismus: Er bezeichnet konkret radikale Muslime, die mit Waffengewalt versuchen, einen islamischen Staat zu etablieren. Alle anderen (pazifistischen) Personen fallen unter „Muslime".

Im Deutschen wie auch in anderen westlichen Sprachen wird der Begriff jedoch schon dann auf Personen oder Gruppen angewendet, wenn sie der Ideologie der Etablierung eines islamischen Staates mit Scharia-Rechtsprechung folgen, unabhängig von militanten oder friedlichen Methoden sowie Revisionen der politische Linie wie bei den türkischen Islamisten. Dadurch werden Mainstream-Islamisten, die sich pragmatisch mit einem demokratisch-pluralistischen System arrangieren, aufgrund einer fehlenden semantischen Anschlussdifferenzierung auf die gleiche Stufe gestellt wie die terroristisch agierende Al-Qaida.[104]

Der Spanier Muñoz und der Marokkaner Tozy wollen diese Konfusion vermeiden: Sie unterscheiden auf linguistischer Ebene den (nicht gewalttätigen) „Islamismus" vom Gewalt ausübenden „dschihâdistischen" bzw. „Mudschâhidîn-Islamismus" (vgl. Arístegui 2004: 56).

b) *Der „Fundamentalist"*

Religiöser Fundamentalismus ist ein Sammelbegriff, um diejenigen Religionsgruppen zu bezeichnen, die sich unter Rückgriff auf die eigenen religiösen Werte gegen den Staat notfalls auch mit Waffengewalt stellen. Der Fundamentalismus tritt momentan in vielen Religionen auf. Er kann verstanden werden als natürliche

> „Abschließungsbewegung, die als immanente Gegentendenz zum modernen Prozess der generellen Öffnung des Denkens, des Handelns, der Lebensformen und des Gemeinwesens absolute Gewissheit, festen Halt, verlässliche Geborgenheit und unbezweifelbare Orientierung durch irrationale Verdammung aller Alternativen zurückbringen soll" (Heiligsetzer 2001: 88).

Eine fundamentalistische Weltsicht ist geprägt durch einen starken Manichäismus und der dichotomen Einteilung der Welt in Gut und Böse, der Glaube an die Unfehlbarkeit und Legitimität der eigenen Weltanschauung (Rigorismus, Moralismus), eine Fixierung auf Untergangs- und Endkampfszenarien (Verschwörungsdenken), Rückwärtsgewandtheit und freiwillige Isolation von der sündigen Kultur der Gegenwart sowie Stilisierung der Religion zum Allheilmittel oder Fluchtburg (Ebd.: 89, Kienzler 1996: 21ff.). Berufen wird sich dabei allein auf eine (Heilige) Schrift, die durchaus buchstäblich interpretiert wird.

Islamischer Fundamentalismus wird von Muslimen im allgemein eher als „a defensive social and political movement, a reaction to westernization and modernization [...] to preserve their culture" wahrgenommen (Said 1992: 21). Dabei soll die Gesellschaft keinesfalls gewaltsam, sondern basierend auf der Transformation der einzelnen Gesellschaftsmitglieder auf persönlicher Ebene verwirklicht werden.

---

[104] Auch die Anhänger der ägyptischen Muslimbruderschaft, die seit mehr als 15 Jahren eine (friedlich ausgerichtete) Parlamentsteilnahme als Abgeordnete pflegen, sind im Arabischen „Muslime" bzw. nennen sich selbst Vertreter des „politischen Islam", während sie im Deutschen bereits zu den „Islamisten" zählen, also einem negativ gewaltbesetzten Begriff unterliegen.

Dies ermöglicht eine Dreiteilung der Strömungen in Modernisten (traditionsgelöste Auslegung des Korans), Adaptionisten (Anpassung islamischer Grundlagen an die Moderne) und Traditionalisten (Vision der Rückkehr zur idealisierten Frühzeit, Soualhi 2005: 129). Radikale Islamisten sind wegen ihrer Zurückweisung der (westlichen) Moderne den Traditionalisten zuzuordnen.[105] Der Großteil der islamistischen Bewegung lehnt eine historisch-kritische Textauslegung ab, akzeptiert jedoch eine pragmatische Variante (Hartmann 2002: 58).

Exkurs: Begriffsgeschichte

Das Wort „Fundamentalismus“ entstammt den germanischen Sprachen, kommt aber weder im Arabischen noch im Persischen im europäisch gebrauchten Sinn vor. Es stammt aus dem christlichen Rahmen: Protestanten wandten sich gegen die Darwinsche Evolutionstheorie im Schulunterricht (Heine 2000: 69):

> „Fundamentalismus ist ursprünglich ein Begriff des amerikanischen Protestantismus aus dem Beginn des 20. Jahrhunderts, durch den antimoderne Gruppierungen[106] sich vom Trend einer modernen, der historisch-kritischen Bibelauslegung (Exegese) verpflichteten Tradition absetzen und den traditionellen Grundsätzen der Exegese treu bleiben wollen.“ (Antes 1995: 54).

Die Konjunktur des unscharfen Medien-Begriffs vom (islamischen) „Fundamentalisten“ beginnt erst viel später: 1979 mit der Machtübernahme von Khomeini im Iran. Doch nicht nur er wurde von (westlichen) Medien mit Fundamentalismus konnotiert, sondern auch die politischen Aktivitäten von Sunniten im Sudan und Pakistan sowie die zeitgleichen einschneidenden Veränderungen in Christentum und Judentum, als es zur Renaissance der Religionen kam (Kepel 1991). Später ist der Begriff von der Wissenschaft übernommen und auf andere Religionen wie den Hinduismus übertragen worden (Antes 1995: 55). Indem man jedoch parallel die Entwicklung der Moral Majority in den USA ignorierte, wurde der „genuin westlich-christliche Terminus [...] ‚entchristlicht'“ (Kappel/Kuske 1994: 85).

Islamwissenschaftler kritisieren die konzeptlose Verwendung des Begriffs in Bezug auf den Islam (z.B. Halm 1994). „Fundamentalismus“ ist nicht nur ein Importprodukt aus einem ganz anderen kulturellen Kontext, sondern auch der „islamischen“ Sprache so fremd, dass sprachlich eine Neuschöpfung nötig war (arabisch: „usûlîya“ – Lehre von den Wurzeln, persisch: „bonyadgarayan“). Das Wort ist zudem negativ konnotiert mit Fanatismus, Radikalismus und Gewalttätigkeit (Krämer 1999: 29f.). Liberale Muslime bezeichnen damit strenge, traditionalistisch orientiert Muslime, medial findet er jedoch selten Anwendung (Heine 2000).

---

[105] Sie lehnen die Demokratie und (westlich definierte) Menschenrechte ab. Es wird vielmehr eine politische und religiöse Gesellschaftsordnung basierend auf religiösen Werten angestrebt, also ein holistischer Gottesstaat auf Grundlage der Scharia mit dem Anspruch der absoluten Wahrheit.

[106] Die Bezeichnung „Fundamentalisten“ geht auf die 1910 durch das höchste Gremium der presbyterianischen Kirche Nordamerikas formulierten fünf „Fundamentals“ zurück (Kappel/Kuske 1994). Das Prinzip der verbalinspirierten Heiligen Schrift steht der als Verfallserscheinung gesehenen Säkularisierung (mit Darwinismus und Naturwissenschaft) entgegen (Kienzler 1996: 17).

3.6.2 Zum Gewaltverhältnis im Islam

Der Frieden ist nach dem Koran die Basis der muslimischen Gesellschaft und der internationalen Beziehungen. Auch Besitz, Leben und Ehre von Nichtmuslimen dürfen nicht verletzt werden.[107] Sogar Samuel Huntington (2001), der die These vom Zusammenprall der Zivilisationen berühmt machte, gesteht dem Islam nicht nur ganz unterschiedliche Interpretationsweisen zu, sondern bemerkt auch, „there is nothing inherently violent in Muslim theology". Dazu sollen einige Konzepte von Gewalt im Islam untersucht werden: Dschihâd, Selbstmord und Terrorismus.

a) *Der Dschihâd-Begriff*

„Jihad is good because it is like the Protestant work ethic: hard work toward a good cause."
(El Fadl 2005: 223)

Der Dschihâd ist zwar ein Kernprinzip der islamischen Theologie und allgemeine Pflicht für jeden Muslim, der Begriff unterliegt aber einer regen Dynamik. Esposito (2002: 64) zeigte, „there is no single doctrin of jihad that has always and everywhere existed or been universally accepted". Die häufige westliche Übertragung mit "Heiliger Krieg" erfasst nicht annähernd das islamische Konzept des Begriffs und ist deswegen abzulehnen. Die arabische Entsprechung „Al-Harb al-muqaddasa" wird im Koran nicht benutzt, denn ein Krieg kann nicht heilig, sondern entweder gerechtfertigt oder nicht sein (El Fadl 2005: 222). Kriege und Schlachten als Kampfhandlungen sind kein „Dschihâd", sondern Qitâl.

Den „Dschihâd zu führen" heißt zunächst wörtlich „sich bemühen", „sich anstrengen" hin zu einem gerechten Ziel. Ab dem 8. Jahrhundert erlangte der Begriff mit dem Sufismus die Bedeutung des Kampfes gegen den Teufel und sich selbst (Selbstbeherrschung gegenüber körperlichen Begierden). Diese beiden Dschihâdformen werden auch (militärisch-äußerer) „kleiner" und (nichtmilitärisch-innerer) „großer Dschihâd" genannt. Am „kleinen Dschihâd" muss nur im Fall eines Verteidigungskrieges jeder teilnehmen.[108]

Das Leben von Nichtkämpfern erscheint in der klassischen Tradition als sakrosankt (El Fadl 2005). Generell wird im Koran von einem Streben nach Vergeben ausgegangen, nicht von Gewalt als Vergeltung.[109] Tödliche Gewalt kann beim expansivem Dschihâd nur angewendet werden, wenn Aufrufe zu Konversion oder Zahlung der Kopfsteuer ungehört bleiben (Kennedy 1999).

---

[107] Über das Prinzip der Menschlichkeit sagt der Koran: „Und wahrlich, wir zeichneten die Kinder Adams aus und trugen sie zu Land und zu Meer und versorgten sie mit guten Dingen und bevorzugten sie hoch vor vielen unserer Geschöpfe." (Koran 17:70).

[108] Eine rein pazifistische Bedeutung hatte der Begriff „Dschihâd" allerdings nie. Letztlich ist das Streben nach der endgültigen Weltherrschaft des Islams eines der idealisierten Elemente des Dschihâds (vgl. z.B. Barthel/Stock 1994: 162f., Esposito 2002, Cook 2005).

[109] „Gebrauche Nachsicht, gebiete das Rechte und meide die Unwissenden." (Koran 7:199).

Dschihâdverständnis der globalen radikalen Islamisten und Dschihadismus

Radikale Islamisten legen den Dschihâd nach ganz eigenen Regeln aus, die nicht unbedingt dem klassischen Dschihâd-Verständnis entsprechen. So greifen sie auf das streng dichotome und längst überholte Konzept des „Dâr al-Harb“ und „Dâr al-Islâm“ aus dem 10. Jahrhundert zurück[110] und sehen die Welt in einem ständigen Kriegszustand und sich selbst in einem Verteidigungskrieg – solange, bis die ganze Welt vom Islam regiert werden würde. Deswegen muss auch keine Kriegserklärung oder ähnliches abgegeben werden, sondern der Feind[111] darf jederzeit überall angegriffen werden. Klassische muslimische Juristen waren sich jedoch weitgehend einig darin, dass – sofern keine Bedrohung vorliegt – ein Töten dieser „Ungläubigen“ nicht erlaubt ist (El Fadl 2005: 229).

Auch andere klassische Verbote werden von modernen radikalen Islamisten ignoriert, so z.B. die Klassifikation der „Verbreitung von Zerstörung auf der Erde“ als besonders schweres Verbrechen, darunter insbesondere die Hirâba als (asymmetrischer) Krieg gegen die Gesellschaft oder das Gebot der Angemessenheit des Preises für einen Sieg. Moderate Muslime sprechen von einer starken Imageschädigung für den Islam und seinen Aspekten wie Gerechtigkeit, Frieden und Wissenschaft (Aktam 2005: 41).

Der *Dschihadismus* ist eine besonders radikale Strömung innerhalb der islamistischen Bewegung. Anhänger der Bewegung interpretieren den Dschihâd im nichtklassischen Sinne, als expansiv und gewalttätig, als „Idee und Praxis eines Krieges ohne Regeln“, der irregulär von nichtstaatlichen Akteuren als Terrorismus geführt wird (Tibi 2006). Die Charakteristiken legitimieren den Vergleich mit einer Sekte, von der Anwerbung über die weltweiten Strukturen bis hin zur totalitär anmutenden Ideologie der politischen Gewalt (Hirschmann 2006a). Deswegen wird der Dschihadismus teilweise dem Islam nicht mehr zugerechnet. Der Dschihâd dient dabei als Mittel zur religiösen Wiedererweckung der islamischen Länder durch die Rückkehr zu den Wurzeln. Die gewalttätige ideologische Grundlage, die unter anderem Al-Qaida für sich reklamiert, legte der Palästinenser Abdullah Azzam, der eine kleine opferbereite Elite als Fundament für die zukünftige Gesellschaft sah. Erst der Afghanistan-Krieg, in dem sich ein transnationales islamisches Bewusstsein herausbildete, ließ das moderne Konzept des Dschihâds als sechster Säule des Islams erkennen (Esposito 2002: 62). Alle Dschihâdgruppen[112] eint die Notwendigkeit des gewaltsamen Dschihâds gegen die Besatzer und kulturellen Unter-

[110] Die häufig zitierte räumliche Trennung von „Dar al-Harb“ (Haus des Krieges, meint aber eher das nichtmuslimische Ausland mit seinen gesetzlichen Regelungen) und „Dar al-Islam“ („Haus des Friedens“ bzw. das Territorium der Muslime) ist nur ein mehr oder weniger kurzlebiges Konzept unter vielen. Andere Ideen enthalten die Möglichkeit einer friedlichen Beziehung zu Nichtmuslimen: „Dâr al-Adâla“ (Haus der Gerechtigkeit), „Dâr Al-Sulh“ (Vertrag mit einem nichtmuslimischem Land), „Dâr al-Ahd“ (Gebiet mit muslimischer Minderheit, El Fadl 2005).

[111] Den arabischen Regierungen werfen die radikalen Strömungen vor, vom Glauben abgefallen zu sein (Kufr), was als Legitimation zum Töten dient.

[112] Z.B. Ägyptischer Dschihad oder Hamas, wobei letztere Organisation deutlich nationalistische Ziele verfolgt und deswegen eher dem radikalen Islamismus zugeordnet werden kann.

drücker, um die Feinde (Kreuzfahrer, Juden, muslimische Handlanger des Westens) zu bekämpfen (Hirschmann 2006b).

b) *Von Märtyrern und Selbstmordattentätern*

Ein Märtyrer (arabisch „Schahîd") gilt als Vorbild und besitzt also eine besondere Stellung im Islam, darf sogar später neben Gott sitzen. Wer aber zu einem Märtyrer (oder „Islamikaze", Israeli 2002) werden möchte, muss sich auf Gott verlassen, denn nur dieser entscheidet, ob die Tat wirklich als Märtyrerakt gilt (El Fadl 2005).

Selbstmord ist im Islam hingegen vollkommen verboten. So findet sich beispielsweise ein Hadith aus der Sammlung Al-Bukharis, das eindeutig besagt: „Wer sich selbst erdrosselt, wird sich in der Hölle weiterhin erdrosseln! Und wer sich mit einem Messer ersticht, wird sich in der Hölle weiterhin erstechen!" (Al-Bukhari 1991: 181). Deswegen müssen die in der nichtislamischen Welt nüchtern benannten „Selbstmordattentäter" in der arabischen Terminologie zu „Märtyrern" werden. Es handelt sich dabei um Taktiken, die als Teil des Dschihâds vor allem in asymmetrischen Situationen zum Einsatz kommen.[113]

Auch wenn islamische Theologen wie Scheich Yusuf al-Qaradawi Selbstmordattentate in Palästina rechtfertigen (Steinberg 2004: 21) – geht man nach dem Koran, sind Selbstmordattentäter keine Märtyrer, denn sie erfüllen nicht die Bedingungen dazu. Wer Nichtbeteiligte bzw. Unschuldige tötet, handelt illegitim.

c) *Islam und Terrorismus*

Der Koran nimmt häufig Bezug auf Kämpfe und Schlachten (*Qitâl*). Kampfhandlungen unterliegen strengen Richtlinien: wer Gegner ist und wer nicht, wann Feindseligkeiten beendet werden müssen oder wie mit Gefangenen umgegangen werden sollte. Qitâl wird als Produkt menschlicher Schwäche und Dummheit gesehen und stellt in einem Konflikt die letzte Option dar, während das Recht auf Leben ein göttliches Recht ist und damit einen besonderen Stellenwert genießt.

Nach den Geboten des Korans ist „the use of napalm [...] unacceptable, as are explosions in department stores, hijacking and killing hostages ... and bombing civilian targets" (Satha-Anand 1993: 15). Somit ist *Hirâba* als Verbreitung von Zerstörung auf der Erde („Fasâd fi-l-ard") eine der schwersten Sünden, denn das heißt nichts anderes, als die Schönheit der göttlichen Schöpfung zu zerstören. T-Handlungen werden also klar delegitimiert. Der Koran lehnt das Extreme ab, betont den Mittelweg. Jegliche Aktivität hat ihre von Gott gesetzten Regeln und Grenzen (Dakake 2004: 29). Die Attentäter von London und Sharm El-Sheikh sind aber nicht die ersten Muslime, die eine andere Auslegung bevorzugten.[114]

---

[113] Erstmalig benutzte die Hizbollah im Libanon Selbstmordattentate gegen die damaligen israelischen Besatzer im Südlibanon, später auch Hamas und Dschihad (Israeli 2002: 27).

[114] Frühere Gruppierungen, die sich terroristischer Methoden bedienten wie z.B. Kharidschiten, Ghulat und Assassinen, wichen extrem von diesem Mittelweg ab und wurden deswegen geächtet und teilweise als Sekte gesehen. Die Kharidschiten spalteten sich vom 4. rechtgeleiteten Kalifen Ali als Armee Gottes ab und ermordeten ihn wegen seiner Friedenspolitik. Die Ghulat kämpften

4: ENTWICKLUNG VON FORSCHUNGSFRAGEN

Zusammenführung von Mediendynamiken und transnationaler Öffentlichkeit

Die Urheber der meisten überregionalen Nachrichten (das Oligopol der drei großen Agenturen Reuters, AFP und AP) besitzen einen großen Einfluss auf das mediale Weltgeschehen. Sie prägen in besonderer Weise das Medienbild durch ihre primären Selektionsprozesse und ihre Perspektivisierung[115] in Form eines homogenen anglo-sächsischen Blickwinkels (Priming, Framing). Dies diffundiert global in die „Endverbrauchermedien" hinein.

Medienbilder werden zwar auch vom Hintergrundwissen, alternativen Informationsquellen und der Lebenswelt der einzelnen Journalisten bestimmt. Doch von persönlicher Autonomie lässt sich kaum sprechen, auch Journalisten rezipieren bei der Auslandsberichterstattung vorrangig mediale Bilder. Nicht zu unterschätzende „Störfaktoren", die das von den Agenturen präsentierte Medienbild beeinflussen, können auf der Mikroebene zum einen die journalistische Lebenswelt sowie die gesellschaftliche Legitimität bestimmter Interpretationsmuster sein, auf der Makroebene dagegen staatliche Einflussnahmen.

Die mediale Öffentlichkeit als Teilbereich der Öffentlichkeit hat theoretisch immer die Möglichkeit, aus den vorliegenden Agenden eine passend auszuwählen und zu setzen. Im Zeitalter globaler Konnektivitäten und Konvergenzen ist im Bereich der Mainstreampresse ein Einzelweg natürlich riskant, weswegen man lieber im Konsensus verbleibt und neben den wirklich eigenen Themen auch immer die der Konkurrenz im Blick behält (Intermedia Agenda-Setting).

Zu guter letzt nimmt der End-Rezipient (ob Journalist oder nicht) die vorgegebenen Themen und Sichtweisen (Frames) aus der Medienrealität auf und schafft daraus soziale Realität. Die Durchsetzungskraft der Primärideen kann dabei lokale Gewichtungen transnational aufheben und durch ein gemeinsames Thema unter einem ähnlichen Blickwinkel ersetzen, wie beispielsweise bei einem T-Akt der Fall. Diese gemeinsamen Wahrnehmungen schaffen also unbewusst einen gemeinsamen grenzüberschreitenden Rezipientenkreis – die transnationale Öffentlichkeit.

Machtpotential einer transnationalen Öffentlichkeit

In dem Moment, wo eine transnationale Öffentlichkeit konstituiert erscheint, z.B. in Form von Mediendiskursen, könnte sie zu einer Macht werden, die durch sich

---

mit Terror-Anschlägen für einen fatimidischen Staat in Tunesien und Ägypten. Die Assassinen waren ein radikaler Nebenzweig der schiitischen Ismaeliten, die eine messianische Vision hatten. Ihr Terror richtete sich gegen die abbassidische Elite (Esposito 2002: 43, Al-Gabiri 1994).

115 Dazu zählen Gatekeeping und Nachrichtenfaktoren beim Agenda-Setting sowie bei den *Big Three* die ähnliche Organisation (institutionelle Einbettung in den politischen, wirtschaftlichen und rechtlichen Kontext) und die vergleichbaren Organisationsziele der Agenturen (im Hintergrund eines Unternehmens steht das Generieren von Profit).

selbst Einfluss auf Diskursstrukturen gewinnen kann. Die nichtmediale Öffentlichkeit kann in Form von Leserbriefen oder Online-Blogs einzelner Mitglieder reflexiven Rückbezug für die mediale Öffentlichkeit bieten. Medien- und Öffentlichkeitsagenda müssen nicht übereinstimmen.

Mediales Agenda-Setting hat eine zwiespältige Wirkung. So wie einerseits durch globale Medienereignisse gemeinsame transnationale Öffentlichkeiten zumindest temporär erzeugt werden können, so werden durch die lokale Einfärbung und Zuspitzung auch grenzüberschreitend Fragmentierungen sichtbar, die einen wirklich transnationalen Diskurs wohl kaum zustande bringen können. Ein Welt-Medium mit einem wirklich international genutzten Politikressort gibt es noch nicht – gerade bei Printmedien ruht Perspektive und Leserschaft meist im Lokalen.

Aufgrund des fehlenden Ausdrucksmediums und fehlender allgemeiner Institutionalisierungsstrukturen wird eine Weltöffentlichkeit beim heutigen Stand allerdings nur temporär erscheinen können. Transnationale Öffentlichkeiten sind zumindest im Bereich gemeinsamer Werte und (kulturell bedingter) Vorstellungen zu vermuten.

Forschungsfragen

Aus den allgemein verschiedenen journalistischen Rahmenbedingungen bei deutschen und arabischen Medien, der unterschiedlichen Kulturraumzugehörigkeit mit entsprechend divergierenden Publikumsansprüchen sowie der ähnlichen Quellenausgangssituation ergibt sich bei einem Medienvergleich in Bezug auf die Darstellung von Terrorismus zunächst folgende Forschungsfrage:

> **FF1:** Wie wird Terrorismus am Beispiel zweier Terroranschläge (London 7. Juli 2005 und Sharm El-Sheikh 23. Juli 2005) in deutschen und arabischen Medien in Umfang, journalistischer Qualität und Inhalt dargestellt? Ist von einer homogenen Darstellung zu sprechen?

Ausgehend von Terrorismus als globalem Medienthema, der sogar wie der 11. September 2001 den Status als globales Medienereignis erreichen kann, stellt sich Forschungsfrage 2 nach einer Weltöffentlichkeit:

> **FF2:** Erzeugen islamistisch motivierte T Akte am Beispiel von London und Sharm El-Sheikh nach dem 11. September 2001 einen gemeinsamen temporären transnationalen Diskurs / eine gemeinsame transnationale temporäre Medien-Öffentlichkeit[116] oder dominieren vielmehr Fragmentierungen?

---

[116] Von einer gemeinsamen transnationalen Medienöffentlichkeit (in Bezug darauf, was und wie die Medien kommunizieren), die sich über nationale/kulturelle Grenzen erstreckt, wird

Hypothesenbildung aus den Forschungsfragen

Ausgehend von Forschungsfrage 1 sollen folgende Hypothesen geprüft werden:

> **H1 - Homogenität der Berichterstattung**: Deutsche und arabische Zeitungen berichten insgesamt aufgrund ähnlicher professioneller Selektions- und Arbeitsroutinen zur gleichen Zeit über ähnliche Sachverhalte und verwenden dabei ähnliche Darstellungsweisen (Darstellungsformen, Sachlichkeit der Beiträge).

Ausgehend von Forschungsfrage 2 ergibt sich folgende Hypothese:

> **H2:** Die islamistisch motivierten T-Akte von London und Sharm El-Sheikh erlangen durch den Status als globale Medienereignisse infolge der Vorgänger-Anschläge vom 11. September 2001 die Fähigkeit, temporär eine transnationale Öffentlichkeit am Beispiel der deutschen und arabischen medialen Teil-Öffentlichkeit zu erzeugen.

Weitere zu prüfende Hypothesen sind:

a) Umfang und Darstellungsweise

> **H3a:** In deutschen Zeitungen fällt die Berichterstattung über London prominenter aus als in den arabischen Untersuchungsmedien. In arabischen Zeitungen erlangt jedoch die Berichterstattung über Sharm El-Sheikh mehr Prominenz, da hier der Nachrichtenfaktor geographische, politische und wirtschaftliche Nähe eine Rolle spielt.

> **H3b:** Die T-Akte werden in deutschen und arabischen Zeitungen eher episodisch als thematisch dargestellt.

> **H3c:** Die Hintergrundberichterstattung fällt in den deutschen Zeitungen umfangreicher aus als in den arabischen Untersuchungsmedien.

> **H4:** Die Zugriffsmöglichkeit auf ähnliche Ausgangsquellen wird durch die angenommene Globalisierung der Nachrichtenströme in der Praxis von deutschen und arabischen Zeitungen in gleichem Maße genutzt.

---

gesprochen, wenn die gleichen Themen/Problemstellungen zur gleichen Zeit auf ähnlichen Aufmerksamkeitsstufen debattiert werden; wenn ähnliche Bezugsrahmen und Interpretationsmuster in den nationalen/regionalen Medienöffentlichkeiten benutzt werden und wenn eine transnationale Kommunikationsgemeinschaft entsteht, in der Sprecher und Hörer einander als legitime Teilnehmer eines gemeinsamen Diskurses erkennen, dass ein bestimmtes Thema als gemeinsames Problem darstellt (vgl. die Begriffsexplikationen im Methodikteil).

b) *Inhalt und journalistische Qualität*

H5: Das mediale Verständnis von islamistisch motiviertem „Terrorismus", dessen Bewertung und Kontextualisierung weist bei den untersuchten T-Ereignissen regionsabhängige Differenzen auf.

H6: Deutsche Zeitungen bieten in der Bewertung der Anschläge eine differenziertere Meinungsvielfalt als arabische Zeitungen.

H7: Das Verständnis des islamistischen Hintergrundes erscheint in arabischen Zeitungen umfangreicher und differenzierter als in deutschen Printmedien.

H8: Offene Hypothese: Wie wird mit Spekulationen (z.B. Täter-schaft) bei einem T-Akt umgegangen?

H9: Offene Hypothese: Welche Argumente dominieren den medialen Diskurs? Welche werden marginalisiert?

H10: Stereotypen und Feindbilder:

a) Offene Hypothese: gibt es Feindbilder, Stereotype, Vorurteile? Wer verwendet sie?

b) Manifeste Stereotypen und Feindbilder gegenüber dem kulturell „Anderen" (Islam und Muslime bei deutschen Zeitungen, der Westen bei arabischen Zeitungen) spielen in deutschen Zeitungen eine marginalere Rolle.

c) Die in der deutschen Medienlandschaft noch zu Beginn der 1990er Jahre nachgewiesenen Feindbilder und Stereotype spielen heute durch den 11. September 2001 eine geringere Rolle.

d) Deutsche Medien setzen den Islam als Religion häufiger mit Gewalt gleich.

c) *Externe Dimensionen*

H11: Die Elitepresse lässt sich bei diesen Ereignissen nicht von den Terroristen instrumentalisieren, bietet ihnen keine Plattform.

H12: Zeitungen tendieren wegen der Werthaltigkeit und Konflikthaltigkeit des Themas dazu, in ihrer Darstellung der Ereignisse eher dem Diskurs der jeweiligen Regierung zu folgen. Abweichende Stimmen werden marginalisiert.

5: KURZ-CHRONOLOGIE DER „JULI“-ANSCHLÄGE

Der 11. September 2001 hat die westlichen Massenmedien für die Berichterstattung über T-Akte sensibilisiert. Fanden Anschläge jahrzehntelang meist in weit entfernten Ländern statt, so erstarkte der internationale Terrorismus seit den 1990er Jahren und erreichte mit New York und Madrid die westliche Welt. Die Ereignisse in London stellten in diesem Rahmen nur eine Fortsetzung dieser Ideologie dar.

5.1 Der 7. Juli 2005: Die Anschläge in London

Am 7. Juli 2005 explodierten während der morgendlichen Rushhour zwischen 8.51 Uhr und 9.47 in drei U-Bahn-Zügen und einem Doppeldecker-Bus vier Bomben, die Pendler auf dem Weg zur Arbeit, Kinder und Touristen trafen. Die Anschläge zogen 52 Tote und mehr als 700 Verletzte nach sich und waren vermutlich in Form eines symbolischen Kreuzes geplant, das jedoch wegen einer gesperrten U-Bahn-Linie nicht realisiert werden konnte. Zur gleichen Zeit begann etwas weiter nördlich der G8-Gipfel in Gleneagles. Einen Tag zuvor hatte London noch über seinen Sieg bei der Wahl zum Gastgeber der Olympischen Spiele 2012 gefeiert. Eine weitere parallele T-Aktion am 21. Juli schlug fehl, da die Zünder an den Bomben defekt waren. Die Attentäter wurden verhaftet.[117]

Zu den Anschlägen bekannte sich bereits zwei Stunden danach per Internet eine ominös bleibende Gruppe namens „Geheimorganisation der Al-Qaida für den Dschihâd in Europa". Schon kurz nach den Anschlägen traten die ersten Ungereimtheiten der Anschläge zu Tage. Kritiker gehen von einem Geheimdiensteinfluss aus.[118]

Alle vier Verdächtigen des 7. Juli waren in Großbritannien geboren. Drei der vier Männer hatten pakistanische Wurzeln, einer war jamaikanischer Herkunft. Sie kamen aus der Gegend um die Industriestadt Leeds und galten als gesellschaftlich integriert. Der strukturelle wirtschaftliche Wandel sorgte unter den pakistanischen Immigranten als größte Minderheitengruppe für eine hohe Arbeitslosigkeit von 40 % (Dietl/Hirschmann 2006: 183ff.).

---

[117] London ging lange vergleichsweise nachlässig mit Extremisten um, stellte in den 90er Jahren Visa u.a. für den Kopf des Anschlags auf Touristen im ägyptischen Luxor aus (Eggert 2005: 17). Auch Abu Qatada, die rechte Hand Osama Bin Ladens, erhielt wie viele andere islamistische Extremisten 1994 politisches Asyl in London und lebte dort bis kurz nach dem 11. 9. 2001.

[118] Verwiesen sei hier auf Eggert (2005), der folgende Rätsel auflistete: die Warnung an die israelische Botschaft Minuten vor dem Anschlag (der israelische Finanzminister Netanjahu war gerade auf London-Besuch, AP-Meldung vom 7. Juli 2005, 7.14 Uhr); die „Tradition“ der vielfach von V-Leuten verursachten IRA-Anschläge; die Krisenübung einer Firma für Krisenmanagement am gleichen Morgen; das nicht überzeugende, den Koran falsch zitierende Bekennerschreiben; merkwürdige Sprengstoffspuren und vor allem die komplett fehlenden Aufzeichnungen bzw. Bilder der Überwachungskameras sowie die fotomontageähnlichen Verdächtigtenbilder.

Der britische Innenminister Clarke kündigte am 20.7. neue Gesetze an, die jede Art terroristischer Aktivität unter Strafe stellen. Geplant war eine Datenbank mit den Namen von Personen, die öffentlich zu Gewalt aufriefen.

Die Polizei in London musste starke Kritik einstecken, als sie am 21. Juli, dem Tag der Nachfolgeanschläge, einen vermeintlichen arabisch-pakistanischen Attentäter in der U-Bahn erschoss, der sich als unschuldiger brasilianischer Elektriker entpuppte.

5.2 Der 23. Juli 2005: Die Anschläge in Sharm El-Sheikh

In der Nacht vom 22. zum 23. Juli explodierten im ägyptischen Urlaubsort Sharm El Sheikh und dem benachbarten Touristenzentrum Naama Bay drei Bomben. Zunächst wurde um 1.15 Uhr Ortszeit ein belebten Basar der Stadt durch eine Autobombe zerstört. Wenige Minuten später raste offenbar ein zweiter Selbstmordattentäter mit einem Auto in die Eingangshalle des Hotels „Ghazala Gardens“ in Naama Bay. Ein Teil des Hotels stürzte ein. Die dritte Bombe, die vermutlich in einer Tasche versteckt war, explodierte auf einem Parkplatz vor einem Café, das vor allem von ägyptischen Hotelangestellten besucht wird.

Bei den Explosionen starben etwa 90 Menschen, 150 wurden verletzt. Sie fanden symbolisch zeitgleich mit dem Nationalfeiertag in Ägypten (Tag der Revolution) statt und mit Sharm El-Sheikh an einem symbolischen Friedensort in Bezug auf den Nahost-Konflikt.

Zu dem Blutbad bekannte sich zwei Tage später per Internet eine angeblich mit dem Terrornetz Al-Qaida verbundene Gruppe namens "Brigaden des Märtyrers Abdullah Assam der Al-Qaida-Organisation im Zweistromland und Ägypten" und begründete die Attentate als Schlag gegen "Kreuzfahrer, Zionisten und das abtrünnige ägyptische Regime". Unklar blieb allerdings, ob die Botschaft authentisch war.

Nach dem Anschlag wurden Hunderte sogenannter „potentieller Attentäter“ verhaftet. Die innenpolitische Stimmung war bereits durch zahlreiche regierungskritische Demonstrationen in den Monaten davor gereizt. Schon nach dem Anschlag von Taba fanden Massenverhaftungen statt. Nach inoffiziellen Berichten sitzen bis zu 20 000 politische Häftlinge in Ägyptens Gefängnissen.

Bereits einen Tag nach dem Attentat wurden die Fotos von 5 verdächtigen Pakistanern in der Presse zur Fahndung veröffentlicht, diese Meldung am Folgetag jedoch dementiert und die Suche nach den Verdächtigen in Beduinendörfern auf dem Sinai verlagert, jedoch ohne großen Fahndungserfolg. Der ägyptische Präsident Hosni Mubarak verurteilte die Tat und gelobte eine Fortsetzung des Kampfes gegen den Terrorismus mit aller Härte. Wenige Tage nach dem Anschlag schlug er eine internationale Friedenskonferenz für Anfang August in Sharm El-Sheikh vor, ein Vorschlag, dem recht schnell andere Regierungen zustimmten.

METHODIK

6: ALLGEMEINES FORSCHUNGSDESIGN

Eine Forschungstechnik dient dazu, „durch planmäßiges und systematisches Vorgehen Daten und Informationen über die Vielfalt gesellschaftlicher Phänomene sowie individueller und sozialer Meinungen und Einstellungen, Handlungen und Verhaltensweisen auf intersubjektiv nachprüfbare Weise zu erhalten" (Pürer 2003: 526). Eine Forschungsstrategie sollte also von jedem Forscher mit demselben Ausgangsmaterial unter Beachtung der Objektivität entsprechend repliziert werden können. In dieser Arbeit werden durch einen Methodenmix Aussagen- und Inhaltsforschung sowie Kommunikatorforschung verbunden. In einer Querschnittsanalyse soll die Berichterstattung von Medien über ein bestimmtes Thema wie Terrorismus mit einer kursorisch gehaltenen Analyse der Berufsgruppe der Journalisten kombiniert werden.

Mit einer *quantitativen Inhaltsanalyse* lassen sich manifeste, zählbare Aspekte der medialen Präsentation von Terrorismus ermitteln. Eine *Zeitverlaufsanalyse* soll über die Intensität der Berichterstattung Auskunft geben, welche Themenaspekte zu einem bestimmten Zeitpunkt dominierten. Dem wurde eine qualitativ-empirische Analyse des medialen Diskurses der Untersuchungseinheiten an Hand einiger Schlüsseltexte zur Seite gestellt, damit die recht groben Aussagen über verwendete Themen und Akteure durch eine genaue Analyse der Ausrichtung der Artikel in ihren Grundaussagen ergänzt werden und somit das Subjekt zum Sprechen kommen kann. Diese *Argumenteanalyse* dient zur Untersuchung der Diskursführung.

Das Sample wird zum Großteil bewusst definiert, ist also eine gezielte und begründete Zusammenstellung sowohl der untersuchten Medienorgane, des Untersuchungszeitraums und teilweise auch der Auswertungseinheiten (Artikel).

6.1. Empirische Operationalisierung der Schlüsselbegriffe

a) Die „temporäre transnationale Weltöffentlichkeit" und deren Diskurs

Verschiedene Autoren haben sich bereits damit beschäftigt, ob auf EU-Ebene von einer Einheit der regionalen Medien zu sprechen ist. Diese Überprüfung soll auf globale Ebene übertragen werden. Dabei kristallisierte sich heraus, dass von Öffentlichkeit nur dann gesprochen werden kann, wenn zumindest Akteure aus unterschiedlichen Mitgliedsländern miteinander, d.h. transnational über ein Thema im wechselseitigen Austausch von Argumenten diskutierten (Wimmel 2005: 11).[119]

[119] Wimmel, der sich ebenfalls mit der europäischen Medienöffentlichkeit beschäftigte, spricht dann von einem europäischen Diskurs, wenn „ein grenzüberschreitender Meinungsaustausch zwischen den massenmedialen Öffentlichkeiten der Mitgliedstaaten zu beobachten ist", der „in einen kollektiven Selbstverständigungsdiskurs münden" muss (Wimmel 2005: 9). Er kritisiert sowohl Eder und Kantner (2002) als auch van de Steeg (2003).

Risse und van de Steeg (2003) beschäftigten sich bereits mit den Charakterzügen von transnationalen Öffentlichkeiten am Beispiel von Europa. Demnach erscheint eine europäische Öffentlichkeit als soziales Konstrukt. Sie ist sowohl soziale und diskursive Praxis mit einem gemeinsamen Bezugshorizont als auch eine transnationale Kommunikationsgemeinschaft mit gemeinsamen Themen.

Dieses Konzept ist leicht modifiziert auf eine gedachte Weltöffentlichkeit in Bezug auf Welt-Angelegenheiten anwendbar. Da von einer sich herausbildenden permanenten globalen Öffentlichkeit gegenwärtig unter keinen Umständen gesprochen werden kann[120], soll – da globale Probleme wie Klimawandel oder islamistisch motivierter Terrorismus letztendlich eine Angelegenheit aller ist und den Status globaler Medienereignisse annehmen können – zumindest von einer temporären Weltöffentlichkeit ausgegangen werden.

Da Öffentlichkeit in diesem Sinne empirisch nicht gemessen werden kann, aber heutzutage über große Entfernungen in erster Linie durch Medien vermittelt gesehen wird, beschränkt sich die vorliegende Untersuchung auf die Analyse eben dieser medial vermittelten (Medien-)Öffentlichkeit.

In Anlehnung an die Konzeption einer europäischen Öffentlichkeit von Risse und van de Steeg (2003: 2) kann von einer idealen transnationalen Öffentlichkeit unter folgenden Bedingungen gesprochen werden:

- Themenagenda
- Priming und Framing
- Bezugnahme

Eine gleiche Themenagenda existiert dann, wenn dieselben Themen (mit Terrorismusbezug) zur gleichen Zeit auf ähnlichen Aufmerksamkeitsstufen über mehrere nationale Öffentlichkeiten und Medien hinweg diskutiert werden. Empirisch wird dies realisiert mittels einer Zeitverlaufsanalyse und der Erfassung von Haupt- und Nebenthemen sowie der sie konstituierenden Faktoren (Ort, Akteur, Anlass usw.). Erfüllen die deutschen und arabischen Messresultate bei einem Vergleich die entsprechenden Voraussetzungen, um als „homogen" bezeichnet werden zu können, ist die Themenagenda als „gleich" zu werten.

Von gleichem Priming und Framing ist die Rede, wenn ähnliche Bezugsrahmen, Bedeutungsstrukturen und Interpretationsmuster über nationale Öffentlichkeiten und Medien hinweg benutzt werden. Dies ließe sich am klarsten mit einer Frame-Analyse erfassen, die aber den Rahmen dieser Arbeit übersteigen würde. Deswegen wird ersatzweise einerseits die Erfassung des Umfangs und der Platzierung der Beiträge (mit Terrorismusbezug) zur Beleuchtung der quantitativen Aspekte hinzugezogen, andererseits die Argumentationsanalyse zum Erfassen der inhaltlichen Interpretationsmuster von Kommentaren, die einer Zeitung ja bekanntermaßen am sichtbarsten ein bestimmtes Meinungs- und Werteprofil verleihen.

---

[120] Bereits regionale Öffentlichkeiten wie die „europäische" oder die „arabische" haben in ihrer Konstitution Schwierigkeiten.

Von einer Bezugnahme kann dann gesprochen werden, wenn eine transnationale Kommunikationsgemeinschaft entsteht, in der Sprecher und Hörer nicht nur einander über nationale Grenzen hinweg beobachten, sondern auch anerkennen, dass T-Akte eine gemeinsame Angelegenheit darstellt. Gemessen wird hier also, ob, wer und wie in Anzahl, Art und Inhalt aufeinander Bezug nimmt.

b) „Homogenität"

Ob deutsche und arabische Medien in ihrer Berichterstattung übereinstimmen oder eher divergieren, soll an Hand eines Kriterienkatalogs bestimmt werden, der formale und inhaltliche Kriterien umfasst. Die Grobanalyse dieser Kriterien wird durch eine Inhaltsanalyse realisiert, eine Medien-Diskursanalyse ergänzt diesen Vergleich auf der Feinebene einzelner Aussagen. Erst nach dem Erfassen der Unterschiede und Gemeinsamkeiten kann durch eine Gewichtung dieser Faktoren bestimmt werden, ob von der vermuteten Homogenität gesprochen werden kann.

„Homogen" kann eine Berichterstattung dann genannt werden, wenn sie „aus Gleichartigem zusammengesetzt" ist (Duden 2007: 847). Darunter sind in der vorliegenden Arbeit Ausprägungen und Merkmale zu verstehen, die in vergleichbarem Maße oder Charakter auftreten. Das bedeutet empirisch eine Abweichung desselben Merkmals bei deutschen und arabischen Zeitungen von nicht mehr als 20 %. Diese Grenze ist nicht willkürlich gewählt, sondern berücksichtigt die erhobene Fallzahl, die nicht in allen Ausprägungen eine Repräsentativität beanspruchende Abdeckung gewährleisten kann.

Zur Beantwortung der Forschungsfrage werden homogene und nicht-homogene Merkmale in einem „Homogenitätsindex" gegenübergestellt, in den sowohl Kernkategorien wie Umfang und Kern-Inhalt (Thema, Akteur, Ort) eingehen als auch thematische und journalistisch-qualitative Kategorien.

Eine wichtige Rolle zur Beantwortung der Frage nach einer Weltöffentlichkeit spielen die Kategorien zur Ermittlung der Themen-Agenda und der Bezugnahme.

6.2 Zur Komparatistik von Medienkulturen

Hamelinks These der „kulturellen Synchronisation", die von einer Angleichung der Kulturen durch Ausrichten eines Landes an den Interessen und Bedürfnissen eines zentraleren und mächtigeren Landes und deren Anwendung auf das eigene Land ausgeht (Hamelink 1983: 22, in McQuail 2000: 238)[121], stößt bei der vergleichenden praktischen Journalismusforschung bisher auf wenig Gegenliebe. Von einer integrativen globalen Journalismustheorie kann gegenwärtig nicht gesprochen werden, und schon auf europäischer Ebene scheitert es an gemeinsamen Konzepten zur

[121] Auch Schudson meint: „Globalization is not necessarily a mysterious process. Developing nations borrow patterns of journalism directly from the United States and the European countries" (Schudson 2003: 165).

Erzählstruktur oder Themenaufbereitung, da Journalismus-Forschung vorrangig in Nationalismen verharrt (Lünenborg 2004: 450).[122]

Medien sind dadurch gekennzeichnet, in gesellschaftliche Regelungssysteme institutionalisiert zu sein, sie sind in die politischen, wirtschaftlichen, kulturellen etc. Verhältnisse der Gesellschaft eingebunden (Saxer 1998: 55). Mediensysteme können analytisch verglichen werden, wenn eine Abgrenzung von Elementen gemacht wird, die zum System oder zu dessen Umwelt gehören. Da nur selten „Momente kommunikativer Identität [...] im Sinne der von Luhmann postulierten ‚Weltkommunikationsgesellschaft'" (Esser 2002: 320) hergestellt werden, ist es sinnvoller, bei der Analyse von Medienkommunikation von geographischen oder wirtschaftlichen Grenzen auszugehen (Scholl/Weischenberg 1998). Die Arbeit folgt dem Vorschlag Essers (2002: 322),

> „zwischen mindestens zwei territorial definierten Kommunikationsräumen, -kulturen oder –systemen Vergleiche in Hinblick auf mindestens einen medienwissenschaftlich relevanten Untersuchungsgegenstand [zu ziehen] [...] und dabei auch Wechselbeziehungen und zusätzliche Hintergrundvariablen"

zu berücksichtigen. Eine Abgrenzung soll also entlang nationalstaatlicher bzw. kultureller Grenzen erfolgen.

Bei Vergleichen werden meist das „eigene" mit einem „fremden" Mediensystem verglichen und nach Gemeinsamkeiten (*most similar systems design*) oder Unterschieden (*most different systems design*) gesucht (vgl. Przeworski/Teune 1970: 32f.), nach Konkordanz oder Differenz, nach Dependenz oder Diffusion. Verglichen werden können ganze Systeme, aber auch Gattungen, Funktionen, Aktivitäten von Akteuren und Inhalte von Medienprodukten. Dabei dürfen die Vergleichsgegenstände weder „völlig gleich, noch völlig unterschiedlich" sein (Kleinsteuber 2003: 4).

Methodisch ist die funktionale Äquivalenz zu beachten, d.h. die analysierten kulturell verschiedenen Sachverhalte oder Konstrukte müssen in gleichwertigen (bedeutungsähnlichen) funktionalen und kausalen Zusammenhängen auf Konstrukt-, Item- und Methodenebene eingebettet sein. Eine vollständige Äquivalenz kann allerdings nicht erreicht werden (Wirth/Kolb 2003).

Da der deutsche als auch der arabische Journalismus jeweils eine regionale mediale Öffentlichkeit darstellen, werden sie in territorial definierte Kommunikationskulturen integriert gesehen. Während arabische Zeitungen dem arabischen Sprachraum verbunden sind, werden deutsche Medien in den „westlichen" Journalismus eingebunden gesehen. Durch die „Konvergenz im Journalismus der Demokratien westlichen Typs" Weischenberg (1994: 165f.) ist es trotz kleiner Unterschiede „probably fair to say that Western journalists are more alike than different" (Patterson 1998: 30).[123]

---

[122] Eine Studie von Sievert (1998) hielt zwar für Europa eine hohe internationale Synchronität bei Organisationsstrukturen in Medienorganisationen und eine mittlere beim Individualprofil der Akteure fest, aber bemerkte nur eine geringe Synchronisation beim europäischen Journalismus.

[123] Scholl/Weischenberg (1998) fanden beachtliche Parallelen bei Medienakteuren aus westlichen Industrieländern. Unterschiede ergaben sich allerdings vor allem im professionellen Verhalten

Die Verständigung zwischen zwei Kommunikationspartnern hat nur dann eine Chance auf Erfolg, wenn beide

> „über geteilte Erfahrungen und damit über eine gemeinsame Sprache sowie über ein übereinstimmendes Wert- und Normgefüge und damit über einander entsprechende Verhaltenserwartungen verfügen" (Burkart 2002: 124).

Sprachbarrieren hingegen können interkulturelle Kommunikation behindern. Meist fehlt ein gemeinsamer Zeichenvorrat zwischen Sprecher und Hörer auf der Gegenstandsebene, oder trotz gleichem Zeichenvorrat tauchen Missverständnisse über Sprechakte aufgrund von unterschiedlichen semantischen Zeichendimension auf (Elias 1989). Kulturell vorherbestimmte sprachliche Filter haben unweigerlich einen Einfluss auf die Sichtweise (Sapir 1951, Whorf 1963).[124] Das kann bei der Inhaltsanalyse von Texten zu einem methodischen Problem in Form von Sprach- und Sinnunterschieden werden.

6.3 Die ausgewählten Forschungsmethoden

a) Die quantitative Inhaltsanalyse

Ziel einer Inhaltsanalyse soll ein Erfahrungsinteresse an dem sein, was Medien an Inhalt oder Textformalia anbieten (Diekmann 2002: 481), im konkreten Fall also darüber, welche Inhalte in welcher Umsetzung bei der Berichterstattung über zwei terroristische Anschläge erscheinen. Dabei ermöglicht die Inhaltsanalyse eine Reduktion der Komplexität der Berichterstattung, „indem sie deren zentrale Muster herausarbeitet" (Rössler 2005: 17). Inhaltsanalyse dekonstruiert also Texte im Hinblick auf bestimmte Selektionskriterien. Sie eignet sich zur validen und reliablen Erfassung einer hohen Menge an Texten.

Die Inhaltsanalyse als wissenschaftliche Methode ist durch hohe Systematik und intersubjektive Nachvollziehbarkeit gekennzeichnet.[125] Dies wird ermöglicht durch ein streng regelgeleitetes Verfahren, das praktisch durch die deduktive Ableitung von Hypothesen in ein Kategoriensystem realisiert wird. Qualitativ orientierte Ansätze beziehen auch induktive Kategorienbildung mit ein. Am Ende steht ein einheitliches System aus Konstrukten, Kategorien, Unterkategorien und

---

und Selbstverständnis, verstärkt durch den gesellschaftliche Normenkontext, während der medieninstitutionelle Strukturkontext (mit der Konvergenz von Technologie und Ökonomie) Ähnlichkeiten aufweist.

[124] Während im Arabischen beispielsweise Schnee und Eis durch ein Wort beschrieben werden, besitzt der deutsche Allgemeinwortschatz mehrere Termini zur Beschreibung allein von Schnee.

[125] Werner Früh bezeichnet das Verfahren „als eine empirische Methode zur systematischen, intersubjektiv nachvollziehbaren Beschreibung inhaltlicher und formaler Merkmale von Mitteilungen" (Früh 2004: 25). Klaus Merten integriert diese Beobachtung in eine außertextliche Ebene, indem Inhaltsanalyse „eine Methode zur Erhebung sozialer Wirklichkeit [ist], bei der von Merkmalen eines manifesten Textes auf Merkmale eines nichtmanifesten Kontextes geschlossen wird" (Merten 1995: 15).

Indikatoren mit präzisen Definitionen. Durch diese soll eine möglichst hohe Intercoder-Reliabilität gewährleistet werden, d.h. das weitgehende Übereinstimmen der Codierungen von zwei verschiedenen Codierern. Erst dann ist sicher, ob die Kategorien auch wirklich trennscharf und eindeutig sind.

Die vorliegende Medienanalyse beschreibt Medieninhalte. Darin integriert sind Elemente von Themenanalyse, Bewertungsanalyse, Aufmerksamkeits- und Kommunikatoranalyse, vor allem aber eine Wirklichkeitsanalyse, die Aussagen auf Kongruenz mit der ‚Realität' prüft (Merten 1995: 256).

Merten warnt davor, das Instrumentarium der Inhaltsanalyse zu überschätzten. Letztendlich stelle Inhaltsanalyse nur ein pseudo-intersubjektives Verfahren dar, das reaktive Merkmale besitzt. Denn ein „Codierer muss selektiv auf Text zugreifen entsprechend seiner eigenen Verstehensleistung", besitzt ein „subjektives pragmatisches Kalkül" (Merten 1995: 92). Außerdem gilt es, nicht auf der inhaltsanalytischen Ebene zu verharren, sondern Inferenzen aufzubauen, indem von textinternen auf textexterne Merkmale geschlossen wird. Der Kontext ist einzubeziehen, denn „a context renders perceptual data into readable texts and serves as the conceptual justification for reasonable interpretations, including for the results of content analysis" (Krippendorff 2004: 24), wobei der Realitätsausschnitt, auf den geschlossen werden soll, "explizit zu benennen" ist (Rössler 2005: 28). Als Kontexte fungieren beispielsweise Kommunikator, Rezipient oder die historische, politische oder soziale Situation.

Kategorienbildung

Die Kategorien bilden die Grundlage für das weitere Verfahren der Inhaltsanalyse. Sie leiten sich aus den theoretisch erarbeiteten Hypothesen ab. Mit ihnen kann dann im nächsten Schritt das Codebuch mit Indikatoren und konkreten Codieranweisungen erstellt werden (vgl. Anhang).

Die Kategorienbildung der Inhaltsanalyse orientiert sich an zwei Bezugspunkten: den Erfordernissen zur Beantwortung der Frage nach einer temporären medialen Weltöffentlichkeit und den Notwendigkeiten des allgemeinen Vergleichs der Berichterstattung zwischen deutschen und arabischen Zeitungen in Bezug auf Terrorismus. Aus diesen Kriterien leitete sich ab, sowohl formelle Berichterstattungskriterien wie auch inhaltliche Spezifiken messbar zu machen.

Auf formeller Ebene zählt dazu der *Umfang*[126] der Berichterstattung, die Prominenz des Themas Terrorismus durch seine *Platzierung* in den Medien (auch in *Ressort* und *Kontext*), die Zeitnähe der Beiträge zum Ereignis selbst (*Aktualität*), die Visualisierung des Ereignisses, die Art der Berichterstattung (*Darstellungsform*, *Artikelcharakter* und *-schwerpunkt*, Meinungs- und Wertungsanteil in Form von *Faktizität* und *Sachlichkeit*) sowie den *Verfasser* und die dabei benutzten (max. 5) *Quellen*.

Die Erfassung der inhaltlichen Ebene besteht aus den Kernkategorien *Ereignisort*, einem Haupt- und zwei Neben*themen* und jeweils drei *Handlungs-* und

[126] Die Kategorien der Inhaltsanalyse sind im Folgenden kursiv markiert.

Sprechakteuren mit *Akteursbewertungen.* Hinzu kommen Kategorien der journalistischen Qualität (*Positionsvielfalt*, *Hintergrundberichterstattung*, Grundtenor eines Beitrags bzw. journalistische *Wertung*).

Weiterhin wurden bestimmte Kontextkategorien für islamistisch motivierte T-Akte erhoben, darunter T-spezifische Kategorien (Analyse von schematischen *Rollenzuschreibungen* für bestimmte Akteure, die Einbettung in frühere T-Akte durch *Rückbezüge*, die Vermutungen über *Motive* und Ursachen der beiden T-Akte durch einen *Motivakteur*) und Kategorien zum kulturell-medialen Bild des „Anderen" (*Dividing-Rejecting*, maximal drei *Stereotypen* und deren *Akteure*, *Wortfeld*).

In die Inhaltsanalyse wurde ebenfalls ein Kriterienkatalog zur Bezugsanalyse integriert, der die Art der *Bezugsrichtung*, maximal zwei *Bezugnehmer* und *Bezugsobjekte*, das *Bezugsthema* und maximal fünf *Bezugsmedien* umfasst.

Die separate Bildanalyse erhob *Bildumfang* und *-Platzierung*, das *Bild-Thema*, bis zu drei *Bild-Akteure*, ferner *Bildanlass*, *-ort* und *–quelle* sowie den *Charakter* des visuellen Elemente.

Ein Teil der Kategorien wurde zunächst theoretisch grob in Unterkategorien unterteilt. Diese theoriengeleitete Kategorienbildung wurde durch eine empirische Durchsicht der einzelnen Medien spezifiziert.

Untersuchungszeitraum und Item-Auswahl

Nach einer überblicksartigen Durchsicht wurde im Interesse der Arbeitsökonomie der Zeitraum auf jeweils neun Tage nach dem T-Akt selbst gelegt, also vom 8.-16. Juli (Untersuchungsperiode 1) und vom 24. Juli-1.August (Untersuchungsperiode 2)[127], wobei im zweiten Zeitraum auch die Nachfolgeereignisse von London mit erfasst wurden, da hier einige thematische Verschränkungen vorlagen.

Da Terrorismus ein internationales Thema ist, das von Staaten auf nationaler Ebene behandelt wird, weisen allein Elite- oder Qualitätszeitungen die nötige Überregionalität auf. Sie sind zumeist weltweit erhältlich und besitzen ein starkes Renommee „als *Seriöser Berichter* unter *opinion leadern* wie Akademikern, Politikern und Medienmachern selbst" (Schiffer 2004: 19). Außerdem genießen Zeitungen einen besonderen Vertrauensvorschuss wegen dem Ruf „von Distanz und Überprüfbarkeit" (Faulstich 1991: 108). Taucht ein Ereignis in der Berichterstattung renommierter Zeitungen auf, kann dies als ein Indikator für den Nachrichtenwert gesehen werden.

Die Untersuchung sollte möglichst große Gegensätze unter den „Prestige-papers" abdecken. Für Deutschland fiel die Wahl auf zwei Zeitungen aus dem konservativen und dem linken politischen Spektrum: die Frankfurter Allgemeine Zeitung und die Frankfurter Rundschau. Unter den arabischen Zeitungen wurde zum einen mit der halbstaatlichen Al-Ahram die Zeitung mit der (nach eigener Aussage) höchsten Auflage in der arabischen Welt ausgewählt, die in den ägyptisch-nationalen Kontext eingebettet ist[128], zum anderen mit der in London

[127] Nach neun Tagen ließ die Berichterstattung über den entsprechenden T-Akt deutlich nach.

[128] Im autoritären ägyptischen Staat „the newspapers are supposed to be an instrument by which the state enhances its decision-making authority over the rather narrow elite that possesses some

erscheindenen Al-Hayat eine transnationale arabische Zeitung, die zwar eine deutlich geringere Auflage als Al-Ahram aufweist, aber den kompletten arabischen Sprach- und Kulturraum abdeckt.[129] Eine Trennung nach konservativ-linksliberal empfahl sich bei den ägyptischen Zeitungen aufgrund der Spezifik des Mediensystems nicht, ein rein transnationaler arabischer Fokus lässt jedoch nationale Besonderheiten außer acht.

Erhoben wurden alle Text-Beiträge mit Bezug auf mindestens einen der T-Akte innerhalb der zwei Zeiträume (Vollerhebung) außer bei der umfangreichen Berichterstattung von Al-Ahram, von der zunächst jeder dritte Artikel erhoben wurde und durch eine Zufallsauswahl weitere sieben Prozent hinzugefügt wurden. Fotos und Grafiken wurden komplett erfasst. Dies ergab insgesamt 635 Textbeiträge und 252 Bild-Elemente, die sich wie folgt auf die einzelnen Medien verteilen:

Medium	Textbeiträge	Bildbeiträge
FAZ	149	42
FR	132	44
Al-Ahram	195	99
Al-Hayat	159	67

b) *Die mediale Diskursanalyse*

Argumentation ist „die sanfte Gewalt der Vernunft“
(Brecht, zit. nach Kopperschmidt 2000: 8)

Argumentieren heißt, mit (logisch nachvollziehbaren) Argumenten zu überzeugen. Doch was kann als „gutes“ Argument gelten, was als „schlechtes“? Schon in der

degree of social influence“ (Viorst 1974). Dass Chefredakteure von der Regierung nach Belieben ein oder abgesetzt werden können, musste sogar der langjährige Chefredakteur Heikal erfahren, der eine enge Beziehung zu Staatspräsident Nasser hatte. Al-Ahram ist für ihre arabisch-nationale Pro-Regierungs-Linie und konservativen Ansichten bekannt. In ägyptischen Belangen folgt die Zeitung weitgehend der Regierung inklusive Protokollnachrichten, häufigen Titelfotos von Staatspräsident Mubarak (Tatham 2006: 61) und dem Verweis auf die friedenspolitischen Leistungen Ägyptens in der arabischen Welt. In der Außenpolitik gilt es nur die üblichen Tabus der arabischen Welt zu beachten, ansonsten ist – wie in Bezug auf Terror-Anschläge außerhalb Ägyptens – ein z.T. recht differenziertes Meinungsbild zu beobachten.

[129] Al-Hayat möchte „a reliable independent paper” sein mit dem Anspruch “to present an unbiased view on the Middle East and the Gulf region” (Al-Hayat 2006). Sie möchte einem breiten Spektrum von Meinungen innerhalb des arabischen Denkens Raum bieten und selbst eine moderate und objektive Plattform sein. Allerdings muss Al-Hayat den Spagat zwischen kritikhafter Berichterstattung und dem Druck der Zensur ausbalancieren, denn das Blatt ist abhängig vom Zensorwillen (Kalb/ Socolovsky 1999). Durch die mehrheitlich saudi-arabische Finanzierung der Zeitung unter dem Eigentümer Prinz Khalid bin Sultan bin Abdul Aziz Al-Saud ist die Berichterstattung über die Golfstaaten bestenfalls als vage zu werten.

Antike dachte man gründlich darüber nach, welches Argument bei einer Rede das überzeugendere sein könnte, und wie Argumentation adressaten- und situationsangemessen präsentiert werden kann (Lueken 2000: 13). Heute wird Argumentation häufig in der Rolle der vernunftbasierten, gewaltfreien Handlungskoordination und sozialer Integrationsmechanismus innerhalb demokratischer Gesellschaften gesehen.[130] Probleme sollen nicht durch Gewalt, sondern durch den argumentativ geprägten Diskurs gelöst werden.

Auf Individuen-Ebene betrachtet stellt Argumentation gleichzeitig ein Mittel zur Lösung eines Unsicherheits- oder Orientierungsproblems dar, bei dem nicht auf Autoritäten, etabliertes Wissen und eingelebte Handlungsweisen rekurriert werden kann (dialogisch-pragmatische Perspektive von Lueken 2000: 39ff.). Die Anhänger eines diskursiven Öffentlichkeitsmodells sehen Argumentation als eine „spezifische Form sprachlicher Kommunikation (Diskurs) [...], die der expliziten Herstellung eines rational motivierten Einverständnisses (Konsens) dient" (Kopperschmidt 2000: 60).[131] Allerdings schränkt Hug (1997: 279) mit Verweis auf McCarthy (1993) ein, dass ein Konsens nur erzielt werden kann, wenn zwischen den Diskursbeteiligten in den wichtigsten Punkten bereits Einverständnis über die Argumentationsvoraussetzungen herrscht. Hug kritisiert ebenfalls Habermas' idealisierte Vorstellung von einem herrschaftsfreien Diskurs und dem „eigentümlich zwanglosen Zwang des besseren Arguments" (Habermas 1972: 161), denn unklar bleibe, woran denn genau das ‚bessere Argument' zu erkennen sei (Hug 1997: 264).

Das Argument

Argumente (von lat. *argumentum* ‚Beweisgrund, Beweismittel') sind Aussagen, die zur Begründung einer anderen Aussage, wie z.B. einer Konklusion aus einer These, herangezogen werden. Ziel ist die intersubjektive Anerkennung des Geltungsanspruchs (Habermas 1988b: 49, Klein 1980: 9).

> „Argumente sind also eine spezifische Art von Gründen, mit denen eine spezifizierte Art von Warum-Fragen, nämlich Geltungsfragen, überzeugungskräftig zu beantworten versucht wird" (Kopperschmidt 1989: 74).

Die Sprechhandlungen (argumentative Äußerungen) fügen sich nach Habermas' kommunikationsphilosophischer Diskurstheorie zu einem Diskurs zusammen (Habermas 1988a: 48f.). Problematisiert werden können Fakten und Propositionen (Verifizierung) oder Normen und Werte (Legitimierung, Altwicker 1999). Wenn

---

[130] Argumentation ist notwendig, wenn „ein Dissens durch Alltagsroutinen nicht mehr aufgefangen werden kann und gleichwohl nicht durch den unvermittelten oder den strategischen Einsatz von Gewalt entschieden werden soll" (Habermas 1988a: 37f.).

[131] Den Hintergrund für die handlungsrationale Kommunikation bildet bei Habermas die Lebenswelt der Protagonisten, in der das Welt-Hintergrundwissen, das „intuitive Wissen" bzw. der „Hintergrundkonsens" (Kopperschmidt 2000: 58, 98) gespeichert sind und das die Grundlage für Verständigungsprozesse bildet. Argumentieren schließt an dieses vertraute Wissen an, erlangt dadurch Plausibilität.

keine Einwände mehr vorgebracht werden können, also Konsens erreicht ist, kann von argumentativer Geltung[132] gesprochen werden (Lueken 2000: 39ff.). Ein überzeugungskräftiges Argument benötigt also Relevanz (kategoriale Zugehörigkeit), sprechhandlungsspezifische Gültigkeit und die Eignung, eine Behauptung zu stützen (Kopperschmidt 1989: 111ff.).

Unter Argumentation ist das Äußern von Einzel- oder verknüpften Argumenten zu verstehen (Bayer 1999: 16). Auf die Struktur von Argumentation[133] soll in diesem Rahmen allerdings nicht weiter eingegangen werden, denn das Hauptaugenmerk der Untersuchung liegt weder auf dem Herstellen eines rationalen Konsens innerhalb der Gesellschaft noch auf einer genauen textlinguistischen Analyse, sondern auf der Frage, *welche* Argumente in *welchem Ausmaß* innerhalb der Diskussion um die T-Akte benutzt werden, welcher Diskurs also zutage tritt.

Diskurs und Mediendiskurs über Terrorismus

Ein wichtiger, allgemeiner Teil des öffentlichen Diskurses findet in den Medien statt. Unter Diskurs kann dabei eine „*inhaltlich-thematisch bestimmte, institutionalisierte Form der Textproduktion*“ verstanden werden (Keller 1998: 33). Er ist konstruktivistisch gesehen Ort für die gesellschaftliche Produktion und Legitimation von symbolischen Ordnungen, bei dem objektiviertes Wissen entsteht. Diskurse können Macht ausüben, sie konstituieren gesellschaftlich relevantes Wissen und Wirklichkeit. In Anlehnung an Foucaults Diskurstheorie und Machtbegriff definiert Jäger (2004: 23) Diskurse als artikulatorische Praxis, „die soziale Verhältnisse *nicht passiv repräsentiert, sondern diese als Fluss von sozialen Wissensvorräten durch die Zeit aktiv konstituiert und organisiert*“ [kursiv im Original][134]. Durch die Online-Medien und ihre neuen Produktions- und Rezeptionsbedingungen ist zu überlegen, ob der interpersonale und der gesellschaftliche Diskursbegriff zusammengeführt werden können (Fraas/Klemm 2005: 2).

Ein Diskurs ist eine Bezugsgröße für Einzeltexte, denn Texte stehen nicht isoliert (vgl. Warnke 2002). Er umfasst allgemein

> „alle Texte, die sich mit einem bestimmten Thema, Wissenskomplex oder Konzept befassen, in einem gemeinsamen Aussage-, Kommunikations-, Funktions- oder Zweckzusammenhang stehen und die durch explizite oder

[132] Habermas unterscheidet vier universale Geltungsansprüche: Verständlichkeit, (faktische) Wahrheit, (subjektive) Wahrhaftigkeit und (normative) Richtigkeit (Habermas 1972: 137ff.). Jedoch fordert Habermas die ideale Sprechsituation, d.h. ein Einverständnis beider Dialogpartner über das kommunikative, nicht das strategische Handlungsziel (Habermas 1982: 575). Die je nach Weltkonzept unterschiedlichen Geltungsansprüche finden sich bei Habermas (1972: 166f.) in den Begründungssprachen wieder.

[133] Kienpointner (1992) beschrieb Argumentationsmuster, Lueken (2000: 19ff) die PPC-Struktur (Prämissengruppe – Konklusion). Nach Toulmins (1975: 88f.) Theorie der Argumentation besteht ein Argument aus Schlussregel, Datum und Behauptung. Das einfachste argumentative Grundprinzip lautet: p (gilt), weil q (gilt).

[134] Foucault sprach von Formationssystemen von Wissen, die Ausschließungs- und Produktionsbedingungen für Äußerungen steuern (Fraas/Klemm 2005: 4).

> implizite Verweisungen aufeinander Bezug nehmen" (Busse/Teubert 1994: 14, zit. nach Konerding 2005: 9).

Der Diskurs konstituiert sich aus Diskursfragmenten (Text zu einem Thema), die bei Themengleichheit einen Diskursstrang bilden können. Mehrere Diskursstränge können sich miteinander verschränken und werden teilweise beeinflusst durch „diskursive Ereignisse", d.h. Ereignisse, die aufgrund von politischen oder konjunkturellen Dominanzen medial groß herausgestellt werden (Jäger 2004: 159ff.) und wie im Fall von Tschernobyl gesellschaftliche Wirkung entfalten.

Während viele Diskursanalysen den Anspruch stellen, das gesamte erhältliche sprachlich gespeicherte Material analysieren zu wollen, wird sich im vorliegendem Fall nur auf eine Diskursebene, die Medienebene, beschränkt. Denn Diskurse benötigen als gesellschaftliche Kommunikation Vermittlungsinstanzen: die Medien. Im Rahmen der globalisierten Medienindustrie stellt sich die Frage, ob kulturelle und politische Vielfalt der einzelnen Medienberichterstattungen noch gewährleistet ist oder zunehmend einem meinungshomogenen ‚Corporate Journalism' (Klußmann 2004: 8) weicht. Huhnke (1993) weist auf eine hohe intermediale Abhängigkeit der Medien hin. So nutzen Medien die gleichen Nachrichtenagenturen und beziehen sich auf dieselben vorausgegangenen Diskurse in Politik, Fachkreisen und dem Alltag. Leitmedien übernehmen durch die Diskursebenenverflechtung Informationen anderer Medien. Damit kann von einem in wesentlichen Aspekten homogenen Mediendiskurs gesprochen werden, bei dem unterschiedliche Diskurspositionen (ideologische Orte) mehr oder weniger stark zur Geltung kommen (Jäger 2004: 163). Der Gesamtdiskurs der Gesellschaft hat sich seit 1989 homogenisiert (Teubert 1997, 99) und ist selbst Teil eines (heterogenen) Weltdiskurses, der seit 1989 ebenfalls Tendenzen der Homogenisierung aufweist (Jäger 2004: 166).

Diskurse sind medienabhängig: Printmedien sprechen andere Rezipienten an als das Fernsehen (Fraas/Klemm 2005: 5). Journalisten greifen zum einen auf das diskursspezifische Interpretationsangebot zurück, aber ebenso auf Spezialdiskurse, die lediglich fragmentarisch in Medientexten auftauchen. Medientexte können als Beitrag zur gesellschaftlichen Wirklichkeitskonstruktion gesehen werden, sie strukturieren die Relevanzmuster menschlichen Deutens.

Medien-Texte und damit auch Kommentare scheinen zunächst zwar monologisch, lassen aber dennoch aufgrund ihrer Intertextualität eine lebendige Debattenkultur erkennen, denn sie entstehen durch dialogische Prozesse zwischen Journalisten, Herausgebern oder auch Leserbriefschreibern. Der angesprochene Antagonist wird als Skeptiker vorgestellt, der von einer Behauptung überzeugt werden soll (Eemeren u.a. 1997: 209). Der scheinbare Monolog wird auch von der elektronisch geprägten „Gegenöffentlichkeit" in Foren und Chats überwunden.

Hug (1997: 56) weist auf die generell „nur mäßige argumentative Dichte und Vielfalt" publizistischer Konflikte hin, die durch Argumentationsstrukturen geringer Komplexität charakterisiert sind. Auch Weiß (1988) und Hoffmann (2004) stellten bei der Diskussion um Konflikt-Themen in Printmedien eine starke Fokussierung auf wenige Argumente fest.

Im Diskurs um Terrorismus ist von einer idealen Sprechsituation im Sinne Habermas keine Rede, auch Konsens ist in den Anschlussdiskursen z.B. zur Sicherheit nicht das Ziel. Durch die Moralhaltigkeit des Themas sind externe Zwänge zu beachten, die kritische Stimmen durchaus marginalisieren können.[135]

Dialogpartner sind im vorliegenden Fall der anonyme Leser der Qualitätszeitung und der Autor. Indem dieser einen Kommentar schreibt, führt er letztendlich einen fiktiven Dialog innerhalb eines unregelmäßigen Diskussionsprozesses (Lueken 2000: 39ff.). Seine Kompetenz und Glaubwürdigkeit ist durch seine berufliche Position als fest angestellter Redakteur im Politikteil einer Qualitätszeitung vorgegeben und dadurch als sehr seriös einzuschätzen. In dieser Arbeit wird aufgrund eines gewissen homogenisierenden Einflusses der Blattlinie vom Kommunikationspartner „Redaktion" ausgegangen

Ansatz zu einer medialen Diskursanalyse und Methodenwahl

Ziel der Arbeit ist es, den Terrorismus-Diskurs in den arabischen und deutschen Medien auf Homogenität zu untersuchen. Dafür sollen nachfolgend einzelne mediale Diskursstränge zunächst isoliert und danach unter der Prämisse des Aussageninhalts auf ihre Häufigkeit geprüft werden. Für dieses Vorhaben eignete sich methodisch am besten das Verfahren der qualitativen Inhaltsanalyse, die auf Argumente- und Diskursanalyse basiert.

Von der Diskursanalyse auf die Wirklichkeit zu schließen macht jedoch kaum Sinn, denn Diskurse spiegeln gesellschaftliche Wirklichkeit nicht genau wider, sie führen ein „Eigenleben" (Jäger 2004: 144). Zudem spielt die Subjektivität des Forschers eine wichtige Rolle, denn „erst die Perspektive [...] macht aus dem Stoff den Gegenstand." (Hermanns 1995: 91 nach Saussure).

Konerding (2005: 22ff.) führt für die Vergleichbarkeit von Texten das Modell der ‚Makro-Konzepte' und gemeinsamen ‚Makro-Frames' von Texten ein. Er spricht von thematischer Text-Kongruenz, wenn „über die gleichen ‚Aspekte' eines Themas gesprochen/geschrieben wird", d.h., wenn die „gleichen Slots des zugehörigen Makro-Frames durch textspezifische Prädikationen" gefüllt sind. Im Falle von Terrorismus heißt das, dass die analysierten Kommentare alle etwas zu Zielen, Ursachen und Folgen von Terrorismus aussagen würden, wobei die einzelnen Aussageninhalte voneinander abweichen können. Behandeln die Texte hingegen verschiedene Aspekte eines Themas (und sind die Slots nicht alle aufgefüllt), spricht Konerding von ‚thematischer Variation'. Schließlich bezeichnet ‚thematische Elaboration' die Benutzung gleicher Argumente, aber in unterschiedlich detaillierter Behandlung der thematischen Aspekte. ‚Thematische Kontrastierung' benennt wechselseitig verschiedene Informationen bei gleichen Aspekten.

---

[135] Martin Walser wies 1998 auf die Schwierigkeit von Diskussionen in der moralischen Kategorienebene hin, indem z.B. Auschwitz als „Moralkeulen"-Argument benutzt wird, um Kritik daran unter den Verdacht fehlender Moralität zu stellen (Kopperschmidt 2000: 102f.).

Die qualitative Inhaltsanalyse nach Mayring

Zur Erforschung der Makrostruktur wird auf das Verfahren der qualitativen Inhaltsanalyse nach Mayring (2003) zurückgegriffen, was in der Lage ist, inhaltliche Deutungen zu erfassen. Denn die vorliegende Arbeit ist keine Diskursanalyse im klassischen Sinn mit dem Anspruch auf die Analyse des gesamten erhältlichen sprachlich gespeicherten Materials, da dies den Forschungsrahmen deutlich übersteigen würde. Stattdessen ruht der Fokus auf einem Ausschnitt aus diesem Diskurs, dem medialen Diskurs-Strang der vier Medien FAZ, FR, Al-Ahram und Al-Hayat nach den Juli-Anschlägen. Die Texte enthalten Diskursfragmente, die sich auf verschiedene thematische Diskurse beziehen, sie sind also diskursiv verschränkt.

Die Methode der qualitativen Inhaltsanalyse umfasst „Klassifikation, Festlegung der Konturen eines Untersuchungsgegenstandes in seinem Kontext, Abgrenzung gegen andere Objekte und die allgemeine Charakterisierung seiner inneren Beschaffenheit",also Struktur und Bedeutung (Rust 1981: 196, zit. nach Mayring 2003: 26). Ein Text durchläuft dabei sechs reduktive Prozesse, um in Makro-Propositionen überführt zu werden.[136] Am Ende steht schließlich die auch auf andere Texte anwendbare induktive Kategorienbildung.

Um die Systematik nicht zu vernachlässigen soll für das Festlegen von späteren Regeln im Gegensatz zu „freier Interpretation" gelten, dass jede Entscheidung bei der Auswertung auf eine gut begründete Regel zurückgeführt werden kann. Ergänzt wird diese Methode durch Elemente der kritischen Diskursanalyse in Bezug auf die Analyse einzelner Diskursfragmente (vgl. Jäger 2004: 171ff.), die makrostrukturell Themen und Unterthemen sowie ihre qualitative Bandbreite und quantitative Gewichtung ermitteln möchte.

Die Materialauswahl beschränkte sich auf Kommentare zum Terrorismus im Untersuchungszeitraum.[137] Somit gingen insgesamt 45 Artikel in die Auswertung ein – davon 22 in Arabisch, 23 in Deutsch (zur Übersicht vgl. Anhang).

Erhebungsgrundlage war die Aussagenebene, jede vollständige Aussage wurde einzeln codiert.[138] Bei der Gliederung wurde jeweils von einem Objekt ausgegangen, über das etwas ausgesagt wird (Aussageträger). Normative Forderungen und faktenbasierte Darstellungen wurden zwar als jeweils eigene Aussagen aufgeführt, jedoch nicht separaten Kategorien zugewiesen.[139]

---

[136] Folgende Schritte werden durchlaufen: Auslassen (unrelevanter Aussagen), Generalisierung (zu einem Überbegriff), Konstruktion (zu einer Überhandlung), Integration (durch propositionale Redundanz), Selektion (Überführung in Makrostruktur) und Bündelung (verstreuter Propositionen) (Ballstaedt 1981). Die Textbearbeitung beginnt also mit der Paraphrasierung, gefolgt von mehreren Reduktionsschritten mit Erhöhung des Reduktionsniveaus.

[137] Dabei wurde für FR und Al-Hayat jeweils eine Vollerhebung durchgeführt, bei Al-Ahram und FAZ jedoch selektiert. Hinzu kamen geeignete Artikel außerhalb des Untersuchungszeitraums. Die Kommentare verteilen sich wie folgt: Al-Hayat 10, Al-Ahram 12, FAZ 14, FR 9.

[138] Nachrichtliche Inhalte wurden nur bei Argumentationshaltigkeit mit aufgenommen.

[139] Dies geschieht aufgrund der Annahme, dass in Kommentaren unkommentiert zumeist Aussagen auftauchen, die die Argumentation des Kommentators positiv unterstützen. Die

In der ersten Auswertungsstufe, der Paraphrasierung, wurden aus den Kommentaren der arabischen Zeitungen 481 Umschreibungen inhaltstragender Textstellen herausgezogen, aus deutschen Zeitungen 352 Paraphrasierungen.[140] Deutsche Kommentare wiesen eine dichtere und komplexere Argumentationsstruktur auf. Das Abstraktionsniveau des ersten Reduktionsdurchgangs wurde wie folgt festgelegt: aus den 833 Paraphrasierungen sollten durch Generalisierung möglichst allgemeine, aber pro Kommentar fallspezifische Äußerungen über Terrorismus und damit verbundenen Themen entstehen. Der zweite Reduktionsschritt bestand in Bündelung, Integration und Konstruktion zu neuen Äußerungen, die fallspezifisch (pro Zeitung) weiter abstrahiert wurden. Dies stellte das vorläufige Kategoriensystem dar, das nach einer weiteren Reduktion fallübergreifende Geltung erlangte und als Codebuch fixiert und mit Definitionen und Beispielen ergänzt wurde (vgl. Anhang).

Das endgültige Kategoriensystem ergab 9 Ober- und 39 Unterkategorien.[141] Die übergreifenden Kategorien (Dimensionen) sind: das Ereignis London, das Ereignis Sharm El-Sheikh, Einbettung des T-Akts, Reaktionen, Ursachenattribution, Konsequenzen, Phänomen-Beschreibung, Motivattribution sowie das Selbst und der Andere.

Mittels einer tabellarischen Argumente-Übersicht konnte anschließend sowohl der Intra- als auch der Intermedienvergleich zur Häufigkeit der Argumente und ihren Inhalten realisiert werden. Bei der Auswertung der Kommentare wurde auf die Auszählung nach Zeilen sowie eine Flächenanteilsberechnung verzichtet[142] und stattdessen die Argumentezahl und der Argumentedichte-Koeffizienten erfasst. Auch wenn sich durch Mayrings Verfahren aus dialogisch angesetzten Kommentaren eine scheinbar monologische Struktur ergibt, spielt das bei dieser Textsorte eine untergeordnete Rolle, da Kommentare trotz ihrer Diversität der redaktionellen Linie eines Blattes folgen und damit Homogenität auf der Ebene des einzelnen Mediums unterstellt werden kann.

c) *Die qualitative Befragung*

Die Ergebnisse von Inhalts- und Diskursanalyse sollten nun durch eine explorative Befragung auf der Medienakteursebene kontextuell erweitert werden (vgl. Zwiebelmodell Weischenberg).[143] Dazu erscheint wegen seiner offenen, wenig strukturier-

---

Selektion einzelner Fakten aus dem Ganzen ergibt eine Aussage für sich, wenn auch impliziter als eine direkt erfolgende Bewertung.

[140] Codierte Aussagenanzahl: FAZ N=223, FR N=129, Al-Ahram N=235, Al-Hayat N=246.

[141] Die Ober- und Unterkategorien sind als abstrakte Begriffe formuliert worden. Nur die Dimension 9 in Bezug auf die muslimische Minderheit enthält thesenähnliche Formulierungen.

[142] Neben den bereits bei der Inhaltsanalyse erwähnten Nachteilen neigt das Arabische dazu, in Kommentaren bei Zeitungstexten Redundanz als Ausdruck guter Rhetorik aufzunehmen und Sachverhalte durch eine generell emotionalere Sprache im Umfang herauszuheben, während in der deutschen Kommentartradition eine nüchtern-sachlich begründete Positionierung vorherrscht.

[143] Explorative Untersuchungen kommen dann zum Einsatz, wenn der zu erforschende soziale Bereich noch relativ unbekannt ist. Sie wollen im Allgemeinen empirische Sachverhalte und

ten Fragevorgaben (Diekmann 2002: 374) das Leitfadeninterview am geeignetsten, da Sinndeutungen bzw. die subjektive Perspektive des Interviewten erfasst werden sollen. Die Stärke der qualitativen Interviews liegt in der Tiefe der Erkenntnisgewinne sozialer Sachverhalte und in der intensiveren Auswertung des Materials (Diekmann 2002: 445). Beim Interview handelt es sich um ein

> „planmäßiges Vorgehen mit wissenschaftlicher Zielsetzung, bei dem die Versuchsperson durch eine Reihe gezielter Fragen oder mitgeteilter Stimuli zu verbalen Informationen veranlasst werden soll" (Scheuch 1973: 70f.).

Es sollen „Wissen, Kenntnisse, Einstellungen, Meinungen" abgefragt werden (Noelle-Neumann/Petersen 1996). Bei Interviews werden folgende Fragetypen unterschieden: Einstellungen, Überzeugungen, Verhalten und sozialstatistische Merkmale (Diekmann 2002: 404). Die Validität der Aussagen kann höher bewertet werden als die einer standardisierten Befragung, da angenommen wird, dass die erhobenen Daten nahezu deckungsgleich mit der ‚wahren' Meinung des Befragten ist (Pürer 2003: 541).

Aus ökonomischen Gründen fiel die Wahl auf die Befragung per Telefon. Befragt werden sollte je ein Experte der untersuchten vier Medien, die aufgrund ihrer Position zudem als verlässliche Sprecher der institutionellen Ebene gelten konnten. Zu einem Interview bereit erklärten sich Hans-Christian Rößler von der FAZ und Dr. Karl Grobe von der Frankfurter Rundschau. Die zuständigen Redakteure der arabischen Presse zeigten sich zum Untersuchungszeitpunkt wenig kooperativ.

Aufgrund der geringen Zahl der Interviews wird kein Anspruch auf Repräsentativität erhoben. Vielmehr kommt es in solchen Untersuchungen auf die Fülle der Details und die genaue Aufzeichnung des Gesagten an (Pürer 2003: 540).

Das Interview gliederte sich in einen personenbezogenen Teil (Angaben zu Funktion und Professionalisierungsstand), einen allgemeinen und einen speziellen Teil mit Fragen zum allgemeinen Begriffsverständnis von Terrorismus und Medienverantwortung sowie zu den spezifischen Umgangsweisen und Richtlinien mit Terrorismus innerhalb der Redaktion. Der Fragebogen schloss mit einer leicht modifizierten 10-Punkte-Liste der „Ressortkompetenz Krisenjournalismus" nach Weichert (2005), zu denen die Befragten ihre Zustimmung oder Ablehnung äußern sollten (vollständiger Fragebogen vgl. Anhang).

---

soziale Prozesse deskriptiv beschreiben, Klassifikationen oder Typologien aufstellen, Hypothesen am empirischen Material gewinnen oder Forschungshypothesen prüfen (Mayring 1993).

AUSWERTUNG

7.1: Ergebnisse der Inhaltsanalyse

7.1.1 Formale Kriterien

a) Allgemeines: Anteil der Berichterstattung an den T-Akten

London war von beiden T-Akten der medial deutlich prominentere Anschlag. Sowohl bei den deutschen als auch den arabischen Zeitungen dominierte London die Berichterstattung, umfasste mehr als die Hälfte der Text-Beiträge, wobei die arabischen Zeitungen häufiger berichteten (s. Diagramm 1). Dann jedoch geht der Diskurs auseinander: Während in arabischen Zeitungen der Anschlag der zweiten Untersuchungsperiode in Sharm El-Sheikh zumindest noch ein knappes Drittel der Beiträge einnimmt, konzentrieren sich deutsche Zeitungen in einem vergleichbaren Maße auf die (lokalisierten) Anschlussdiskurse. Eine Verbindung zwischen den beiden T-Akten wird fast ausschließlich von arabischen Zeitungen hergestellt.

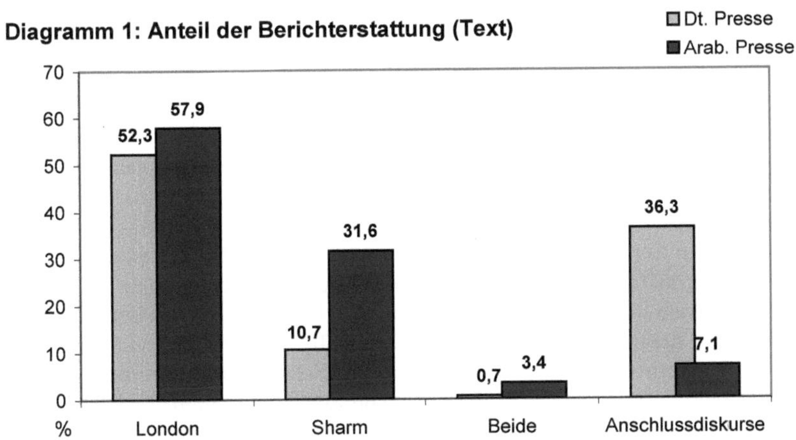

Diagramm 1: Anteil der Berichterstattung (Text)

Die Bildverteilung (dt. Zeitungen 88, arab. Zeitungen 166 Fotos und Grafiken) folgt der Textverteilung (Diagramm 2). Nach dem T-Akt in London (hier allerdings mit deutscher Dominanz) zeigen sich zwischen deutschen und arabischen Zeitungen noch größere Diskrepanzen, einmal aufgrund der zahlreichen Fotos in Al-Ahram zu Sharm El-Sheikh (knapp 57 % aller Fotos), zum anderen bei Bildern, die einen Anschlussdiskurs darstellen. Deutsche Zeitungen veröffentlichen etwa zehnmal häufiger Fotos, die im Kontext der T-Akte stehen, mit ihnen aber unmittelbar nichts zu tun haben, wie z.B. Visualisierungen der Innenpolitik.

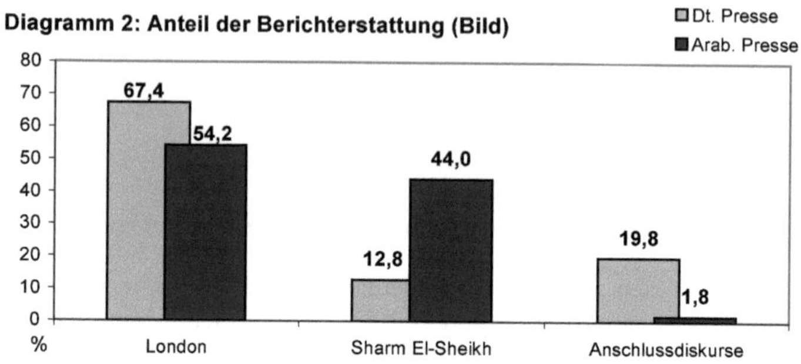

Interpretation

Die nachlassende Berichterstattung über Sharm El-Sheikh in deutschen Zeitungen ist durch die Nachrichtenfaktoren der abnehmenden geographischen und kulturellen Nähe zu erklären. Sharm El-Sheikh liegt aus deutscher Sicht in einem autoritär geprägten Entwicklungsland und befände sich damit aus politischer und wirtschaftlicher Sicht an der Peripherie, wäre es nicht ein so bedeutendes Urlaubsland.[144]

Dass arabische Zeitungen häufiger über Sharm El-Sheikh berichteten, liegt einerseits an der unmittelbaren Betroffenheit der ägyptischen Al-Ahram, andererseits wieder an kultureller und regional-geographischer Nähe, da beide Zeitungen in Ägypten einen Absatzmarkt besitzen. London wird aus politischen und wirtschaftlichen Statusgründen ins Zentrum der Darstellung gerückt. Ferner spielt eine Rolle, dass die drei großen westlichen Welt-Nachrichtenagenturen das Thema wegen eigener Betroffenheit (UK als demokratischer politisch und wirtschaftlich wichtiger Staat, politischer Verbündeter der USA) sehr prominent in Szene setzten. Zudem darf nicht die infrastrukturelle Situierung der T-Akte vergessen werden. In London waren die meisten Korrespondenten bereits vor Ort und das (sicherheits-)politische Zentrum befand sich in der gleichen Stadt. In Ägypten hingegen dauert die Reise vom Korrespondentenstandort Kairo zum Schauplatz in Sharm El-Sheikh mindestens vier Stunden, während das politische Zentrum in Kairo verbleibt.

Ein dritter Erklärungsfaktor für die deutsche Berichterstattung ist die Thematisierungsfunktion von Konflikten und die Aufgabe als mediale Öffentlichkeit, die in arabisch-autoritären Staaten so nicht geleistet werden kann/darf. Ein T-Akt besitzt zwar Neuigkeitswert. Doch deutsche Zeitungen komprimieren die rein anschlagsdeskriptiven Berichte, um so Platz für die Übertragung der Konfliktsituation „Terror-Risiko" in die eigene Gesellschaft zu gewinnen. Das Thema soll also „weitergedreht" werden, um neue Aspekte aufzuzeigen. Deswegen werden

[144] Allein im Jahr 2005 besuchten mehr als eine Millionen Deutsche Ägypten und waren damit die zweitstärkste Besuchernation nach Italien (Auswärtiges Amt 2006).

statt einzelnen Kondolenzreaktionen vielmehr die sicherheits- und integrationspolitische Diskussion im In- und westlichem Ausland zur Nachricht gemacht. Insofern bot London durch den Status als westliches demokratisches Land und wichtiger Finanz- und Handelspartner, der geographisch Europa zugehörig ist, mehr Möglichkeiten für Anschlussdiskurse hinsichtlich der Probleme, die westeuropäischen Staaten gemeinsam sind.

7.1.2 Zeitverlaufsanalyse

a) Zeitverlaufsanalyse der gesamten Berichterstattung

Durch eine Zeitverlaufsanalyse soll geklärt werden, ob die Berichterstattung dahingehend homogen ist, dass einerseits eine ähnliche Quantität der Themen, andererseits Unter-Themengleichheit festgestellt werden kann. Zunächst wurde die absolute Artikelanzahl für die beiden Untersuchungszeiträume bei den einzelnen Zeitungen ermittelt. Gemessen wurde dabei die Anzahl aller Einzelbeiträge, die sich auf die Anschläge beziehen (Diagramme 3).[145]

Die meisten Berichte brachte in beiden Untersuchungszeiträumen Al-Ahram (442), während alle anderen Zeitungen weniger als ein Drittel davon beinhalten (FAZ: 139, FR: 116 und Al-Hayat 133). Allerdings liegt hier eine Verzerrung vor, denn Al-Ahram pflegt unzählige Aspekte eines Themas als Mini-Einzelbeiträge darzustellen (vgl. *Artikelumfang*).

Diagramm 3 : Quantität der Berichterstattung über London

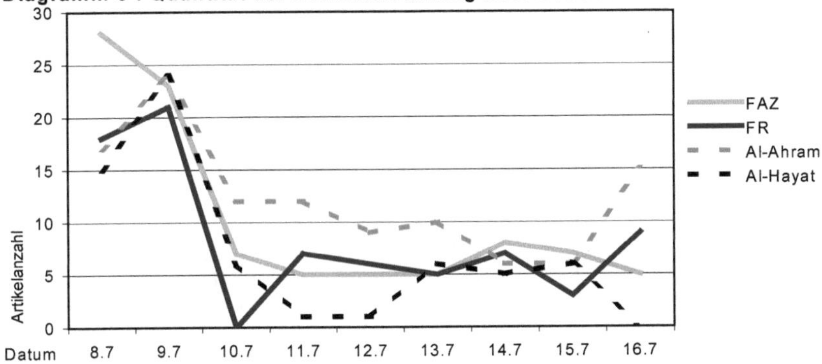

Die Berichterstattung über London erreicht allgemein ihren Hochpunkt zwei Tage nach den Anschlägen, am 9. Juli mit mindestens 21 Beiträgen pro Medium. Bereits am dritten Tag jedoch fällt die Darstellung ab und pendelt sich im Nachhinein

[145] In der FR erschienen am 10.7., 24.7. und 31.7. keine Beiträge, da die FR keine Print-Sonntagsausgabe besitzt. Bei der Al-Ahram handelt es sich bei der Angabe für den 26.7. um einen Schätzwert, da für diesen Tag keine Ausgabe zu bekommen war.

zwischen 5 und 10 Beiträgen je Tag und Medium ein. Bei Al-Hayat ist die Differenz am deutlichsten. Am 16. Juli erfolgt bei Al-Ahram ein Ausbruch nach oben, da ausgiebig die Verwicklung des ägyptischen Chemikers aus Leeds thematisiert wird. Die zweite Untersuchungsperiode über Sharm El-Sheikh und die Folgeereignisse von London verläuft ähnlich, allerdings beginnt sie quantitativ vor allem in Al-Ahram mit dem Höhepunkt, fällt danach allmählich ab und pendelt sich bei etwa fünf Artikel je Medium ein. Al-Ahram weist mit Abstand die meisten Beiträge auf, da Ägypten direkt vom T-Akt betroffen war.

Insgesamt kann von einem homogenen Verlauf der Berichterstattung in beiden Medien ausgegangen werden.

b) *Publikationsnähe zum Ereignis: Aktualität*

Der Hauptteil der Berichterstattung weist zwar einen tagesaktuellen Charakter auf, dennoch entfallen 40 % der deutschen Beiträge und 35 % der arabischen auf nicht unmittelbar aktuelle ereignisgebundene Berichterstattung (Diagramm 4). Mehr als ein Viertel der Beiträge sind latent aktuell (durch Themenkarrieren u.ä.). Eine Chance, um im Sinne Iyengars (1991) eigene mediale thematische Frames zur Kontextuierung zu schaffen, ergibt sich für Zeitungen hauptsächlich durch Beiträge, die ohne die Verübung der Anschläge wahrscheinlich nicht erschienen wären, aber keinen benennbaren Anlass aufweisen, z.B. die Lehrinhalte pakistanischer Madrasen. Deutsche Zeitungen nutzen dies doppelt so häufig wie arabische Blätter.

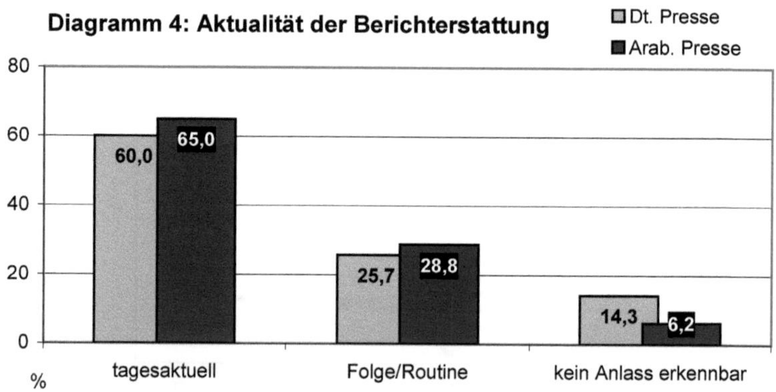

Bildelemente wie Fotos und Grafiken haben meist ereignisbegleitenden bzw. dokumentierenden Charakter, wobei sich deutsche und arabische Zeitungen nur sehr geringfügig unterscheiden. Arabische Zeitungen illustrieren vier von fünf Artikel mit Fotos begleitend zur tagesaktuellen Berichterstattung. Deutsche Zeitungen nutzen Visualisierungen dagegen häufiger zur Vermittlung eines neuen Themenaspekts (14 % der Fälle). Symbolischen Charakter haben bei beiden Medien rund 9 % der Visualisierungen.

c) *Themenspezifische Zeitverlaufsanalyse*

Terrorismus bleibt innerhalb des Gesamtdiskurses das dominante Thema. Die sekundären Diskurse über Sicherheit und Islam/Islamismus liegen fast durchgängig darunter und weisen eine klare Seitwärtsbewegung auf. Sie bleiben Nebendiskurse mit durchschnittlich 3-4 Artikeln je Mediengruppe und Tag. Dabei wird Sicherheit geringfügig öfter zum Thema gemacht.

Ein ähnliches Bild ergibt sich bei der Berichterstattung zu Sharm El-Sheikh: Lediglich an einem Tag überwiegen in deutschen Zeitungen die Artikel zur Sicherheit den Diskurs über Terrorismus. Die beiden Nebenthemen sind ansonsten recht gleich verteilt.

Sowohl bei arabischen als auch bei deutschen Zeitungen stimuliert der Diskurs über Terrorismus also deutlich wahrnehmbar Nebendiskurse zur Sicherheitspolitik und dem Islam/Islamismus, diese verselbständigen sich jedoch nicht, sondern bleiben dem Terrorismus-Diskurs fast durchgehend untergeordnet.

d) *Themengleichheit in der Berichterstattung*

Die Prüfung auf Themengleichheit gliedert sich in vier Komplexe, die sich an den ermittelten Anschlussdiskursen orientieren: T-Akt und Terrorismus, Sicher-heit, Islam und Islamismus sowie Sonstiges (Diagramm 5).[146]

Diagramm 5: Themenverteilung bei der Berichterstattung über London und Sharm El-Sheikh

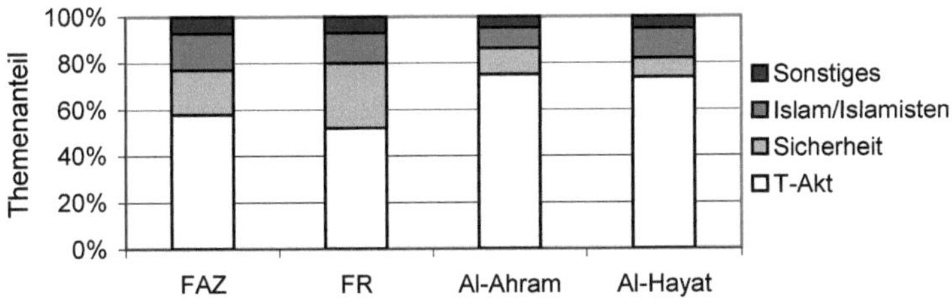

Ganz klar ist erkennbar, dass arabische Medien den Fokus am häufigsten auf das terroristische Ereignis an sich legen (mehr als 70 Prozent der Beiträge), während die deutschen Zeitungen viel eher zu den damit verbundenen Anschlussdiskursen

[146] T Akt und Terrorismus: Artikel, die sich hauptsächlich um die Geschehnisse des T-Akts, Ursachen, Motive, Reaktion und islamistischer Terrorismus allgemein drehen. Sicherheit: Artikel, die den Anti-Terror-Kampf, präventive Sicherheitsmaßnahmen und T-Risiko außerhalb von Großbritannien (7/7) und Ägypten (23/7) thematisieren sowie London-unabhängige Vorschläge zur Sicherheit seitens Großbritannien. Islam und Islamismus: Artikel, die sich mit der Situation der Muslime nach einem T-Akt in westlichen Ländern oder der Szene der globalen radikalen Islamisten beschäftigen, sowie Interpretationen der Anschläge im islamischen Kontext. Sonstiges: Artikel z.B. zu politischen, nicht spezifisch T-Akt-bezogenen Ereignissen (G8-Gipfel, Friedenskonferenz), U-Bahn-Technik, Geschichte des Terrorismus usw.

über Sicherheit und Islam/Islamisten übergehen, die sowohl durch aktuelle Berichte als auch durch Analysen geprägt sind.

Für deutsche Zeitungen steht die Sicherheitsproblematik im Vordergrund mit einem Anteil von bis zu 30 %. Betrachtungen zum Islam und den Islamisten spielen für die FAZ, FR und Al-Hayat eine annähernd gleich wichtige Rolle mit einem Anteil von rund einem Sechstel der Beiträge.

e) Zwischenfazit

Die Zeitverlaufsanalyse (sowohl gesamt als auch thematisch getrennt) und die Variable Aktualität (Text/Bild) erweisen sich in Bezug auf London und Sharm El-Sheikh als stark homogen. Die absoluten Themenanteile von Haupt- und Nebendiskursen hingegen unterscheiden sich – arabische Zeitungen bedienen Terrorismus deutlich häufiger als Thema als deutsche Medien, die auch Neben-Themen (Sicherheit, Islam) prominent präsentieren.

7.1.3 Prominenz von Terrorismus

a) Artikelumfang und Artikelfläche

Um den Umfang von Artikeln zu ermitteln, wird häufig auf das Zeilenzählen zurückgegriffen. Das erschien bei diesem Medienvergleich jedoch nicht sinnvoll.[147] Stattdessen erscheint eine Flächenvermessung der einzelnen Beiträge (Text und Bild) sinnvoller. Die Sharm El-Sheikh-Periode wurde der Genauigkeit halber um die Artikel mit Bezug auf London bereinigt, die Nebendiskurse aber belassen.

Terrorismus als Berichterstattungsgegenstand dominiert bei Al-Ahram in beiden Perioden mit rund 46 Zeitungsseiten (Diagramm 6), während das Thema in allen anderen Printmedien weniger als die Hälfte davon einnimmt. Dabei ist der durchschnittliche Umfang einer entsprechenden Zeitungsausgabe zu berücksichtigen.[148] In den deutschen Zeitungen nimmt die Terrorismus-Darstellung einen vergleichbaren Umfang ein. Das scheinbar größere Ergebnis der FAZ wird durch den insgesamt höheren Seitenumfang gerechtfertigt. Al-Ahram sticht deutlich heraus, aber auch in Al-Hayat kommt – gemessen an ihren 22 Seiten Gesamtumfang – der Terrorismus umfangreich zur Geltung.

Die längsten Artikel publiziert die FAZ mit einer durchschnittlichen Fläche von 207 cm^2, nur auf die halbe Länge kommt hingegen Al-Ahram (104 cm^2). Artikel der FR (152 cm^2) sind etwas kürzer als die von Al-Hayat (162 cm^2).

[147] Deutsch und Arabisch unterscheidet sich sprachlich in Stil und den entsprechenden Schriften und kann nur unzureichend miteinander in Relation gesetzt werden. So werden z.B. im Arabischen kurze Vokale i.d.R. nicht schriftlich umgesetzt.

[148] Dieser beträgt ohne Lokales und Extra-Beilagen bei Al-Ahram, FR und Al-Hayat 22-24 Seiten, während die FAZ bis zum Feuilleton-Buch etwa bereits 38 Seiten erreicht.

Diagramm 6: Umfang der Berichterstattung

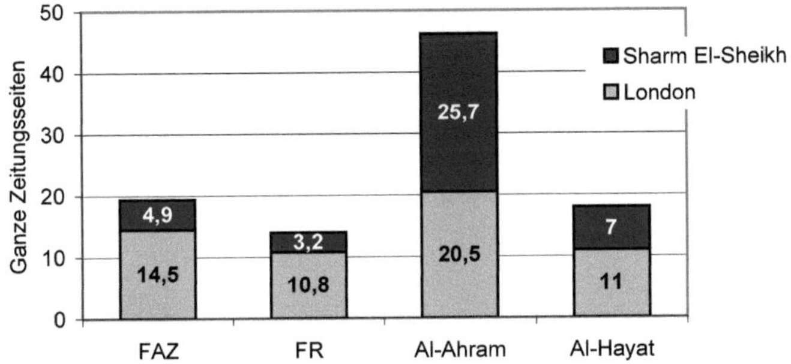

Eine Analyse der Text-Bild-Verteilung ergab gemischte Resultate zwischen den beiden Gruppen. Während Al-Ahram und FR mehr als ein Drittel Bildanteil aufweisen, reduziert sich dieser bei Al-Hayat auf 28 %, bei der FAZ auf rund 22 %. Visuell auffällig ist, dass für arabische Zeitungen Grafiken fast keine Rolle spielen, während FAZ und FR jede sechste Visualisierung als Grafik umsetzen.

Al-Ahram dominiert rein zahlenmäßig die visuelle Berichterstattung (99 Beiträge), während die deutschen Zeitungen nur auf je 43 Objekte kommen. Die Vielzahl der Al-Ahram-Fotos wird allerdings ähnlich den Textbeiträgen durch die deutlich geringere Bildgröße relativiert (114 cm^2 zu FAZ 197,5 cm^2, FR 220,4 cm^2, Al-Hayat 141 cm^2). Die FR setzt größere Fotos als die Al-Ahram ein (12 % zu 7 % Anteil je Zeitungsseite) und dürfte damit gegenüber den oft kleinteilig wirkenden Fotos in Al-Ahram deutlich mehr Aufmerksamkeit erregen.

Interpretation

Al-Ahram thematisiert unter den untersuchten Medien am häufigsten Terrorismus, jedoch relativiert sich die hohe Artikelanzahl durch den vergleichsweise geringen durchschnittlichen Umfang (Flächeninhalt) der Artikel. Al-Hayat reduziert die Prominenz von Terrorismus, beide deutsche Zeitungen publizieren noch weniger. Die beiden T-Akte spielen also vom Umfang aus betrachtet eine geringere Rolle für deutsche Medien als für die arabische Presse.

Erklären lässt sich das durch Al-Ahrams stärkere Themasensibilisierung durch die Ereignisse im eigenen Land (Ermordung des Botschafters im Irak, T-Akt von Sharm El-Sheikh, vergangene T-Akte und ständige Sicherheitsbedrohung). Hier kommen Nachrichtenfaktoren wie „Schwellenfaktor“ (nach Galtung/Ruge) oder die Zeitdimension (Schulz) zur Anwendung, denn durch ein ständig präsentes T-Risiko in Ägypten wird häufiger über Terrorismus in aller Welt berichtet, und durch die kontinuierliche, dauerhafte Thematisierung erfährt auch ein neues T-Ereignis eine schnellere Einbettung in das Blatt als bei den drei anderen Medien. Da Deutschland in den letzten Jahren keinen erfolgreich ausgeführten Anschlag erlebt hat, ist die Thematisierung demzufolge deutlich geringer, während bei der transnationalen arabischen Zeitung eine höhere Themenkonkurrenz herrscht.

b) *Platzierung*

Zwar sind deutsche T-Artikel kürzer, jedoch werden sie etwas prominenter präsentiert (Diagramm 7). Fast 20 % der Artikel fanden sich auf der Titelseite deutscher Medien, bei den arabischen nur knapp 15 %. Titelseitenaufmacher mit Bezug zum Terrorismus war jeder 18. deutsche Artikel, aber nur jeder 30. arabische Beitrag.[149]

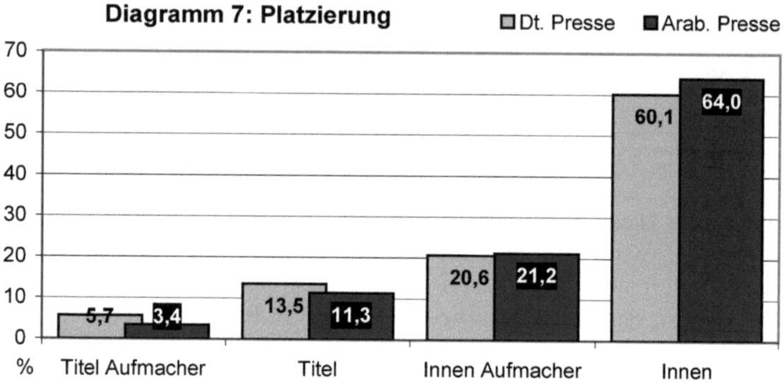

Bei den visuellen Elementen wird Terrorismus in arabischen Zeitungen quantitativ prominenter aufgemacht, wobei die Mediengruppen sehr heterogen sind. Am häufigsten verwenden FR (14 %) und Al-Hayat (10 %) Fotos als Aufmacher auf der Titelseite. Allerdings ließ sich keine signifikante Abhängigkeit der Platzierung vom Medium ermitteln.

c) *Ressort*

T-Akte sind in der Berichterstattung von Tageszeitungen eindeutig eine Frage des Politikressorts, rund 80 % der T-Artikel wurden hier veröffentlicht, der Hauptteil davon unter Innenpolitik (Diagramm 8). Wegen ihrem nationalen Fokus versuchen insbesondere deutsche Zeitungen, externe T-Akte für das Inland zu lokalisieren. Rund 9 % der übrigen Beiträge entfallen auf das Ressort Wirtschaft/Finanzen.[150]

Dieser homogene Eindruck verschwindet beim Feuilleton/Meinungsseiten. Während sich hier auf deutscher Seite nur wenige subjektive Artikel finden[151], wird das Ressort durch die arabische Presse in fast einem Sechstel der Beiträge genutzt.

[149] Innerhalb der Sprachgruppen nutzten FAZ und Al-Hayat T-Artikel häufiger als Seitenaufmacher und Blickfänger als FR und Al-Ahram (29,5 und 29,9 % % zu 22,7 % und 21,2 %).

[150] Den Wirtschaftsbereich besetzt nahezu vollständig die FAZ, was die anvisierte Zielgruppe der wirtschaftlichen Akteure unterstreicht. Die FR widmet sich mehr der Innenpolitik zu (66,7 % zu 55 %) und der Europa-Politik (5,3 % zu 3,4 %). Bei den arabischen Zeitungen ist als Besonderheit zu erwähnen, dass die Beiträge entsprechend dem nationalen bzw. transnationalen Charakters verteilt sind. Artikel aus dem arabischen Raum erscheinen fast nur in Al-Hayat. Al-Ahram glänzt dafür durch zahlreiche Meinungsseiten.

[151] Kommentare werden in FAZ und FR i.d.R. im Politik- oder Wirtschaftsteil untergebracht.

Diagramm 8: Ressortverteilung der Artikel

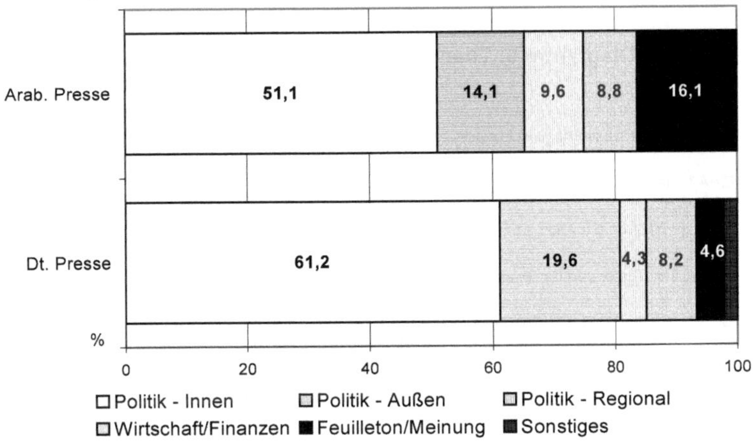

Die Bildelemente waren dagegen anders verteilt. Sie finden sich bei deutschen Zeitungen in 73 % der Fälle im Außenpolitikressort angesiedelt, bei arabischen Zeitungen noch in 52 % der Fälle.

d) Kontext

Artikel in einen breiteren Kontext zu setzen ermöglicht es, ein Thema von verschiedenen und sogar konträren Seiten und Blickwinkeln zu beleuchten. Dies ist in erster Linie die Stärke der Printmedien, da der Rundfunk i.A. wenig Platz und Ressourcen zum Produzieren äquivalenter Themensendungen aufweist und sich meist auf eine episodische Darstellungsweise beschränken müssen.

Während deutsche Zeitungen 46 % der Artikel isoliert publizierten (v.a. FAZ), nutzten arabische Zeitungen dagegen in 69 % der Fälle die Möglichkeit, Artikel über Terrorismus in eine Themenseite oder einen Themenschwerpunkt zu integrieren. Deutsche Zeitungen betteten nur 40 % der Artikel in einen Seitenkontext ein. Korrespondierende Artikel und Themenserien spielen nur geringfügig in deutschen Blätttern eine Rolle.

In den vier Zeitungen erschienen insgesamt acht betitelte Reihen und Themenschwerpunkte. Sechs entfielen auf London und deutsche Zeitungen, zwei auf Sharm El-Sheikh und Al-Ahram.

Den umfangreichsten Themenschwerpunkt (vgl. Diagramm 9) bot kurz nach dem T-Akt in London die FR („+++ terror in london +++") mit 32 Artikeln. Auch FAZ und Al-Ahram schufen nach dem Londoner Anschlag eigene Schwerpunkt-Sonderseiten. Die Folgeberichterstattung in der FAZ fiel jedoch deutlich geringer aus in der Al-Ahram. Al-Hayat scheint Themenschwerpunkte nicht zu benennen. Reihen bestanden aus bis zu acht Folgen, so die FAZ-Reihe

„Islamismus in Deutschland“, die FR-Reihe „Islamismus in Europa“ und die FAZ-Kurzreihe „Der Terror und der Islam“.

Diagramm 9: Themenschwerpunkte und Reihen

(Legende in Reihenfolge der Balken)

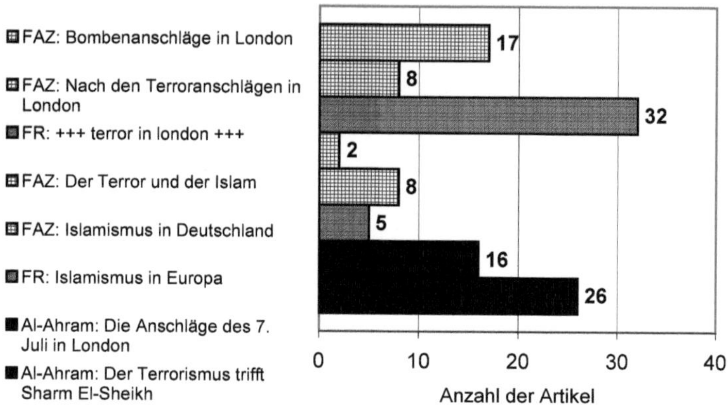

Auf die Themenseiten entfallen auch die meisten Visualisierungen,[152] bei arabischen Zeitungen stärker als bei deutschen (69,3% zu 53,5%), während deutsche Zeitungen wesentlich häufiger Fotos ohne jeglichen Bezug verwenden (43% zu 19,9%). Es ergibt sich ein leichter Zusammenhang zwischen Medium und Einbettung des einzelnen Fotos.[153]

e) *Entwicklung eines Prominenz-Indexes*

Welche Zeitungsgruppe beleuchtet Terrorismus prominenter? Dazu wurde aus den vier erhobenen Kategorien ein „Prominenz-Index“ gebildet.

Abbildung 3: Komponenten des Prominenz-Index

Kriterium	4	3	2	1
Umfang (cm²)	>225	150-225	75-150	< 75
Platzierung	Titelseite – Aufmacher	Titelseite – Rest	Innenseite – Aufmacher	Innenseite – Rest
Kontextualisierung	-	Themenschwerpunkt	Themenserie oder korrespondierender Beitrag	Einzelbeitrag
Ressortzuteilung	-	Politik	Wirtschaft	Anderes

[152] Die häufigsten Fotos innerhalb von benannten Themenseiten finden sich bei der FAZ – Nach den T-Akten von London (12) und beim Al-Ahram-Themenschwerpunkt (18 Fotos).

[153] Cramers V = 0,225, Kontingenzkoeffizient = 0,303, statistisch hochsignifikant ($p<.001$).

Den jeweils 3-4 Ausprägungen der erfassten Variablen wurden entsprechend Punkte verliehen. Dies ergibt eine mögliche Gesamtskala von 4-14 Punkten. Es wurden alle Artikel und visuellen Beiträge der Medien integriert, die sich auf einen der beiden T-Akte beziehen (N_{dt}=248, N_{arab}=492).

Der daraus resultierende Mittelwert betrug bei deutschen Zeitungen 8,83 Punkte auf der Prominenz-Skala, bei arabischen lag er etwas niedriger bei 8,32. Dieser Unterschied erwies sich als höchst signifikant[154], weist also die Nullhypothese, nach der in einer Grundgesamtheit der Unterschied zwischen den beiden Mittelwerten gleich Null sein würde, mit einer Irrtumswahrscheinlichkeit von 0,03 % zurück. In der deutschen Presse erreichten 5 Beiträge die zweithöchste Punktzahl von 13, in der arabischen lediglich 1 Beitrag.

Diese Ergebnisse zeigen, dass deutsche Zeitungen der Berichterstattung über T-Akte im untersuchten Zeitraum einen geringfügig prominenteren Platz einräumten als arabische.

7.1.4 Informations-Urheberschaft: Artikel-Verfasser und Quellen

a) Verfasser von Textbeiträgen

Die Hälfte der Berichterstattung über Terrorismus stammt aus der Inlandsredaktion. Sie übernimmt die zahlreichen lokalen/regionalen Anschlussdiskurse.

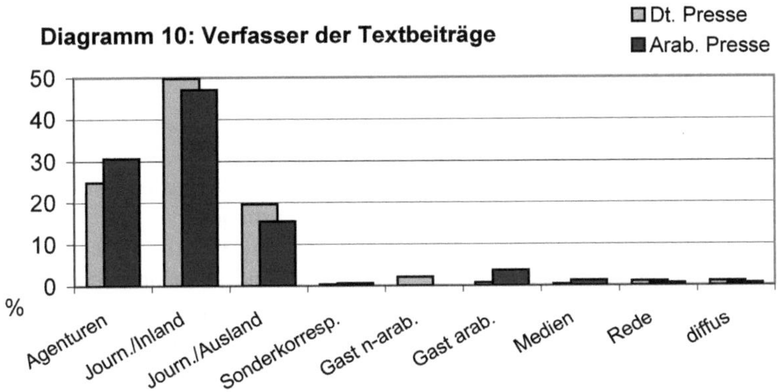

Ein Viertel bis ein Drittel der Berichterstattung beruht auf Agenturmaterial. Deutsche Zeitungen integrieren häufiger Auslandskorrespondenten. Im Gegensatz zu anderen Krisenereignissen wurde nach den Anschlägen nahezu vollständig die bereits vorhandene journalistische Infrastruktur genutzt und auf Sonderkorrespon-

[154] Der T-Test nach Student ergab $p<.001$, t-Wert von 3,67 bei 456 Freiheitsgraden. Standardabweichung und Varianz erreichten bei dt. Zeitungen Werte von 1,79 und 3,20, bei arabischen 1,54 und 2,38. Die Spannbreite bei deutschen Zeitungen ist leicht größer: sie reicht von 4 (Tiefstpunkt der Skala) bis 13, bei arabischen von 5 bis 13.

denten verzichtet. Auffällig ist der geographisch spezifische Einsatz von Gastautoren, bei dem jedes Land meist nur kulturell verankerte regionale Autoren einlädt.

Eine genauere Analyse der Nachrichtenagenturen bestätigte die Dominanz der „big three".[155] Deutsche Zeitungen nutzten beim Anschlag von London zudem häufig die eigene nationale Agentur dpa. Beim T-Akt von Sharm El-Sheikh ignorierten sie zusammen mit Al-Hayat die ägyptische Nachrichtenagentur MENA und alternative Agenturquellen wie die auf Entwicklungsländer fokussierte Inter Press Service. Da MENA eine staatliche Agentur ist, dürfte ihre Glaubwürdigkeit auch nicht allzuhoch sein. Während deutsche Zeitungen die Dienste der „großen Drei" in etwa gleichverteilt in Anspruch nehmen, bevorzugen arabische Zeitungen eindeutig AFP (Diagramm 11). Al-Hayat verwendete zudem den arabischen Dienst von dpa häufiger als Beiträge von AP, Al-Ahram hingegen gar nicht.

Diagramm 11: Agenturen als Quelle für Textbeiträge

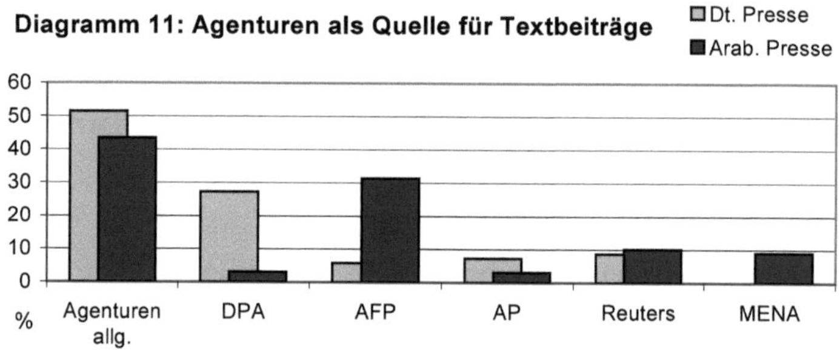

b) Quellen in Textbeiträgen

Quellenangaben in einem Artikel machen dem Leser die Herkunft der Information transparent und ermöglichen damit ein eigenes Urteil über die Verlässlichkeit der Information, unabhängig von der Verfasserschaft. Ermittelt wurde sowohl der Modus der Informationsgewinnung als auch der Quellenurheber.[156]

Auffälligerweise deklarierten deutsche Zeitungen ihre Quellenangaben weniger offen als die arabischen Blätter: zwischen 16 und 20 % der Informationen wiesen keine erkennbare Quellenangabe auf. Arabische Zeitungen sorgten für deutlich mehr Transparenz: weniger als 5 % der Informationen stammte aus diffusen Quellen, meist wurde verbal das Interview oder die Pressemitteilung benannt.

Alle Medien verwendeten in ihren Artikeln (auch unter der Verfasserschaft von Agenturen) mit Ausnahme der arabischen Zeitungen in Sharm El-Sheikh am

---

[155] Boyd-Barrett (1998) zeigt, dass die schon in der Vergangenheit dominanten Nachrichtenagenturen ihre starke globale Stellung bewahren. Sie besitzen Marktvorteile durch ihre bereits ausgebaute Infrastruktur und fehlende lokal und regional ernstzunehmende Alternativen. Zeitungen wählen zudem beim Publizieren nach ökonomischen Imperativen aus (Paterson 1998: 95).

[156] Während die ersten neun Ausprägungen den Modus der Informationsgewinnung definieren, wurden zur Einordnung von Aussagen, die sich auf den Quellenurheber konzentrierten, aber keine klar erkennbare Aussage über die Art der Informationsübermittlung machten, spezielle zusätzliche Kategorien geschaffen.

häufigsten den Mediendiskurs selbst als Quelle (London 22,4 %, Sharm El-Sheikh 18,8 %). Bei den Anschlägen von Sharm El-Sheikh nutzte Al-Ahram ausgiebig das journalistische (Recherche-)Interview zur Informationsgewinnung (27 %) und koppelte sich somit etwas vom Agentur-Nachrichtenfluss ab. Außerdem verweisen sie häufiger auf Pressekonferenzen und das Internet (zumeist Bekennerschreiben terroristischer Gruppierungen). Deutsche Zeitungen präferierten etwas öfter eigene Beobachtungen und Pressemitteilungen, arabische jedoch Archive oder Statistiken.

Weitere relevante erkennbare Quellen stellten allgemeine Mitteilungen von Politikern dar, was vor allem arabische Zeitungen nach London nutzen. Sicherheitsbehörden wurden von deutscher Seite als offizielle Quelle häufiger nach Sharm El-Sheikh herangezogen. Es scheint also, dass mit zunehmender Ereignisferne die Aussagen von offiziellen Regierungs- und Behördenvertretern prominenter dargestellt werden. Dies wird insbesondere durch Al-Ahram untermauert, die im Fall London 35 % der Informationen dieser Personengruppe zuschrieb, was sich bei Sharm El-Sheikh auf 22 % reduzierte.

c) *Verfasser von Fotos und Grafiken*

Im Durchschnitt verwenden deutsche Medien häufiger Agenturquellen für Bildmaterial (66 %) als arabische Zeitungen (54 %), die sich mehr auf eigene und externe Fotografen zu verlassen scheinen, dies aber in ihrer Berichterstattung meist nicht ausweisen. Deutsche Zeitungen beziehen Fotos meist von AP (23 %) sowie zu gleichen Teilen von Reuters, dpa und anderen Agenturen. Arabische Zeitungen favorisieren hingegen klar die Weltnachrichtenagenturen, v.a. Reuters (25 %) und in geringerem Maße AP und AFP. Nationale Agenturen wie MENA oder dpa spielen kaum eine Rolle. Diese Prozentangaben sind jedoch mit Vorsicht zu behandeln, denn die beiden Mediengruppen sind intern sehr heterogen.[157] Dass die einzelnen Zeitungen ihre Bilder systematisch auswählen, konnte mit einer hochsignifikanten Kontigenzanalyse bestätigt werden.[158]

Zwischenfazit

Die Verfasser von Textbeiträgen gleichen sich in beiden Mediengruppen. Knapp die Hälfte sind Journalisten aus dem Inland, etwa ein Viertel Agenturen und ein Fünftel oder weniger Auslandskorrespondenten. Bei Fotos und Grafiken hingegen nehmen Agenturen mehr als die Hälfte aller Herkunftsbezüge ein, in deutschen Medien allerdings deutlich öfter als in arabischen.

Bei der Analyse zeigte sich, dass die untersuchten Medien im Modus am häufigsten auf andere Medien als Quellen Bezug nahmen. Wichtig waren außerdem vor allem bei den arabischen Zeitungen journalistische Interviews und Pressemittei-

[157] FR und Al-Hayat nutzen in gleichem Maße fast ausschließlich Agenturmaterial (88,1-88,6 %), bei der FAZ dominiert es noch leicht (42,9 %), bei Al-Ahram macht es weniger als ein Drittel aus (30,3 %). Allerdings werden Agenturen in FAZ und Al-Ahram oftmals nicht genannt.

[158] Die Analyse zur Prüfung der Abhängigkeit der Quelle vom Medium ergab einen hochsignifikanten ($p<.001$) mittleren Zusammenhang (Cramers V = 0,45, Kontingenzkoeffizient = 0,537).

lungen/-konferenzen. Andere Formen der Informationsgewinnung spielten eine sehr geringe Rolle. Bei den Mitteilungen ohne klaren Modus dominierten mit wachsender Ereignisferne Aussagen politischer und sicherheitsrelevanter Akteure.

Die arabischen Zeitungen wiesen am meisten Transparenz bezüglich der Quellennutzung auf: nur jede 23. Quelle (4,3 %) blieb diffus, bei deutschen Zeitungen hingegen fast jede fünfte Quelle (19 %).

7.1.5 Beitragsdimensionen

a) *Geographische Verteilung der Textbeiträge*

Ein Ort hat zunächst einmal um so mehr Chancen, in die aktuelle Berichterstattung zu gelangen, je näher es sich geographisch am Berichterstatter befindet. Der Nachrichtenfaktor geographische Nähe kommt eindeutig zum Tragen.

Exakt 82 % der deutschen Berichterstattung konzentriert sich auf Länder der „westlichen Welt", und durch deren Status und Prominenz ist der Anteil der Berichterstattung über westliche Länder in den arabischen Zeitungen trotz der entfernteren geographischen Lage und damit anders anzunehmenden Schwerpunkten immer noch hoch (58 %). Andere Erdteile und Länder spielen gar keine oder lediglich eine sehr geringe Rolle, z. B. Asien, Schwarzafrika, Lateinamerika.

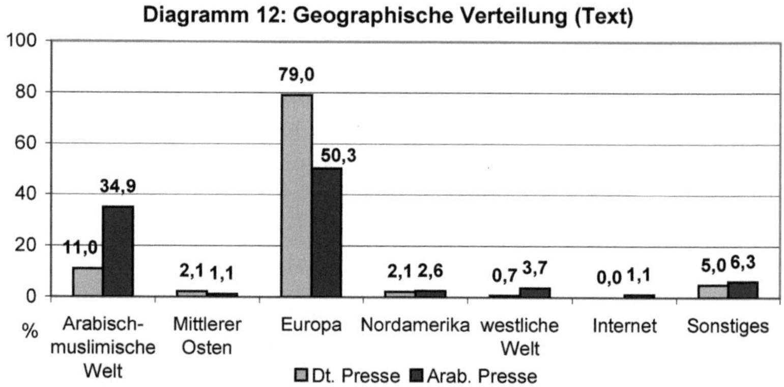

Die deutschen Beiträge sind in 80 % der Fälle in Europa angesiedelt (Diagramm 12). Allein 42 % aller Artikel sind in London lokalisiert, 25 % in Deutschland. Arabische Zeitungen berichten nur zur Hälfte aus Europa, davon großteils aus London (38 % aller Fälle), Deutschland findet wie andere europäische Länder fast keine Beachtung (2 %). Dafür wird die arabisch-muslimische Welt dreimal prominenter herausgestellt, auch wenn Sharm El-Sheikh (31 % der Fälle) weniger

Beachtung findet als London.[159] Al-Hayat bedient zudem den saudi-arabischen Markt.[160] Alle anderen Regionen sind bei der Berichterstattung Nebensache.

Bei den T-Akten in London und Sharm El-Sheikh dominieren also klar der regionale Fokus und Länder mit hohem politischen bzw. wirtschaftlichen Status. Ein Bezug auf die Welt im Sinne einer Weltmeinung oder auf das Internet als Parademedium einer globalen Öffentlichkeit findet nur in Ausnahmefällen statt.

b) *Thematische Verteilung der Textbeiträge*

Um die vielfältige Themenbreite der Berichterstattung über terroristische Anschläge auszuloten und hernach lokale Schwerpunkte ausmachen zu können, wurde zunächst eine induktiv basierte detaillierte Feincodierung erhoben, aus der später orientiert an einer thematischen Kategorienbildung eine analysefähige Themenliste entstand (s. Anhang), bestehend aus 45 Kategorien. Für Kreuztabellierungen wurde zusätzlich eine weitere stark reduzierte Themenkomplexliste mit nur sieben Ausprägungen erstellt. Die Analyse fand getrennt nach Haupt- und Nebenthemen statt (HT/ NT).

Der T-Akt in London ist gemeinsamer und einziger Favorit der Berichterstattung im deutschen und arabischen medialen Diskurs, denn bei allen übrigen Themen divergieren sie deutlich (Diagramm 13). Deutsche Zeitungen bevorzugen als *Hauptthema* (HT) eines Beitrags doppelt so häufig die Diskussion über Sicherheitspolitik, über Islam & Muslime sowie über Neben-Ereignisse (Sport, Medienkritik, allgemeine wirtschaftliche Auswirkungen). Strukturell entfernt sich die deutsche Presse bereits im Hauptthema von der aktuell gebundenen Berichterstattung, um sich eher Hintergrundthemen zu widmen. Arabische Zeitungen hingegen erheben den T-Akt von Sharm El-Sheikh etwa dreimal so häufig zum Thema. Auch Analysen zum Terrorismus werden öfter thematisiert.[161]

---

[159] Al-Ahram bringt als nationale ägyptische Tageszeitung am häufigsten Beiträge aus Sharm El-Sheikh bzw. Ägypten (35,9 %), aber dennoch erscheint diese Anzahl gemessen am Ahram-Interesse für London (31,3 % der Beiträge) vergleichsweise wenig. Am wenigsten geographisch vielfältig erscheint die Berichterstattung in Al-Hayat, rund 70 % der Beiträge stammen aus London oder Sharm El-Sheikh. Bei deutschen Zeitungen beträgt dieser Anteil rund 50 %.

[160] Al-Hayat widmet knapp 2 % der Beiträge (3 Fälle) Saudi-Arabien, obwohl das Land in keiner Weise von den Anschlägen betroffen war. Zu unterstellen ist hier die Wichtigkeit des Absatz- und Anzeigenmarktes Saudi-Arabien für die Zeitung, dem es durch eine Lokalisierung Rechnung zu tragen galt (Kondolenzbeiträge, Auswirkungen auf saudische Touristen).

[161] Bei den einzelnen Medien legt vor allem die FR im HT Wert auf Sicherheitspolitik, während die FAZ sowohl Sicherheitspolitik als auch Muslime, Islam und Islamisten debattiert. Als NT kommt Sicherheitspolitik in deutschen Zeitungen jeweils auf einen Anteil von mehr als einem Fünftel. Bei Al-Ahram ist in fast jedem fünften Beitrag Terrorismus das HT. Al-Hayat widmet knapp die Hälfte seiner HT London. Lediglich 22,8 % der HT entfallen auf die Themenblöcke, die recht gleichmäßig behandelt werden. Trotz der Nähe des Redaktionssitzes zu den Muslimen der Diaspora werden diese im Islam-Diskurs von Al-Hayat nicht häufiger thematisiert als durch die entferntere Al-Ahram.

Diagramm 13: Haupt-Themenkomplexe (Text)

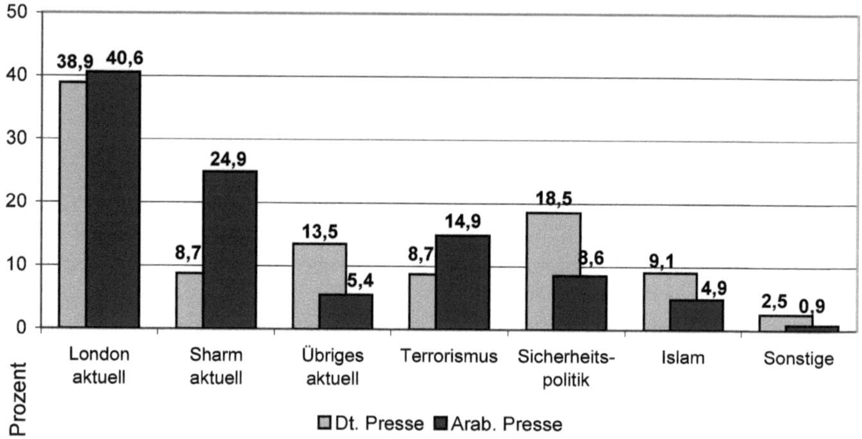

Bei den *Nebenthemen* (NT) gewinnen vor allem in arabischen Zeitungen alle bis auf London und aktuelle Nebenereignisse einige Prozentpunkte dazu. Die drei thematischen Diskurse zu Terrorismus, Sicherheit und Islam steigern als NT ihren Anteil von 36 auf 43 %, in arabischen Zeitungen sogar von 28 auf rund 39 %. Fungiert also der T-Akt als Aufhänger eines Beitrags (HT), integrieren viele Beiträge auch Analyse- und Hintergrundperspektiven. Somit bietet erst ein aktueller Anlass journalistisch Platz für abstraktere Themen.

Eine Aufschlüsselung nach Einzelthemen bekräftigt die markantesten Unterschiede der Themenkomplexe: bei deutschen Zeitungen ruht der Fokus auf Sicherheit, bei arabischen auf den wirtschaftlichen Konsequenzen von Sharm El-Sheikh sowie Terrorismus und Muslimen (Diagramm 14). Favorisiert wird gemeinsam und kontinuierlich der Fortgang der Ereignisse in London als Routineberichterstattung, wobei insgesamt die Verbrechensaufklärung (v.a. Fahndungserfolge) die Reaktionen (v.a. Verurteilungen/Proteste) überwiegt. [162]

[162] Bei der FAZ behandelt rund jeder zehnte Artikel die Fahndung nach den Attentätern der Terrorwellen von London. Zweithäufigstes Thema ist die Reaktion der Aktien- und Rohstoffmärkte (4 %). Bei der FR wird die Fahndung (London) in nur 6,8 % der Artikel behandelt, während der Anschlag in London als Ereignis 5,3 % einnimmt. Arabische Zeitungen berichten über die moralische Seite zu London (Verurteilungs- bzw. Protestreaktion) sowie über Auswirkungen auf den Tourismus in Ägypten und Tatverdächtige in London. In der Al-Ahram dominiert die Verurteilung des London-Anschlags (5,6 %) vor der Fahndung (4,1 %). Je 7 Artikel (3,6 %) beschäftigen sich mit den Auswirkungen des Anschlags in Sharm El-Sheikh auf den Tourismus und dem Schaden des Terrorismus für Muslime, der wichtigsten thematischen Unterkategorie. Al-Hayat weist eine deutliche Ereignisorientierung in der Themenhäufigkeit auf (Fahndung London 8,2 %, Protestreaktionen und Täterverdacht London je 4,4 %). Doch auch hier steht eine thematische Kategorie an vorderer Stelle: Angriffe auf die muslimische Minderheit (5 %).

Diagramm 14: Häufigste Einzel-Themen (Text) bei London (L) und Sharm El-Sheikh (S)

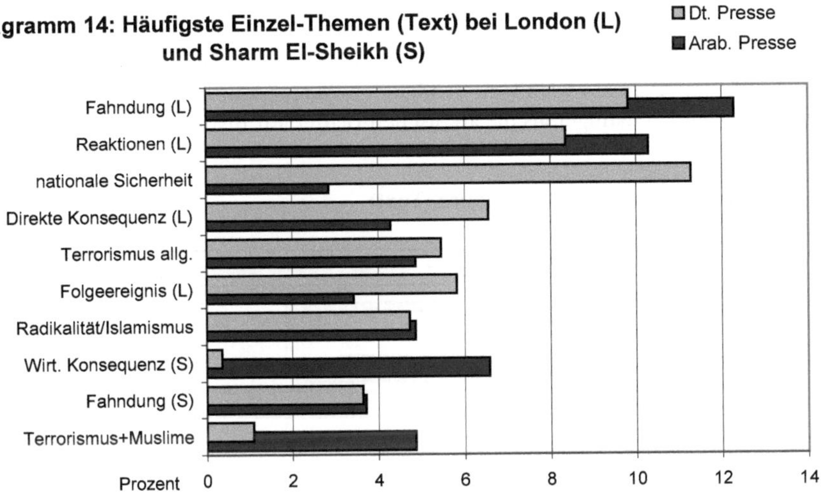

Wenn über *Terrorismus* gesprochen wird, geht es bei beiden Zeitungen um Terrorismus allgemein. Arabische Zeitungen diskutieren zusätzlich das Verhältnis von Muslimen zu (islamistischen) Terroristen und in etwas geringerem Umfang Politik und Terrorismus. In Bezug auf die *Sicherheitspolitik* legen deutsche Medien den Schwerpunkt klar auf die nationale Sicherheit, in geringem Maße auch auf die regionale Sicherheit (EU). Al-Hayat konzentriert sich (als transnationales Medium) nahezu ausschließlich auf die internationale Sicherheitspolitik, Al-Ahram hingegen auf die nationale und regionale (panarabische) Ebene. Im letzten untersuchten thematisch homogenen Komplex (*Islam und islamistischen Strömungen*) erschienen in allen Zeitungen meist Artikel zum radikalen Islamismus, aber auch zum Verhältnis zwischen Muslimen und dem Westen/der westlichen Gesellschaft. Alle anderen Themen (wie Technik der Metro, Olympia 2012, Kunst) besitzen nur Randstatus.[163]

c) *Akteursverteilung der Textbeiträge*

Ebenso wie bei der thematischen Erfassung wurde zunächst eine induktiv basierte detaillierte Feincodierung der Akteure erhoben. Diese wurde anschließend unter funktionalen und geographischen Gesichtspunkten zu 55 Kategorien recordiert (s. Anhang). Weiterhin wurde eine auf 10 Ausprägungen reduzierte Akteurskomplexliste erstellt. Analysisiert wurden Handlungs- und Sprechakteure, Haupt- und Nebenakteure (HA/NA) und deren Bewertungstendenz.

Bei beiden medialen Diskursen steht narrativ der dichotome Gegensatz zwischen Politik und Radikalen im Vordergrund, zählt man die wichtigsten drei

[163] In der FAZ erschienen 3 Artikel zur Technik der Metro. Deutsche Zeitungen publizierten zwei Buchrezensionen zum Terrorismus als Belletristik, arabische Zeitungen hingegen Fachbücher zum Terrorismus, z.B. Al-Ahram mit Pascal Boniface „Vers le 4e Guerre mondiale?“

Handlungsakteure für jeden Artikel zusammen (vgl. Diagramm 15). Diese Gegenpolung fällt bei den arabischen Zeitungen etwas stärker aus. Zivilpersonen werden ebenfalls von beiden Seiten wahrgenommen, während deutsche Artikel Sicherheitsbehörden als weiteren wichtigen handelnden Akteur wahrnehmen. Zudem berufen sie sich deutlich häufiger als die arabischen Blätter auf Justiz und Experten.

Diagramm 15: Handlungsakteure (Text)

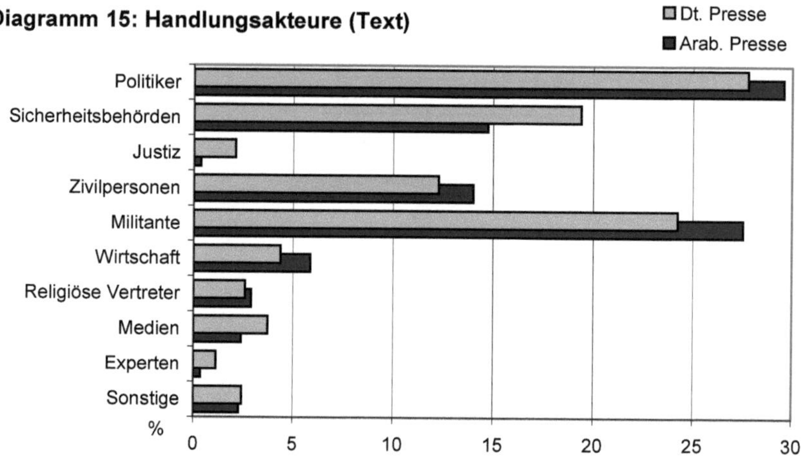

Der spezifisch deutsche Sicherheitsschwerpunkt manifestiert sich auch recht deutlich in der Erstnennung von Akteuren: doppelt so viele Akteure wie in den arabischen Zeitungen sind Akteure der Sicherheit, also insbesondere die britische Polizei, Forensiker und Geheimdienste. Umgedreht sind die arabischen Zeitungen wiederum fast doppelt so häufig auf militante Akteure wie Attentäter und radikale Islamisten fokussiert, die auch mit großem Abstand die wichtigsten Einzelhandelsakteure repräsentieren. Bei den zweitwichtigsten Akteuren verhält es sich zwischen den Zeitungen genau umgedreht. Politisch ist man auf das jeweils zugehörige regionale Politikspektrum festgelegt.

Handlungsakteure bringen das Geschehen voran – aber *Sprechakteure* geben Wertungen und Meinungen ab. Damit ordnen sie das Geschehen in einen breiteren Zusammenhang ein. Doch wer besaß im Untersuchungszeitraum das meiste Rede-Recht, also die verbale nichtjournalistische Definitionsmacht für Sachverhalte?

Wie bei T-bedingten Krisen üblich wurde auch in diesem Fall verbale Macht primär durch staatliche Akteure ausgeübt (Diagramm 16). Politikern sind 37-42 % der ersten drei Sprechakthandlungen in einem Artikel zuzuschreiben, Sicherheitsbe-hörden bis zu 22 % (wobei die britischen Behörden wichtigster Einzelsprechakteur bei deutschen Zeitungen waren). Erneut unterscheiden sich arabische Zeitungen in den Ausprägungen kaum von deutschen. Militanten Sprechern wird einstimmig nur ein geringer Raum eingeräumt, ihre Ansichten zum

T-Akt oder ihre Motivationen zu äußern, die Zivilbevölkerung kommt noch seltener zu Wort. Deutlich mehr Sprech- als Handlungsspielraum erhalten dafür Experten, religiöse Vertreter und Akteure der Wirtschaft.

Diagramm 16: Sprechakteurs-Komplexe

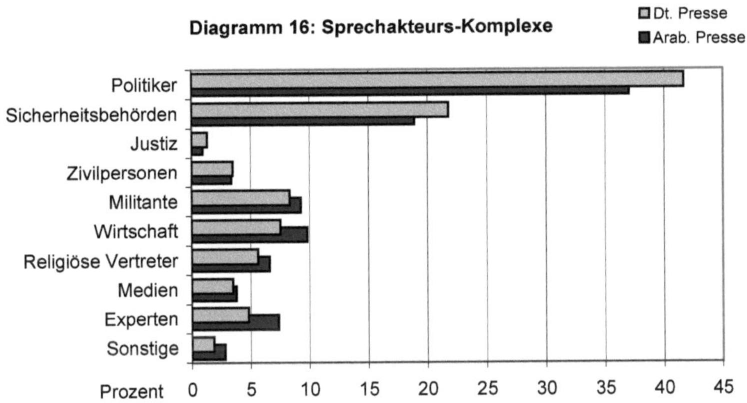

Bei den Einzelakteuren ruht das deutsche Interesse nach den britischen Sicherheitskräften primär auf nationalen Politikern. Danach kommen die britische Regierung und Akteure der Wirtschaft wie Reiseunternehmen und Börsenhändler zu Wort. Die arabischen Blätter zitieren in recht ähnlichem Anteil Akteure der Wirtschaft, britische und westliche Regierungen sowie Tat-Beteiligte und Experten. Ihre Perspektive ist etwas breiter, sie bezieht mehr Terrorismus-Experten, Gruppen der britischen muslimischen Minderheit und westliche Sicherheitsbehörden ein.

Die am meisten zitierten und handelnden Einzelpersonen sind aufgrund ihrer nationalen Repräsentationsfunktion Tony Blair und Hosni Mubarak (1,5-4,7 % Anteil an allen Akteuren). Gern zitiert werden aber auch der britische, ägyptische und deutsche Innenminister Charles Clark, Habib El-Adli und Otto Schily, sowie unter den Sicherheitsbehörden der Londoner Polizeichef Ian Blair. Andere nationale Politiker spielen in der Berichterstattung nahezu keine Rolle.[164]
Auf Bevölkerungsebene wird allgemein die muslimische Minderheit in Großbritannien thematisiert, deutsche Zeitungen loben die britische Bevölkerung, arabische Zeitungen führen britische Rechtsextreme häufig als Handelnde vor. Hinzugezogen werden von beiden Zeitungensdiskursen T- und Sicherheits-Experten (Sprecher).

Dagegen werden institutionalisierte politische Vertreter sowie religiöse Gruppen und Gelehrte der arabisch-muslimischen Welt als auch karitative und gesellschaftlich aktive Verbände und Gruppen von der deutschen Presse als Sprech- und z.T. Handlungsakteur ignoriert.

[164] Weitere deutsche Politiker finden immerhin viermal Erwähnung in den arabischen Zeitungen, während kein weiterer ägyptischer Politiker für die deutsche Presse interessant ist.

d) *Bewertungen der Akteure*

Sprechakteure werden nur singulär bewertet. Bei den Handlungsakteuren werten deutsche Zeitungen kaum (77 % neutral). Lediglich Akteure unter T-Tatverdacht und Militante werden bis 50 % klar negativ gesehen. Eine positive Bewertung erreichte die britische Bevölkerung für ihr Handeln.

Auf arabischer Seite fallen die Wertungen variabler aus (nur 64 % neutral, 9 % positiv, 26% negativ). Westliche Regierungen werden negativ und neutral bewertet, ebenso die britische Regierung (von 43 Wertungen 16 Mal negativ). Eine klar negative Wertungstendenz weisen Individuen unter T-Verdacht sowie Militante auf. Den einzigen Positivwertungstrend erfährt die ägyptische Regierung.

e) *Thematische Verteilung der Bildbeiträge*

Die thematische Breite der Visualisierungen in Form von Grafiken und Fotos ist vielfältig und heterogen.

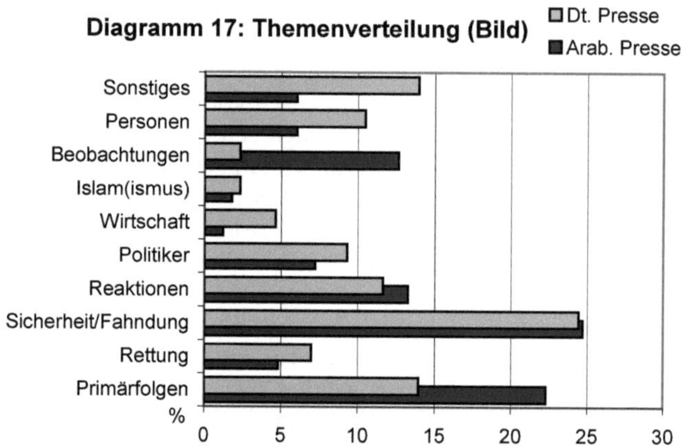

In deutschen und arabischen Zeitungen sind auf fast einem Viertel der Bildbeiträge Maßnahmen der Sicherheit und Fahndung illustriert (vgl. Diagramm 17). In der Folge wenden sich die Medien in unterschiedlichem Maße den Primärfolgen[165] und Reaktionen zu. Während deutsche Zeitungen nun zumeist Personen und Politikereignisse illustrieren, spielen in arabischen Zeitungen vor allem Alltagsbeobachtungen (z.B. Menschen im Bus) eine große Rolle. Kaum visualisiert sind hingegen abstraktere Themen wie Wirtschaft (Börsengrafiken) sowie den visuell nur personifizierbaren Islam/Islamismus. Trotz der Diskrepanzen konnte ein nachweisbarer Zusammenhang zwischen Medium und Bild-Thema nicht festgestellt werden.

[165] Nur in der Al-Ahram dominierten Darstellungen vom unmittelbaren Anschlagsgeschehen (27,3 %), während FR und Al-Hayat dies als zweithäufigstes Thema verzeichneten.

f) *Akteursverteilung der Bildbeiträge*

Akteure auf einem Foto sind im Gegensatz zu Akteuren in Textbeiträgen synchron erfassbar und unterliegen nur einer geringen Wahrnehmungshierarchie. Da Bild-Themen und Foto-Akteure unweigerlich zusammen hängen, ergibt die Analyse der Bild-Akteure ähnliche Schwerpunkte bei deutschen und arabischen Zeitungen, die sich bereits beim Bild-Thema andeuteten. In deutschen Zeitungen überwiegt auch hier Recht und Ordnung, in arabischen dominiert allerdings klar die Zivilgesellschaft.[166] Diese beiden Akteursgruppen nehmen in deutschen und arabischen Zeitungen jeweils 58 % und 48 % aller Akteure ein (Diagramm 18).

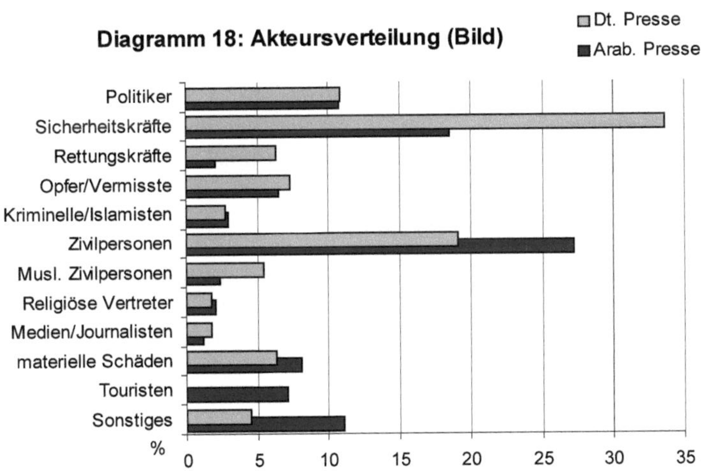

Danach folgen etwa gleichmäßig Politiker, materielle Schäden und Anschlags-Opfer.[167] Ein Test auf Unabhängigkeit zwischen Mediengruppe und den wichtigsten drei Bildakteuren fiel sehr signifikant aus (p=.01).

g) *Themen und Akteure (Bild)*

Eine Kreuztabellierung zwischen den Variablen Haupt-Bildakteur und Bildthema in ihren jeweils wichtigsten Ausprägungen (Recodierungen) bestätigt empirisch und höchstsignifikant (p<.001), dass bestimmte Akteure von bestimmten Themen abhängig sind.[168] Sicherheitskräfte tauchen natürlich sehr häufig bei Fahndungsmaßnahmen auf (Residuum +4,4), und Politiker haben zwar viel mit Politik zu tun

[166] Sicherheitskräfte: Polizisten, Kriminalistik-Akteure, Überwachungskameras. Zivilpersonen (mit Muslimen): Trauernde und Demonstranten.

[167] Die FAZ akzentuierte zudem die Darstellung der muslimischen Minderheit (12,1 %). Al-Ahram hat den größten Anteil an der Darstellung von Zivilpersonen (29%).

[168] Die Werte dafür betragen Lambda = 0.527, Goodman-und-Kruskal-Tau = 0,392 sowie Cramers V = 0,70 und der Kontingenzkoeffizient = 0,703.

(+11,8), sind jedoch nur wenig bei Fahndungsmaßnahmen und Reaktionen vertreten (-4,0 und –2,4). Die Zivilbevölkerung hat in Politik und bei Sicherheitsmaßnahmen kaum etwas zu suchen (-3,4 bzw. –2,0), wird hingegen überproportional in Reaktionsfotos und Alltagsbeobachtungen dargestellt (+3,8 bzw. +3,1). (Anonyme) Zivilpersonen genügen also theoretisch zwar nicht den Nachrichtenwerten überregionaler Tageszeitungen, jedoch sind sie durch ihre Konkretheit und (un)mittelbare Betroffenheit sehr gut geeignet als Bildmotive.

h) Vergleich der (Handlungs-)Akteure Wort und Bild

Die textuelle und visuelle Darstellung von T-Akten ergänzt sich häufig. Während Politiker den Textteil mit knapp 30 % dominieren, übersteigt ihr Bildanteil gerade einmal 10 %. Zu abstrakt scheint die Politik für Fotos, deswegen greifen Zeitungen lieber auf Sicherheitskräfte und auf Zivilpersonen zurück, deren Anteil sich jeweils fast verdoppelt. Keine großen Unterschiede gibt es hingegen bei Medien und religiösen Vertretern (< 4 %). Militante erhalten wie Politiker meist nur Raum auf Text-Ebene, ihre visuelle Präsenz erreicht nicht einmal 5 %.

i) Geographische Verteilung (Bild)

Zwischen Bildort und Medium besteht ein Zusammenhang.[169] Die Dichotomisierung der Medien in deutsch und arabisch sowie die Einteilung der Bildorte in London, Sharm El-Sheikh und eine Restkategorie zeigte statistisch bei den arabischen Medien eine Gleichverteilung der Aufmerksamkeit bei den Anschlägen von London und Sharm El-Sheikh (je 45 %), bei den deutschen Zeitungen dominierte jedoch klar London (59 % London, 13 % Sharm El-Sheikh).

Auf alle übrigen Geschehensorte entfallen in deutschen Zeitungen 28 %, in arabischen nur 11 % der visuellen Beiträge. In deutschen Zeitungen dominiert der nationale Fokus (11 %) vor Europa und der Welt. Arabische Zeitungen heben geringfügig Nordamerika und Frankreich hervor. Al-Hayat druckt zudem zwei Fotos von Geldgeber Saudi-Arabien in Zusammenhang mit den T-Akten.

Zwischenfazit

In ereignisgeographischer Hinsicht präferieren drei von vier Medien eindeutig London, nur Al-Ahram berichtet wegen der eigenen Betroffenheit und infrastrukturellen Möglichkeiten häufiger aus Ägypten. Den Hauptunterschied machen die lokalisierten Anteile aus. Während deutsche Zeitungen das eigene Inlandsgeschehen häufig thematisieren, sich aber eher selten dem Geschehen in Sharm El-Sheikh widmen, legen arabische Zeitungen Wert auf die Ereignisse in Ägypten. Die Folgeprioritäten sind jedoch gleich (Dominanz westlicher Länder, wenig Einbettung in den regionalen arabischen Kontext). Erklärungsfaktoren hierfür wären einerseits

[169] Bzw. in diesem Fall nach den Nachrichtenfaktoren, die für das Medium gelten, die jedoch hier nicht explizit erhoben wurden.

die bereits erläuterte globale Dominanz weniger westlich geprägter Nachrichtenagenturen oder die idealistische Vermutung einer gemeinsamen Öffentlichkeit transnationalen Charakters mit ähnlicher Wahrnehmungsperspektive bei London.

Während vergleichbar der Kategorie Ereignisort die Anschläge in London bei beiden Zeitungsgruppen den größten Raum einnehmen (darunter insbesondere die Unterthemen Fahndungsmaßnahmen und Reaktionen), unterscheidet sich danach die Themenagenda. Arabische Zeitungen berichten dreimal so häufig wie deutsche Medien über den T-Akt in Sharm El-Sheikh (insbesondere die wirtschaftlichen Konsequenzen) und über Terrorismus allgemein, deutsche Zeitungen hingegen über Sicherheitspolitik und Islam/Muslime.

Anders die Themen-Verteilung der Fotos, bei denen deutsche und arabische Medien sehr ähnliche Schwerpunkte setzen. Beide favorisieren deskriptive Visualisierungen aus dem Sicherheitsbereich, Schäden an Menschen und Material nach den Anschlägen sowie Reaktionen. Deutsche Zeitungen konzentrieren sich dann auf Personen, arabische Zeitungen auf Alltags-Schnappschüsse.

Die Untersuchungsmedien präsentieren auf Textebene sehr ähnliche Akteure. Bei den Haupt-Handlungsakteuren fällt der Kontrast zwischen Politikern und Militanten auf. Drittwichtigster Akteur sind (vor allem bei deutschen Zeitungen) die Sicherheitsbehörden. Unter den Sprechakteuren spielen Militante kaum noch eine Rolle, Äußerungen stammen vorrangig von staatsrepräsentierenden Akteuren (Politikern und Sicherheitsbehörden). Deutsche Medien bewerten einen Akteur nur selten, arabische Zeitungen häufiger: Negativ werden die Tatverdächtigen und T-Akteure bewertet, positiv die Reaktion der britischen Bevölkerung (dt. Zeitungen) und die ägyptische Regierung (Al-Ahram).

Unter den Bild-Akteuren zeigen arabische Zeitungen am häufigsten die Zivilbevölkerung, deutsche Medien setzen hingegen auf Recht und Ordnung. Die Verteilung für Rang 2 erfolgt genau entgegensetzt. Danach werden in etwa gleichmäßig Politiker, materielle Schäden und Anschlags-Opfer dargestellt. Bild- und Text-Akteure ergänzen einander: wer in Texten häufig vorkommt (Politiker und Militante), erscheint eher selten auf Fotos.

Die Prüfung auf Homogentität ergibt also eine Teilhomogenität bei Themen und Akteuren, während die Beitragsorte ungleich verteilt sind.

7.1.6 Die journalistische Qualitäts-Dimension

a) Der Hintergrund: die Fundierung der Texte

Wie häufig Journalisten ihre Texte mit Hintergrundinformationen anreicherten, wurde durch zwei verschiedene Variablenkonzepte festgehalten: einerseits die Prüfung der Quantität der Hintergrundinformationen, andererseits die Ermittlung der zeitlichen Retrospektivität.

Die quantitative Analyse zeigte, dass deutsche und arabische Medien Artikel von latenter Aktualität bevorzugen, die zumeist Kontexteinordnungen oder einen geringen Anteil von Hintergrundinformationen enthalten (Diagramm 19). Deutsche Medien beziehen jedoch tendenziell mehr Hintergründe ein als arabische Zeitungen. FAZ und Al-Hayat weisen die meisten Hintergründe auf.[170]

Diagramm 19: Anteil an Hintergrundinformationen

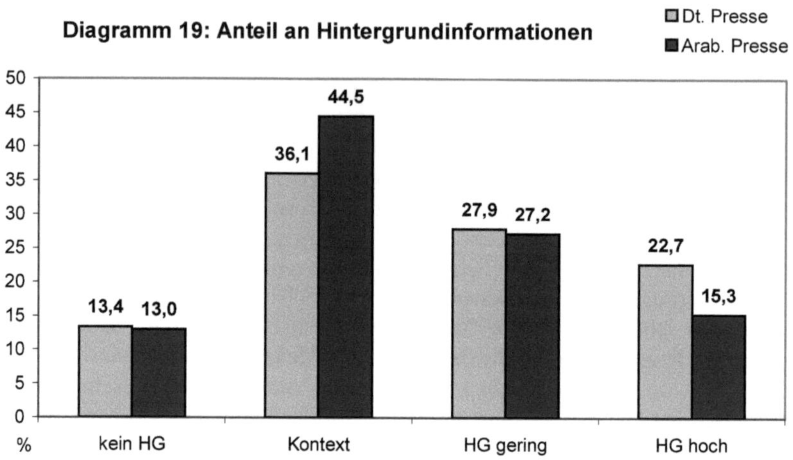

In der zeitlichen Dimension beschränken sich Beiträge über T-Akte in fast zwei Dritteln der Fälle auf die unmittelbare Gegenwart.[171] Hintergrundinformationen über den Zeitraum der Entwicklung des islamistischen Terrorismus (15 Jahre bzw. seit 1990) erreichen bei Al-Hayat den Höchstwert (rund 30 %).

Artikel mit informativen Hintergründen anzureichern ist also gleichermaßen Praxis in der deutschen und arabischen Terrorismus-Berichterstattung, wobei deutsche Zeitungen etwas mehr dazu tendieren. Im Untersuchungszeitraum dominierten allerdings Artikel, die vom Umfang her lediglich Kontextinformationen mit latent aktuellen Charakter bereitstellten.[172] Informationen vor 1989 waren spärlich vertreten (in FAZ und Al-Ahram). Alle Medien betrachteten bei der Darstellung von Terrorismus in erster Linie den Zeitraum ab 1989, der prägenden Epoche für die Entwicklung radikaler Islamisten hin zum modernen internationalen bzw. glokalen islamistischen Terrorismus. Vor allem Al-Hayat vermittelte ein recht integratives Bild des islamistischen Terrorismus, was die Konkurrenzzeitung Al-Ahram nur in geringem Umfang leistete. Die FAZ war die hintergründigste Zeitung bei der Berichterstattung über Terrorismus, während Al-Ahram Hintergrundinformationen

[170] Generell kann die FAZ als das Medium mit den meisten Hintergründen gelten (55,5 %), gefolgt von Al-Hayat (51,3%). Mehr als jeder zweite Artikel enthält also zumindest einen geringen Anteil von Hintergrundinformationen. Bei Al-Ahram ist es aber nur jeder dritte Artikel.

[171] In der FR und Al-Ahram zu mehr als 65 %, zu rund 58 % bei FAZ und Al-Hayat.

[172] Eine hochsignifikante Kreuztabelle ($p<0,001$), in der beide Variablen auf jeweils zwei Ausprägungen reduziert wurden, bestätigt die Dominanz von Beiträgen ohne oder nur mit Kontexthintergrund und (latenter) Aktualität, die bei deutschen Zeitungen 49 % der Beiträge, bei arabischen 57 % der Fälle ausmachten.

häufig beiseite ließ und damit einen eher episodischen, auf bloßer Neuheit beruhenden Eindruck des Geschehens vermittelte.

b) *Positionsvielfalt und journalistische Wertungen*

Diagramm 20: Positionenvielfalt je Artikel

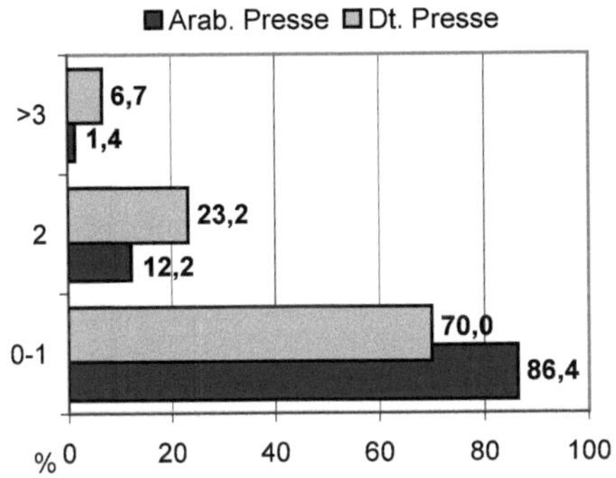

Die Vielfältigkeit und Ausgewogenheit von Beiträgen wird auch durch die Zahl der verschiedenen Positionen bestimmt. Im Folgenden wurden die einzelnen Positionen, die im Fall der Kondolenzbezeugungen bis zu 28 je Artikel reichen konnte, im Sinne von „Parteien" ähnlicher Grundsatzprinzipien und Vorstellungen gruppiert. Das gibt Ausschlag über das Profil der Diskussionsfreudigkeit einer Zeitung.

Es zeigte sich dabei deutlich der Überhang an Beiträgen, die ein Geschehen als reine Handlung bzw. aus maximal einer Perspektive darstellten (Diagramm 20). Deutsche Zeitungen publizieren jedoch deutlich häufiger Artikel, die mehr als eine Sichtweise enthalten und somit bereits Diskussionscharakter aufweisen (30 %), wohingegen arabische Zeitungen im Durchschnitt 86 % der Beiträge mit maximal einer einzigen Sichtweise ausstatten.[173]

Schaut man genauer, welche Themen debattiert wurden, so setzen arabische Zeitungen auf zwei moralische Themen: Angriffe auf Muslime bzw. Drohungen gegen sie (5,4 %), gefolgt von der Verurteilung des Londoner Terror-Akts (4,8 %). Wichtigkeit besitzt ebenfalls die Verstärkung der Sicherheitsmaßnahmen (3,5 %) und besonders im Fall Ägyptens der Schaden für den Tourismus (3,2 %). Zweithäufigstes Thema in Zusammenhang mit Sharm El-Sheikh ist wiederum die Verurteilung des Terrorismus.[174]

Tendenziell enthalten die normativ geprägten Artikel häufig eine einzige globale Position. Darunter fallen die Verurteilung der Anschläge als auch die Darstellung von Angriffen auf Muslime sowie der aus dem Terrorismus für die Muslime entstehende Schaden. Während es bei diesen moralisch-verurteilend besetzten Themen nahezu unmöglich ist, politisch „unkorrekte" Sichtweisen zu vermitteln, wäre aber zumindest bei den sicherheitspolitischen Themen (Krieg gegen den Terrorismus, Verstärkung der Sicherheitsmaßnahmen) eine Debatte mit mindestens zwei Positionen zu erwarten gewesen. Hier verschenken fast alle

[173] Bei Al-Hayat reicht die Positionszahl bis zu 28. Jedoch bestätigt sich hier, dass diese eine eher homogene Sichtweise besitzen. Bei Al-Ahram sind fast 90 % der Beiträge monoperspektivisch. Das andere Extrem liefert die FR mit lediglich 65 % Beiträgen mit maximal einer Position.

[174] Die Fallzahlen je Thema sind allerdings zu gering, um ein statistisch signifikantes Ergebnis für andere Stichproben abzugeben.

Medien potentiell vorhandenes Diskussionspotential zur Neubetrachtung der gegenwärtigen eher erfolglosen Sicherheits- und Anti-Terror-Politik. Stattdessen wird meist nur von einer Verstärkung der Sicherheitskräfte gesprochen oder der Krieg gegen den Terrorismus entweder nur verurteilt oder nur positiv bewertet.

c) *Grundtenor der Beiträge – Wertungen der Journalisten*

Dominiert in demokratischen Medien ein gewisser (kritischer) Negativismus die Berichterstattung, während manche Medien in Entwicklungsländern optimistisch der nationalen Entwicklung förderlich sein sollen, dann sollte sich dies auch unterschiedlich im Grundton der deutschen und arabischen Zeitungen wiederspiegeln.

Diese Annahme erweist sich jedoch als falsch. Deutsche Zeitungen tendieren in den Beiträgen zu einer neutralen Haltung (59 % der Beiträge zu 37 % in arabischen Zeitungen). Dieser Anteil ist bei arabischen Zeitungen einerseits auf positive, andererseits auf sehr negative Bewertungen verteilt, die entsprechenden arabischen Anteile liegen doppelt so hoch wie die deutschen. Negative sowie sehr positive Bewertungen hingegen sind in etwa gleichverteilt.[175]

Negativ bewertet wurden vor allem Angriffe auf die muslimische Minderheit, Anschlag und Sicherheitsmaßnahmen in London und der Kampf gegen den Terrorismus. Positiv-optimistisch hingegen erschienen die Bewertung des Schadens für die Wirtschaft (6 von 6 Wertungen neutral bis positiv).

d) *Beitragscharakter und Darstellungsformen*

Terrorismus als stark wertbesetztes Thema erzeugt im vorliegenden Fall den Versuch einer textlichen Neutralität: Es dominiert durchgehend die nachrichtlich-tatsachenbetonte Beitragsform, also die Ereignisberichterstattung bzw. nüchterne Distanzierung statt Reflexivität in Kommentaren. Diese nimmt bei deutschen und arabischen Medien zumindest fast ein Fünftel der Artikel ein. Eine Homogenität ist hier also durchaus vorhanden.

Diagramm 21: Charakter der Textbeiträge

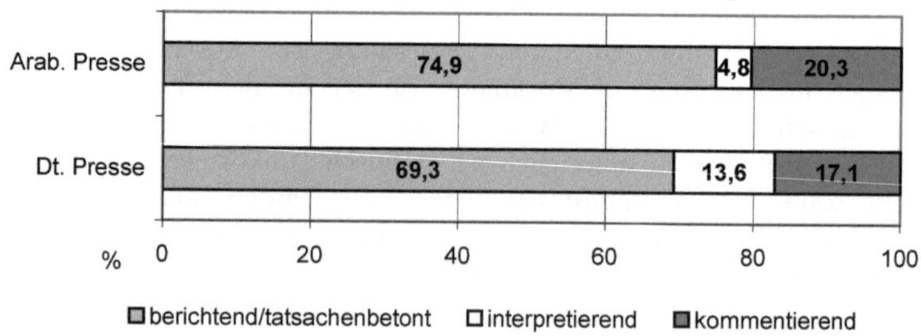

175 Gemessen wurde auf einer fünfstufigen Wertungsskala.

Die arabischen Zeitungen legten sich in rund 95 % der Fälle zumeist auf eine klare bipolare Trennung zwischen Fakten und Kommentar fest, gemäß dem anglophonen journalistischen Credo „Facts are sacred, comment is free". Subjektiv akzentuierte tatsachenbetonte Zwischenformen wie Reportage, Portrait oder Rezension finden in arabischen Zeitungen selten einen Platz (Diagramm 21).

Der Charakter der Beiträge lässt sich durch einen Blick auf die Darstellungsformen weiter spezifizieren. Unter den tatsachenbetonten Formen dominiert bei allen Medien der Bericht. Mehrere Aspekte je Thema lassen sich jedoch auch in mehreren Einzelnachrichten darstellen, in der Praxis ist manches nur eine Sache der Materialorganisation.[176]

Darstellungsformen, die über reine ereignisbezogene Informationsvermittlung hinausgehen, erscheinen deutlich häufiger in deutschen Zeitungen (45 % der Beiträge) als in arabischen (34 %). Mit einem breiten Angebot von Hintergrundanalysen, subjektiv gehaltenen Darstellungsformen und Kommentaren bieten deutsche Medien dem Leser vielfältigere Zugänge zu einem Thema. Arabische Zeitungen favorisieren das Kommentieren, wobei in arabischen Kommentaren die Darstellungsformen verschwimmen und Kommentare häufig auch Analysen bieten. Explizite Hintergrundanalysen sind jedoch selten, Reportagen, Features und Interviews gehören zur Ausnahme.

e) *Bildcharakter*

Sachlich-neutral oder emotional - die Wirkung eines Fotos hängt häufig vom Moment des Auslösens ab. Auch hier wird zumeist Distanz gewahrt – 82 % der Fotos tragen im Durchschnitt sachlichen Charakter, die meisten davon in FR und Al-Hayat. Ein Zusammenhang zwischen Medium und Bildcharakter konnte jedoch nicht nachgewiesen werden. Damit wird für die Pressemedien klar widerlegt, dass arabische Medien eine Tendenz zur Emotionalisierung haben, die arabischen Fernsehnachrichtensendern wie Al-Jazeera gerne allgemein unterstellt wird.

f) *Faktizität/Sachlichkeit*

Objektivität und Neutralität werden journalistisch nicht allein durch die Wahl der Darstellungsformen angestrebt, sondern können mit der inneren Struktur eines Beitrags variiert werden: durch den Grad der Faktenhaltigkeit (Faktizität) und der eigenen medialen Stellungnahme (Sachlichkeit).

Die *Faktizität* als Verhältnis von Fakten zu ungesicherten Behauptungen ergibt ein recht homogenes Bild für alle Zeitungen. Es überwiegen die Beiträge mit hoher Faktizität gegenüber denen mit mittlerer Faktizität (im prozentualen

[176] Bemerkenswert beim Intra-Gruppenvergleich scheinen bei Al-Ahram die vielen (Ein-Satz-) Kurznachrichten (18 % der Beiträge) so wie die Fülle an Kommentaren (21 %), während Al-Hayat fast gar keine Nachrichten anbot, sondern nahezu die komplette Berichterstattung über Terrorismus aus Berichten bestand (68 %). Den geringsten Anteil an tatsachenbetonten Darstellungsformen wies nicht wie zu vermuten die sich selbst gern als Meinungsblatt gebende FAZ (58 %) auf, sondern die FR (51 %).

Durchschnitt aller Fälle 43,2 % zu 40,4 %). Lediglich die FR enthält deutlich mehr Beiträge mit einer Mischung aus Fakten und Vermutungen. Beiträge mit geringer Informationsdichte spielen jedoch bei allen vier Medien eine untergeordnete Rolle.

Die *Sachlichkeit* als zweite Prüfgröße für die Tendenzhaltigkeit der Artikel zeigt ebenfalls ein weitgehend homogenes Bild. Rund 70 % der Artikel weisen eine höhere Sachlichkeit auf (Diagramm 22), d.h. Meinungen werden nur über das Zitieren von Akteuren transportiert. Beiträge mit mittlerer Sachlichkeit besitzen ebenfalls einen nüchternen Stil, enthalten aber in gewisser Menge explizite Meinungsäußerungen des Journalisten selbst. Größere Unterschiede gibt es nur bei Artikeln mit ausschließlichem Meinungsanteil, die in arabischen Zeitungen doppelt so häufig erscheinen.[177]

Digramm 22: Sachlichkeit

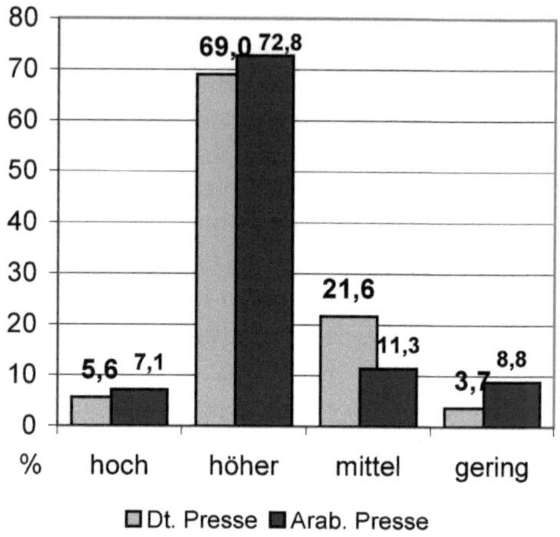

12.6.8. Schwerpunkt der Darstellung: Ereignis oder Thema?

Diagramm 23: Schwerpunkt der Darstellung

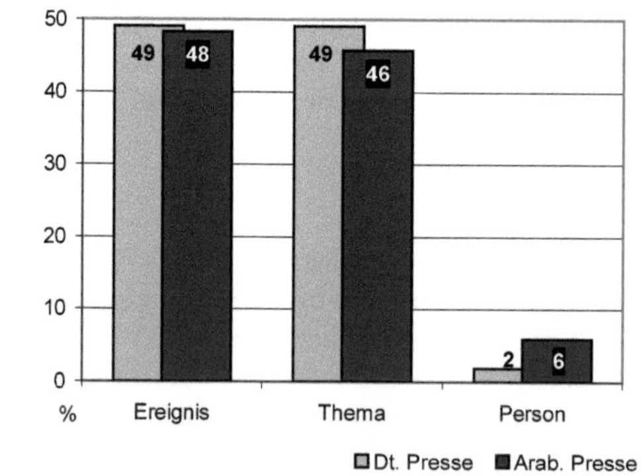

Homogenität zeigt sich auch bei der Schwerpunktwahl eines Beitrags. Die Unterscheidung Iyengars von thematischen (Kontexteinbettung von Informationen) und episodischen Frames (isolierte Ereignisdarstellung)[178] wurde hier ergänzt durch personenzentrierte Frames. Beide Mediengruppen unterscheiden sich nur durch die vernachlässigbare Diskrepanz in der Personenzentrierung, die in den

[177] Dies ist insbesondere auf den hohen Anteil von Kommentaren in der Al-Ahram zurückzuführen, wo fast jeder zehnter Artikel in diese Ausprägung fällt. Auch die FAZ besitzt gegenüber der FR einen doppelt so hohen Anteil von Artikeln spekulativer Natur.

[178] Nach Iyengar (1991: 2) halten sich ereignisorientierte und thematische Berichterstattung in etwa die Waage, auch wenn Einzel- oder Konglomeratsereignisse leicht dominieren. Dies verleiht der journalistischen Berichterstattung einen ausgeprägte Kohärenz, bei der trotz aktuell ausgerichteter Episodenhaftigkeit die Einordnung in größere Zusammenhänge berücksichtigt wird.

arabischen Zeitungen dreimal häufiger genutzt wird.[179] Ein wenig unerwartet ist der Befund von Al-Ahram. Der relativ geringe Anteil von personenzentrierten Beiträgen überrascht angesichts des halbstaatlichen Profils der Zeitung, für die Kritik am Präsidenten fast ein Sakrileg darstellt. Artikelanlass konnten hier bereits Handlungen des Präsidenten sein.[180] Während Al-Ahram und FAZ den personenzentrierten Fokus auf Politiker richten, berichtet Al-Hayat meist über terrorverdächtige Islamisten und Zivilisten.

Zwischenfazit

Die meisten Beiträge besitzen einen nachrichtlich-tatsachenbetonten Charakter. Ein Fünftel aller Artikel erschien in Kommentarform. Die arabischen Elite-Medien setzten in größerem Umfang auf die Trennung von Nachricht und Meinung, subjektiv-interpretierende Formen finden sich nur selten.

Die Variablen *Faktizität* und *Sachlichkeit* ermittelten für alle Zeitungen ein recht homogenes Bild, das auf objektive Berichterstattung mit dennoch erkennbarer Meinungspositionierung setzt. Bei den deutschen Zeitungen zeigte sich, dass die FAZ im Untersuchungszeitraum geringfügig mehr Wert auf Artikel mit expliziter redaktioneller Meinungsäußerung legte als ihr Konkurrent FR, und damit vorhergehende Untersuchungen sowie ihr Selbstimage als Meinungsblatt bestätigt.

Die Beiträge finden ihren inhaltlichen Schwerpunkt gleichwertig als Ereignis oder Thema, wobei allerdings in arabischen Zeitungen ein gewisser Anteil personenzentrierter Beiträge auszumachen sind.

7.1.7 Einbettung in den T-Kontext

a) Rückbezug auf frühere T-Akte

Fast die Hälfte aller Artikel zum Thema Terrorismus und den Anschlussdiskursen nimmt Bezug auf vergangene T-Akte.[181] Für die Medien markieren die Anschläge auf das World Trade Center in New York bzw. das Pentagon in Washington am 11. September 2001 den Ursprung und Haupt-Interpretationskontext für alle weiteren T-Akte der Folgezeit mit islamistischem Hintergrund, so auch für die Juli-Anschläge von 2005. Aus Diagramm 24 ist ersichtlich, dass deutsche Zeitungen ferner auf

---

[179] Die insgesamt 26 Fälle verteilen sich auf FAZ (5), Al-Ahram (9) und Al-Hayat (12).

[180] Hier passen aber nur wenige Artikel hinein, z.B. das Lob für Mubaraks Beruhigung ausländischer Touristen nach dem Attentat von Sharm El-Sheikh. Weiterhin werden in Al-Ahram u.a. Schicksale von Opfern und ihren Angehörigen sehr prominent dargestellt. Hinzu kommen Tony Blair, Londons Terrorverdächtige und der deutsche Botschafter in Kairo. Die FAZ porträtierte den Londoner Bürgermeister Ken Livingston sowie den Chef von Europol, oder konzentrierte sich auf Otto Schilys Vorschläge zur Sicherheit. Al-Hayat brachte u.a. auch Zivilpersonen (amerikanisches Anschlagsopfer, britische Friedensaktivistin, Reaktionen arabischer Pop-Stars auf den Anschlag) und eine religiösen Persönlichkeit aus dem arabischen Raum.

[181] In der deutschen Presse im Durchschnitt in 49 % der in FAZ und FR publizierten Artikel sowie in 44 % der arabischen Fälle. FAZ und Al-Hayat erreichten sogar 52 % der Fälle.

Madrid 2004 fokussiert sind, während arabische Zeitungen eine breitere Kontextperspektive einnehmen. Sie verweisen nicht nur auf islamistisch motivierte Anschläge in westlichen Industrieländern, sondern auch andere T-Akte wie in Bali, der Türkei und die T-Reihe in Ägypten in vergleichbarem Maße.[182] Eine Erklärung dafür bietet der Nachrichtenfaktor der kulturellen und geographischen Nähe.

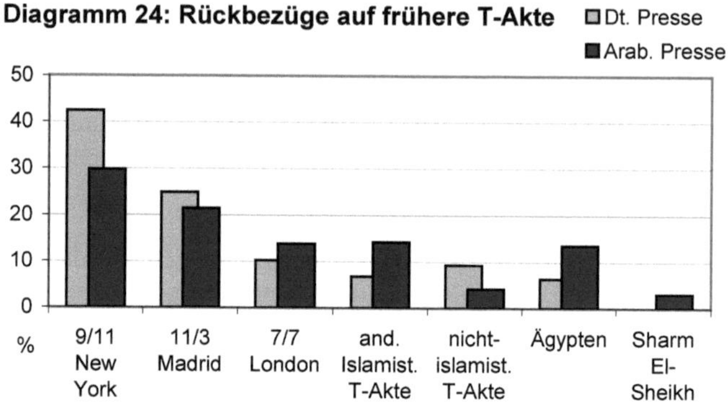

b) *Täter-Motive und Motivakteure*

Die Frage, warum ein T-Akt stattfand, ist neben den Konsequenzen eine der retrospektiv am meisten gestellten Fragen. Ziel war es, Unterschiede in Kausalattributionen deutscher und arabischer Medien herauszufinden.[183]

Deutsche Artikel nennen insgesamt häufiger vielfältigere Motive der Attentäter und Ursachen für islamistisch motivierte Anschläge (26 % zu 23 %).[184] Unter den Ursachenattributionen zum T-Akt von London dominiert bei allen Zeitungen der Verweis auf das militärische Engagement Großbritanniens im Rahmen des Krieges gegen den Terrorismus, was jedoch von arabischen Zeitungen stärker betont wird. Darunter fallen die Einsätze im Irak, Afghanistan und der (militärisch geführte) Krieg gegen den Terrorismus allgemein. Dann folgt mit großem Abstand die Mitgliedschaft Großbritanniens im Bündnis gegen den Terrorismus, aber auch die Vermutung von religiösen Gründen. Insbesondere die FAZ nennt in 12,5 % aller Vermutungen die Religion als Ursache. Arabische Medien verweisen zusätzlich auf Großbritanniens Freundschaft zu Israel (vgl. Abbildung 4).

[182] Der Intra-Mediengruppenvergleich ergibt starke Diskrepanzen zwischen den arabischen Zeitungen: Al-Hayat stellt die meisten, Konkurrent Al-Ahram die wenigsten Rückbezüge her und vernachlässigt auch die eigene Landesgeschichte in Bezug auf islamistisch motivierte Anschläge.

[183] Codiert wurden die ersten fünf in einem Artikel aufgeführten Vermutungen über Gründe sowie der Akteur des erstgenannten Motivs.

[184] Unter den Einzelmedien räsoniert am häufigsten die FR über die Intentionen (28,2 %), am seltensten Al-Ahram (19,5 %) – also die Zeitung, die im Juli 2005 einem T-Akt am nächsten war.

Abbildung 4: Häufigste Ursachenattributionen über London und Sharm El-Sheikh in der deutschen und arabischen Presse (Angaben in %)

Kausalattribution London	**Dt. Presse**	**Arab. Presse**
Außenpolitik – Regierung Blair: militärische Maßnahmen im Rahmen des Kampfes gegen den Terrorismus	31,2	39,7
Außenpolitik – Regierung Blair: Mitglied des westlichen Bündnisses gegen T	7,1	8,0
Außenpolitik – Regierung Blair: Freund Israels	5,0	12,1
religiöse Gründe	8,5	5,7
Wirtschaftliche Ziele: Störung der Wirtschaft	6,4	1,7
Organisatorisches Ziel: Sympathisanten gewinnen, T unterstützen, Aufmerksamkeit erregen	6,4	2,3
Politisches Ziel: Schädigung der Blair-Regierung	-	2,9
Kausalattribution Sharm El-Sheikh		
politische Probleme mit Regierung – direkte Bekämpfung	6,4	7,5
wirtschaftlicher Schaden	2,1	4,6

Beim Anschlag von Ägypten werden durch den kürzeren Untersuchungszeitraum und die geringere Nachrichtenwerthaltigkeit weniger Motive geäußert. Selbst arabische Medien diskutierten dies in geringem Umfang (21,2 % aller Motive, dt. Presse: 11,3 %). An erster Stelle stehen in beiden Diskursen die politischen Probleme der T-Akteure mit der ägyptischen Regierung, gefolgt von der Vermutung, dass T-Akteure wirtschaftlichen Schaden in Ägypten verursachen wollten.

Das Motiv der Symbiosetheorie (Sympathisantengewinnung) hat im Gegensatz zu den Diskussionen der letzten Jahrzehnte an Legitimation verloren, da sich Feind, Methode und Absicht deutlich verändert haben. Psychologische Ziele der T-Akteure werden in arabischen Zeitungen generell fast gar nicht beleuchtet.

Die FR lokalisiert als einzige Zeitung die Vermutungen über T-Motiv, indem sie das T-Risiko für Deutschland abschätzt.

Häufigster *Motivakteur* sind die Journalisten selbst, in beiden Zeitungsgruppen in rund einem Drittel der Fälle. Danach kommen in beiden Gruppen jeweils ähnlich häufig Politiker[185] als staatliche Autorität und die T-Akteure selbst zu Wort, in arabischen Zeitungen allerdings doppelt so häufig wie in deutschen. So bleibt nur wenig Raum für (alternative) Sichten von Sicherheitsbehörden oder Vertretern muslimischer Gruppen, denen in deutschen Zeitungen mehr Raum gewährt wird. Allein Wissenschaftler kommen häufiger zu Wort. Nur selten dürfen sich Akteure der Wirtschaft und nichtinstitutionalisierte Vertreter wie die Bevölkerung oder die

[185] In drei Fällen wird Tony Blair erwähnt, jeweils einmal Hosni Mubarak und Gerhard Schröder.

muslimische Diaspora äußern. Intellektuelle (Schriftsteller) kommen lediglich in deutschen Zeitungen zum Zug.

c) *Opfer oder Täter: Rollenmodelle ausgewählter Akteure*

In den vier Variablen sollte untersucht werden, ob und wie häufig bestimmte Akteure (Politiker, Polizei/Sicherheitskräfte, Bevölkerung und T-Akteure) mit einer bestimmten Rolle assoziiert werden, also schematisiert werden.

Wie nach Durchsicht der Fachliteratur bereits vermutet erscheint die Bevölkerung in knapp 80 % der Fälle als Opfer, die Terroristen in knapp 93 % der Fälle als Bösewichter. Dennoch tauchen Alternativrollen für die jeweiligen Gruppen auf. So wird die Bevölkerung in 13 % der Fälle als sich positiv-aktiv dem Schaden (Terrorismus) entgegenstellend dargestellt. Dies trifft besonders auf die deutschen Zeitungen zu, die die Londoner Bevölkerung in 16,5 % der Rollenzuweisungen wohl meist als die Normalität demonstrativ weiterlebend beschrieben. Den Attentätern wird in einigen Fällen keine Rolle direkt zugewiesen. Deutsche Medien betrachten sie in 3 % der Fälle als passive Akteure.

Die Sicherheitsbehörden wurden fast durchweg (82-87 %) als aktiv gegen den Terrorismus oder seine Folgen agierend gezeichnet. Doch Sicherheitsbehörden können auch passive Akteure oder sogar Täter sein, so bei der Erschießung des Brasilianers Menezes in der Londoner U-Bahn (v.a. in Al-Ahram).

Zwischenfazit

Aus den Befunden lässt sich schlussfolgern, dass zum Erhebungszeitpunkt global alle untersuchten Medien den 11. September 2001 als Primärbezugspunkt für islamistische T-Akte wahrnahmen. Dies wurde von den Anschlägen in Madrid ergänzt. Keine regional-kulturelle Einbettung erfuhr hingegen der Anschlag in Ägypten, denn auch dieser wurde in einen westlichen Rahmen eingebunden. Ausgerechnet die ägyptische Nationalzeitung Al-Ahram behandelte den binnennationalen Hintergrund eher verschwiegen.

Als Ursache dominierten beim Anschlag von London (implizite) Schuldzuweisungen an Großbritanniens Regierungspolitik, die mit der Teilnahme am Kampf gegen den Terrorismus zusammenhängen. Beim T-Akt von Sharm hingegen wird die Sichtweise der T-Akteure nachzuvollziehen versucht – als Kampf gegen die Regierung oder mit dem Ziel der wirtschaftlichen Störung.

Danach verändern sich die kulturellen Prioritäten: Während deutsche Zeitungen die Gründe in der Religion sehen, wird in arabischen Zeitungen die gute Beziehung Großbritanniens zu Israel erwähnt.

Sharm El-Sheikh spielt nur eine geringe Rolle – über die Tatmotive berichteten selbst arabische Zeitungen nur in einem Fünftel der Fälle.

Die Mehrzahl der Motiv-Akteure umfasst entweder den Autor selbst oder staatliche Autoritäten wie Politiker und Polizei. Kaum zu Wort kommen dagegen Akademiker und Muslime. Während Al-Hayat fremden Motivnennungen von

Politikern und Radikalen den größten Raum einräumt, bietet Al-Ahram Platz für Akademiker und die FAZ für Muslime.

Die Rollenzuweisung an die vier untersuchten Akteursgruppen verlief wie vermutet dichotom: während die Bevölkerung die Opferrolle einnimmt, agieren die Anschlagsverursacher als Schädigende, während Politik und Sicherheitsbehörden aktive Kräfte gegen den Terrorismus sind. Speziell in Bezug auf London übernimmt die Bevölkerung jedoch eine Alternativrolle als dem Terrorismus aktiv trotzende Gruppe, während Sicherheitsbehörden Schaden bringen (Menezes).

12.8. Einbettung aus kulturwissenschaftlicher Sicht

a) Der "Andere": Dividing – Rejecting

Mehr als drei Millionen Muslime leben in Deutschland, dennoch gehören sie implizit für eine Reihe von Medien nicht zu „uns". In arabischen Zeitungen wiederum wird zum Teil „der Westen" undifferenziert als ein homogenes Gebilde betrachtet, Deutschland mit den USA gleichgesetzt. Werden also unsichtbare Grenzen zwischen dem „Wir" und „Ihnen" gezogen? Martín-Rojo (1995) wollte das messbar machen und entwicklte dazu die Konzepte „Dividing" und „Rejecting". Gezeigt werden soll, ob vorhandene kulturelle Unterschiede zur Thematisierung des „Anderen" führen. Dividing benennt die bloße Teilung, Rejecting umfasst auch die Negativbewertung des „Anderen".

Beides findet sich in allen untersuchten Medien, sowohl in manifester als auch in kritisierter Form. In elf Prozent der Fälle aller Untersuchungseinheiten ist Dividing zu verzeichnen, in sechs Prozent Rejecting. Dennoch bleiben die Fallzahlen für die bewusste Ablehnung des „Anderen" so gering, dass sie als Einzelfälle gelten können.

Diagramm 25: Dividing und Rejecting

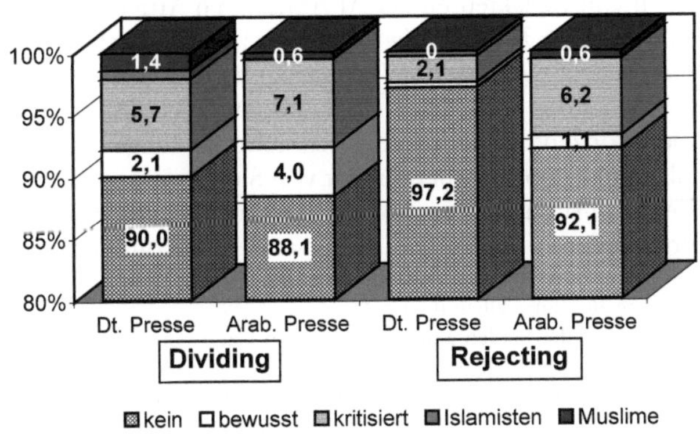

Dem *Dividing* widmet sich jeder zehnte deutsche Artikel und jeder achte arabische. Beide Diskurse kritisieren[186] in der Mehrzahl der Fälle explizit die Praxis des Dividings (Diagramm 25). Vor allem in der FAZ werden Muslime sechsmal als der kulturelle „Andere“ wahrgenommen und durch die FR viermal die muslimische Minderheit. Al-Ahram stellt den Westen in 5 % der Fälle als den „Anderen“ hin, das übrige ist zu vernachlässigen.

Nur einziges Mal tritt bewusstes *Rejecting* von Muslimen bzw. der arabischen Welt in einem deutschen Blatt auf. Deutlich häufiger wird sich mit Kritik am Rejecting befasst, hier ebenfalls von der FAZ dominiert (4 zu 2 Fällen in der FR). Auch arabische Zeitungen kritisieren das Konzept des dichotomen „Anderen“ – allerdings fast dreimal so häufig wie ihre deutschen Counterparts (6,2 % bzw. 22 Fälle). Der Westen wird bewusst in lediglich 1,1 % (4 Fälle) zurückgewiesen. Seltener distanziert man sich von der muslimische Minderheit im Ausland.[187]

b) Stereotype und Vorurteile

Stereotype im negativen Sinn sind in den untersuchten Artikeln ein Seltenheitsphänomen. Unter den deutschen Artikeln enthalten 3 Beiträge ein Stereotyp (1,1 %), in arabischen Zeitungen 8 Artikel (2,3 %). Ein ähnliches Ergebnis konnte für Stereotype festgestellt werden, die explizit kritisiert werden (4 und 8 Artikel).

Deutsche Stereotypen gegenüber Arabern/Muslimen werden nur von Journalisten der FAZ geäußert, während die Kritik daran ausschließlich in der FR vorkommt (zumeist indirekt durch einen Artikel-Protagonisten). Es treten je einmal folgende Stereotypen manifest auf: *Bedrohungspotential des Islams*, *der Islam als monolithische Religion*, der *Islam sympathisiert von seiner Natur her mit dem Terrorismus*, *Muslime sind integrationsunwillig*. Bis auf das letzte werden genau diese Stereotype durch die FR relativiert bzw. widerlegt, zusätzlich dazu *Islam und Gewaltassoziationen.*

In den untersuchten arabischen Medien kommen in jeweils 8 Artikeln 15 manifeste und 11 kritisierte Stereotype gegenüber der westlich-christlichen Welt, aber auch gegenüber Muslimen vor. Zehn manifeste Stereotype wurden nach dem T-Akt in London von Redakteuren der Al-Ahram in 6 Artikeln (=3,1 %) publiziert, darunter *ein monolithischer Blick auf den Westen* (5x), der pauschale Vorwurf an den Westen des *Gleichsetzens von Islam und Terrorismus* (4x) und der Vorwurf der *politischen Verschwörung der westlichen Welt* gegen die arabische Welt. Aufgrund der geringen Anzahl und der Konzentration auf den Zeitraum der Folgeberichterstattung zum Terror-Anschlag in London ist aber vorerst von Singularitäten auszugehen.

Stereotype durften aber auch von westlichen Akteuren innerhalb eines Artikels geäußert werden. Ihre Äußerungen wurden unkommentiert wiedergeben.

[186] Auf deutscher Seite allerdings allein die FAZ.

[187] Die Einzelbetrachtung der beiden arabischen Medien zeugt von großer Heterogenität sowohl bei Dividing als auch bei Rejecting: Al-Ahram praktiziert Rejecting zwar nur in 1,5 % der Beiträge, diese Zahl ist aber dennoch mehr als doppelt so hoch wie bei den anderen Medien und übersteigt auch deutlich die Kritik daran. Bei Al-Hayat überwiegt dagegen eindeutig die Kritik an Dividing und Rejecting.

Dies findet keine Entsprechung in deutschen Medien. Widerlegt wurden sie erst implizit durch den Seitenkontext bzw. den Rezipientenkreis (arabische Leser): Die rechtsextreme British National Party und Günther Beckstein unterstellten dem Islam T-Sympathie, nannten ihn bedrohlich, monolithisch und mit anderen Religionen inkompatibel.

In den arabischen Medien wurden Stereotype ebenfalls explizit kritisiert (Al-Ahram 7x, Al-Hayat 4x), sowohl anti-muslimische als auch anti-westliche Stereotype. Abgelehnt oder relativiert wurden neben den bereits erwähnten Stereotypen des Westens als Gleichmacher von Terrorismus und Islam und den monolithischen Blick auf den Westen auch der *monolithische Blick auf den Islam*, dessen *T-Sympathie*, *Bedrohungspotential* und *Kulturlosigkeit* sowie die *Unterdrückung der arabischen Frau* und die *Rückschrittlichkeit der arabischen Welt*

Interpretation

Insgesamt befassen sich die untersuchten arabischen Zeitungen häufiger mit Stereotypen als deutsche Zeitungen, sowohl als Sprechakthandlung als auch in Form von Kritik. Aus den Befunden zu den deutschen Medien, die jedoch aufgrund ihrer geringen Anzahl nicht überbewertet werden dürfen, lassen sich zwei Folgerungen ziehen. Zum einen bestätigt sich darin die konservativere Haltung der FAZ, indem ausschließlich in diesem Medium Äußerungen auftauchen, die diskriminierenden Charakter für Muslime aufweisen. In der liberaleren Frankfurter Rundschau erfolgt hingegen eine Diskussion latenter Stereotype.

Zum anderen ist zu bemerken, dass im Vergleich mit der Berichterstattung in deutschen Medien über den Islam zu Beginn der 90er Jahre heute ein etwas anderer Ton gegenüber Muslimen vorherrscht. Während das Stereotyp des zivilisatorischen Bedrohungspotentials des Islams konstant aktiv bleibt, wird der Charakter der Terror-Sympathie des Islams nun stärker betont. Auch die monolithische Betrachtungsweise als „die Araber" oder „die Muslime" hält sich taucht hier und da wieder auf. Stereotypen wie Weltmachtstreben oder die Vorstellungen zum Frauenbild entfallen wegen der Thematik (Terrorismus). Kritisierte Stereotype werden mit einbezogen, denn selbst ein kritisiertes Stereotyp setzt als Existenzberechtigung der Kritik voraus, dass es einen nicht zu vernachlässigenden Teil von Vertretern dieses Stereotyps in der Öffentlichkeit gibt.

Auch in arabischen Zeitungen haben sich die Stereotypen verändert. Im Vergleich zu den von Abdelnasser (2000) festgestellten Stereotypen findet sich hier nur eine themenbezogene Auswahl, die sich nicht auf religiös-moralische Verurteilungen, sondern politische Annahmen und Unterstellungen stützt

c) *Wortfeld*

Medien bringen den Islam bzw. die Muslime selten direkt in Verbindung mit Gewalt. Deutsche Zeitungen scheinen neutraler als arabische (was aber vor allem an der FR liegt): knapp 14,6 % der Artikel stellen eine Wortfeld-Verbindung her, in der arabischen Presse 22 %.

Gewalt wird dabei in den deutschen Zeitungen am häufigsten mit Islamisten verbunden (v.a. FAZ). Seltener erscheint die themengebundene Verbindung von Islam und Gewalt sowie Wortfeldkritik (v.a. FR).[188] Letzteres spielte für beide arabische Zeitungen jedoch eine herausragende Rolle: sie konzentrierten sich klar auf die Kritik an den Wortfeldern (13,3 % aller Erhebungseinheiten). Weniger Bedeutung besaßen die Assoziation von Gewalt und Islamisten und die (nicht-)themenbegründete Darstellung von Islam und Gewalt.[189]

Zwischenfazit zur kulturwissenschaftlichen Betrachtungsweise

Bei der Darstellung von Dividing und Rejecting überwiegt bei allen Zeitungen mit Ausnahme von Al-Ahram die Kritik an der pauschalen Unterteilung zwischen Westen und arabisch-islamischer Welt. Gewolltes Dividing taucht nur in wenigen einzelnen Fällen auf, gewolltes Rejecting wird von der FR als einzigem Medium nicht praktiziert, was die liberalere, integrativere Ausrichtung bestätigt. In der FAZ zeichnet sich ein konservativeres Bild ab, indem Dividing thematisiert, aber auch selbst durchgeführt wird. Al-Ahram liegt bei Dividing und bei Rejecting an der Spitze. Das Medium favorisiert bewusstes Dividing anstatt der Kritik daran.

Stereotypen und Vorurteile in deutschen und arabischen Zeitungen haben sich innerhalb der letzten Jahre verändert. Da sie im Untersuchungszeitraum nur in Einzelfällen auftraten, ist keine statistisch signifikante Aussage möglich.

Der deutsche Vorurteils-Fokus ist religiös orientiert, man warnt vor einem monolithischen, anpassungsunfähigen terrorsympathisierenden Islam. Der arabische Blick liegt hingegen im Politischen: Stereotypisiert wird ein monolithischer Westen, der Islam mit Terrorismus gleichsetzt und sich gegen die arabisch-islamische Welt verschworen hat.

Beide Mediengruppen setzen sich in vergleichbarer Weise kritisch mit den Stereotypen auseinander. Bei der Verteilung von manifesten Stereotypen und der Kritik daran ist jedoch eine deutliche Trennung zwischen konservativ-nationalen (Stereotype) und liberal-transnationalen Medien (Kritik) auszumachen.

Während deutsche Zeitungen im Untersuchungszeitraum meist Wortfeldassoziationen von Gewalt und „islamistisch“ herstellten, konzentrierten sich arabische Medien auf ein Aufbrechen der Assoziationen zwischen Islam und Gewalt durch Relativierung oder Entwertung eben dieser Darstellung. Arabische Medien verbanden aber ebenfalls in nennenswertem Umfang Islamisten mit Gewalt. Bei der nichtthemenbegründeten Darstellung von Islam und Gewalt gab es dagegen keine großen Unterscheidungen zwischen den Medien.

Eine vorerst rein kognitive Frage für die Rezipientenforschung bleibt, inwieweit auch die Nennung der Staatsangehörigkeit eines islamischen Landes oder

[188] Da verhältnismäßig wenig Artikel erhoben wurden, sind diese eher als Einzelfälle zu werten.

[189] Auch hier gibt es ebenso wie bei FAZ und FR große Binnenunterschiede. Auffällig bei Al-Hayat ist die insgesamt hohe Anzahl der Wortfeld-Darstellung – mehr als jeder vierte Artikel enthält eine Assoziation von Islam und Gewalt (26,4 %), im Gegensatz zu Al-Ahram (18,5 %).

allein eines (muslimischen) Namens eine Assoziation von Islam und Gewalt verursacht. Bei der obigen Analyse wurde zwar nach trennscharfen Ausprägungen gestrebt, aber dies lässt sich nur schwer realisieren, da ein unter T-Verdacht stehender Muslim, sofern der T-Akt religiöse Verbindungen aufwies, bereits vom Thema her mit Gewalt assoziiert wird.

7.2: Resultate der Bezugsanalyse

Eines ist bei der Untersuchung recht deutlich geworden: T-Akte als Risiko mit Globaleffekt ziehen keineswegs gemeinsame transnationale Diskurse nach sich. Während arabische Zeitungen durchaus Ansätze von Diskursverbindungen aufweisen, indem Wissenschaftlern und Experten des „Anderen“ medial Raum gewährt wird, nehmen die untersuchten deutschen Zeitungen den Problemgegenstand Terrorismus in Bezug auf die arabisch-islamische Welt kaum als global akuten Gegenstand wahr, sondern nur in seinen lokal unterschiedlich wichtigen Ausprägungen. Intermediale Gegenbezüge fehlten völlig. Einzig und allein die Anerkennung von Terrorismus und T-Risiko als gemeinsames Problem zeichnet eine diskursiv verstandene deutsche und arabische Presse aus.

Ein Diskurs war dann als gemeinsam zu werten, wenn Sprecher und Hörer zum selben Thema aufeinander Bezug und idealerweise Gegenbezug nehmen (siehe Kapitel 6.1). Folgende Möglichkeiten der Bezugnahmen wurden unterschieden:

- für die deutschen Zeitungen der Bezug auf nicht themengebundene[190] arabische Akteure bzw. Medien aus der arabisch-islamischen Welt
- für arabische Medien der Bezug auf jeweils die deutsche und die westliche Welt
- für beide Mediengruppen der Bezug auf die muslimische Diaspora im Westen, die Sekundärbetroffene des Anschlags ist und diskursiv betrachtet eine Sonderstellung zwischen arabischer und westlicher Welt einnimmt

Für deutsche Zeitungen ist der Bezug auf den Anderen eine eher uninteressante Sache. Obwohl mit den T-Akten selbst häufig eine religiöse Komponente assoziiert ist, werden Stimmen aus der arabisch-islamischen Welt oder der muslimischen Diaspora im westlichen Ausland in lediglich 11 % der Artikel berücksichtigt. Ganz anders jedoch die arabische Presse: In nahezu der Hälfte der Fälle (49 %) bezog sich eine der beiden arabischen Zeitungen auf einen westlichen Kommunikator (inkl. Diaspora und Medien).[191] Dies ist natürlich der bedeutend größeren Rolle, die international dem britischen T-Akt gegenüber Sharm El-Sheikh zugebilligt wurde, geschuldet. Doch arabische Zeitungen rezipierten nicht nur britische Stimmen, sondern verschiedenste Medien der westlichen Welt.

Der ideale Ort zur medialen Wahrnehmung des Anderen wären eigentlich die „Pressestimmen“. Doch in der täglichen FAZ-Rubrik „Stimmen der Anderen“ auf Seite 2 fand sich kein einziger Artikel aus der arabischen Welt zu London oder

[190] Darunter fallen Personen, die an sich mit dem Ereignis wenig zu tun haben und die keinen zwingenden Nachrichtenwert haben, also z.B. Akademiker und Intellektelle, aber nicht Politiker (z.B. in der Rolle als Staatspräsident); keine Sicherheitsbehörden, die den Fall untersuchen; keine Opfer oder unmittelbar Betroffenen; keine Tätergruppen.

[191] Die Bezugnahmen verteilen sich wie folgt: Von den 31 Bezugnahmen der deutschen Zeitungen betreffen zwei Drittel die arabisch-islamische Welt, ein Drittel die muslimische Diaspora. Die arabische Presse geht zu 74 % auf westliche/deutsche Kommunikatoren ein, zu 10 % auf die Diaspora und zu 14 % auf Akteure, die „Nebeneffekte“ der Anschläge sind (z.B. Reisebranche).

Sharm El-Sheikh. Es dominierten rein europäische Stimmen, und die äußerten sich auch nur zum Londoner T-Akt.[192] In FR, Al-Ahram und Al-Hayat (mit Ausnahme eines Supplements[193]) war eine Pressestimmen-Rubik nicht vorhanden. FR-Mitarbeiter Karl Grobe wies auf die Schwierigkeit der Integration arabischer Mel-dungen in eine solche Rubrik hin, da bei den Agenturmeldungen eine „sprachliche Barriere“ zum Tragen kommt (Interview vom Jan. 07).[194]

a) *Bezugnehmer, Bezugsthemen, Bezugsakteure*[195]

Um einen transnationalen Diskurs zu führen, ist anzunehmen, dass primär fachlich versierte Kommunikatoren wie Experten und Akademiker zu Wort kommen. Diesen Anspruch löst im vorliegenden Fall nur die arabische Presse ein. Während Experten dort deutlich wahrnehmbar sind, werden sie in FAZ und FR marginalisiert.

Zunächst werden in allen Untersuchungsmedien die Aussagen von Politikern aufgenommen. Deutsche Zeitungen konzentrieren sich dann auf die religiöse oder gesellschaftliche Komponente von Islam/Muslimen, was auch in arabischen Zeitungen zum Tragen kommt – allerdings nur bei der muslimischen Minderheit im Ausland, da Islamvertreter häufig ja zum eigenen Diskurs gehören. Arabische Zeitungen gehen weiterhin auf die schon erwähnten Wissenschaftler sowie Sicherheitsexperten des anderen Diskurses ein.

Arabische Zeitungen beziehen sich in Artikeln mit Referenz zu Deutschland in erster Linie auf latente und aktuelle Sicherheitsmaßnahmen und deren innenpolitischer Diskussion. Schließlich ist davon insbesondere die muslimische Minderheit betroffen. Lediglich Al-Ahram bietet echte Diskursansätze, indem auf die deutsche Innenperspektive (zum T-Risiko oder mit Vorschlägen zur Lösung der Nahost-Krise) eingegangen wird. Dies kann dem in Deutschland situierten Korrespondenten geschuldet sein, der im Gegensatz zu Al-Hayat einen kontinuierlichen Einblick in deutsche Debatten gewährleistet.

In deutschen Zeitungen geht es eher um Fragen der Haltung des Islams zum Terrorismus oder die Sicherheitslinie. Arabische Zeitungen bezogen sich allgemein eher auf den Opferstatus muslimischer Gemeinden.

Als *Bezugnehmer* auf einen Akteur des Gegendiskurses fungieren zu knapp 69 % deutsche Zeitungen selbst. Weiterhin werden Bezüge indirekt über ein arabischsprachiges Medium hergestellt (7 Fälle) sowie ferner ein Islamismusexperte bzw. eine Studie zitiert. Im großen Gegensatz dazu orientierten sich arabische Zeitungen überwiegend indirekt an den Medien des Gegendiskurses (59 %), erst an zweiter

---

[192] Für die arabische Presseschau ist der Korrespondent aus den arabischen Ländern verantwortlich (FAZ-Redakteur Hans-Christian Rößler).

[193] Das (unregelmäßige) Supplement „World Press“ (Sahâfa Al-Âlim) erschien am 27.7., S. 14/15. Zitiert wird darin ein Artikel der The New York Review (of Books) zur amerikanischen Anti-Terror-Politik, der jedoch noch vor den Anschlägen von London erschien.

[194] In der Redationspraxis wird für die Presseschau meist auf Agenturmaterial zurückgegriffen.

[195] Als Bezugnehmer, Bezugsobjekte und Bezugsthemen wurden jeweils maximal zwei Antworten codiert, die auf einer speziellen Akteursliste basierten.

Stelle folgten direkte eigene Bezüge (40 %). Diese Zahlen können als repräsentativ für die gewählte Stichprobe gelten. Nur in 2 von 212 Fällen agierten Islamisten bzw. eine Zivilpersonen unter Terrorismusverdacht als Bezugnehmer.

Bezugsobjekt ist in allen Medien in etwa jedem dritten Fall ein Politiker (Diagramm 26). Fast genauso häufig berufen sich FAZ und FR auf islamische Gruppen und Gelehrte, etwas seltener auf radikale Islamisten. Dann geht es meist um Islam und Muslime (27,7 %), den T-Akt in Sharm El-Sheikh (25,5 %) und Terrorismus (23,4 %).[196] Arabische Zeitungen verweisen hingegen am zweithäufigsten auf den Diskurs von Akademikern und Wissenschaftlern, Diskursteilnehmer, die in deutschen Zeitungen keine Rolle spielen. Es folgen Sicherheitsbehörden und islamische Gruppierungen. Hauptthema bildet dabei der Anschlag in London (50,3 %), es folgt Terrorismus (18,4 %), Sicherheitspolitik sowie Islam/ Muslime (je 10,1 %).

Während also die Hauptaufmerksamkeit bei beiden Zeitungsgruppen dem jeweiligen aktuellen Ereignis gilt, so sind die Folgethemen jeweils die gleichen: Terrorismus und Islam/Muslime, wenn auch in unterschiedlichen Anteilen.[197]

Diagramm 26: Akteure, auf die Bezug genommen wird

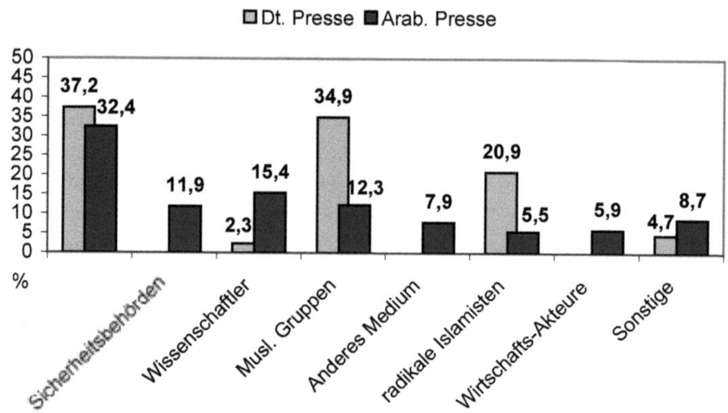

[196] Dabei darf jedoch nicht vergessen werden, dass mit lediglich 47 Themennennungen die Fallzahl bei den deutschen Zeitungen sehr gering ist.

[197] Eine hochsignifikante Kreuztabelle (p>0.001), in die die gewichtigsten Ausprägungen von Bezugsakteur und -thema aufgenommen wurden, ergab für die vier Zeitungen insgesamt folgende Schwerpunkte der Bezugnahmen: Ging es bei der Bezugnahme um London, so wurden in vergleichbarer Häufigkeit Politiker, Sicherheitsbehörden und islamische Gruppierungen zitiert (17,2-22,4 %). Auch beim Thema Terrorismus wurde meist auf Politiker zurückgegriffen (41,4 %), hier folgte als nächste Gruppe die Wissenschaftler (24,1 %). Bei allen übrigen Themen (Sonstiges) dominierten erneut die Politiker (37,8 %) vor Akademikern (10,2 %) sowie islamischen/ islamistischen Gruppen (je 9,2 %). Bei allen drei Schwerpunktthemen (London, Terrorismus, Sonstiges) bildeten aber die Diskurse von Politikern den Bezugsschwerpunkt (31,7 %). Arabische Zeitungen präferierten Äußerungen zu London von Politikern und Sicherheitsbehörden zu London (17,2 % aller Bezüge) sowie islamischen Gruppen (8,6 %). Die deutsche Tagespresse hingegen bevorzugte islamische Gruppen, die sich zum Terrorismus äußern (12,5 % aller Bezugnahmen).

Beliebteste Einzelthemen bei den deutschen Zeitungen waren u.a. die Verwicklung Pakistans in den Anschlag von Sharm El-Sheikh, die Überwachung von muslimischen Gemeinden sowie deren Ausgrenzung und die Distanzierung von Muslimen zum Terrorismus. Dabei sollte sich meist nur über die gerechtfertigte Unschuld des Anderen vergewissert werden. Arabische Zeitungen bezogen sich am häufigsten auf die technische Durchführung des Anschlags von London, Fahndungsinformationen und Täterverdacht (13,5 %). Fast ein Zehntel der Bezüge entfiel auf Angriffe bzw. Drohungen gegen die muslimische Minderheit.

b) Bezugsmedien

Al-Ahram und Al-Hayat greifen deutlich häufiger auf Medien als Bezugspartner zurück als FAZ und FR. Bei allen vier Zeitungen sind die ausgewählten zitierten Medien jedoch sehr vielfältig.

Unter den 31 deutschen Bezugnahmen fanden sich zehn verschiedene Medien aus der arabisch-islamischen Welt, z.B. die beiden transnationalen Zeitungen mit Sitz in London Al-Hayat und Asharq Al-Awsat, aber auch Al-Ahram. Weitere Medien stammten aus dem Vorderen Orient und der Golf-Halbinsel.[198] Bei den arabischen Zeitungen sieht das mediale Bild absolut und relativ deutlich vielfältiger aus, in den 201 Artikeln mit Bezügen wird 105 Mal ein westliches Medium als diskursrelevant genannt. Ursache dafür ist zum einen die breite Berichterstattung über den Anschlag von London, zum anderen spielt die journalistische Recherchequalität der westlichen Medien eine große Rolle. So lieferten sich insbesondere die BBC und die britischen Tageszeitungen einen Wettkampf um die Veröffentlichung der neuesten Fahndungs- und Täterinformationen, während dies bei den arabischen Medien und dem Anschlag von Sharm El-Sheikh nicht im Blickpunkt stand.

Knapp zwei Drittel dieser Bezugnahmen (64,8 % bzw. 68 Nennungen) entfallen auf britische Medien, 23,8 % auf europäische und israelische Medien. Die übrigen Nennungen beziehen sich auf amerikanische Medien (13,3 %). Am häufigsten zitiert wurde die BBC (8 Fälle), je sieben Mal die Times, Sunday Times sowie britische Medien allgemein, sechs Mal Sky News. Häufigstes rezipiertes deutsches Medium war kein Eliteblatt, sondern die einflussreiche Bild am Sonntag (2 Nennungen). Die übrigen ausgewählten deutschen Medien (FAZ, Welt, Deutsche Welle) stammen aus dem konservativen Spektrum.

c) Bezugsthemen konkret: Deutschland, arabische Welt

Während das Hauptaugenmerk der arabischen Zeitungen auf Großbritannien und den USA liegt, spielt Deutschland – obwohl nicht zum Schauplatz gehörend – eine nicht unbedeutende Nebenrolle. Bezugnahmen auf Deutschland erscheinen in 19 Fällen – das entspricht exakt 9 % aller Bezugnahmen der arabischen Zeitungen.

---

[198] Acht der zehn deutschen Bezüge entfielen auf die FR. Bei den arabischen Zeitungen war das Verhältnis recht ausgeglichen: Al-Ahram enthielt 52,4 %, Al-Hayat 47,6 % der 105 Bezüge.

Auf Al-Ahram entfallen 13 Fälle, auf Al-Hayat 5, jeweils annähernd gleichmäßig verteilt auf beide Anschläge.

In Al-Hayat beschränken sich die Bezugnahmen auf ereignisbedingte aktuelle Sicherheits- und Fahndungsmaßnahmen. Dabei reicht die Bandbreite von Otto Schily und seinen Informationen über einen militanten Islamisten zu seiner Einschätzung des Terror-Risikos für Deutschland, von der geplanten Terror-Datei über Günther Becksteins Aussage zu einer Fahndungsreise der bayrischen Sicherheitsbehörden nach Ägypten bis hin zum Verhängen eines Flugverbots über dem Berliner Regierungsviertel durch die deutsche Bundesregierung.[199]

In der Al-Ahram zeigte sich ein etwas vielfältigeres Bild.[200] Zwar bilden latente aktuellen Sicherheitsmaßnahmen das Top-Thema[201], andererseits schildert Al-Ahram den Diskurs deutscher Akteure zu nicht ereignisgebundenen Einschätzungen und Analysen der Lage, z.B. Lösungsmöglichkeiten für Nahost (Joschka Fischer), die Terror-Gefahr für Deutschland (Interview mit dem Essener Terrorismus-Experten Rolf Tophoven; Geheimdienstberichte), der Umgang mit Muslimen in Deutschland (Aufforderung von Medien und dem Bund Deutscher Kriminalbeamter an Muslime in Deutschland, sich mehr um Terrorismus in den eigenen Reihen zu kümmern) oder ein Potpourri-Interview mit Martin Kobler, dem damaligen deutschen Botschafter in Kairo. So wird arabischen Lesern die Möglichkeit geboten, die Innenperspektive von Deutschland zu verfolgen.

Deutsche Zeitungen bezogen sich nach London auf Äußerungen bedeutender politischer Vertreter der arabischen Welt (z.B. Amr Musa, Arabischen Liga), aber auch, wenn es sich um Integrations- und Identitätsfragen, die Haltung des Islams zum Terrorismus und die Überwachung deutscher muslimischer Gemeinden handelte. Nach den Anschlägen von Sharm El-Sheikh ruhte der Fokus weiterhin auf Sicherheitsvertretern wie der Kompetenzgruppe Islamismus, oder es rückten ägyptische Beduinen und Politiker in den Mittelpunkt.

In den übrigen westlichen Ländern beleuchteten arabische Medien die Lage der muslimischen Minderheiten, deren Diskriminierungen und vor allem die Kritik offizieller westlicher Staatsvertreter und Akademiker daran. Thematisiert wird außerdem schlaglichtartig das Leben einiger radikaler Islamisten in Großbritannien. Am Rande stehen anekdotenartige Begebenheiten, z.B. das Umsteigen der U-Bahn-Passagiere auf Bus und Fahrrad. Unter den Wissenschaftlern finden sich nicht nur westliche Forscher wie Thomas Friedman, Hans Michael (Royal Institut of London) oder den amerikanischen T-Experten Daniel Benjamin, sondern auch um Wissenschaftler aus Entwicklungsländern wie Roman Ghunar aus Sri Lanka.

---

[199] Die entsprechenden Artikel erschienen am 10.7. S. 1; 11.7. S. 5; 15.7. S. 7; 27.7. S. 7; 31.7. S. 1.

[200] Artikel in der Al-Ahram vom 8.7. S. 3; 9.7. S. 5; 12.7. S. 9; 14.7. S. 5; 15.7. S. 4; 24.7. S. 11; 25.7. S. 7+10; 28.7. S. 9; 30.7. S. 6+9; 31.7. S. 6.

[201] Die Berliner Verkehrsbetriebe äußern sich zu Sicherheitsmaßnahmen in ihren Zügen; Politiker äußern sich zu der Einführung neuer biometrischer Ausweise, Beckstein möchte Moscheen überwachen lassen; der Präsident der Deutsch-Arabischen Handelskammer in Kairo sieht keinen langfristigen Schaden für den Tourismus, Dt. Außenministerium zum Verhalten deutscher Touristen in Ägypten, Prozesse gegen Islamisten in Kairo.

7.3: Resultate der medialen Diskursanalyse

a) *Zeitlicher Verlauf der Debatte und Autorenschaft*

Während sich die Kommentare unmittelbar nach den Anschlägen durch gemeinsame moralische Verurteilungen des Terrorismus und Bemessen der Wahrscheinlichkeit eines T-Akts in London ähneln, entfernt sich der Folgediskurs früh vom eigentlichen Thema hin zu einer unterschiedlich gewichteten Debatte über Sicherheitsmaßnahmen sowie gesellschaftlich-politische Implikationen. Das bestätigt die Ergebnisse früherer Studien, nach denen eine anfänglich moralisch ausgerichtete gemeinsame Verurteilung der konkreten T-Akte bald abgelöst wird von lokal und kulturspezifisch differenzierten Einzeldebatten (vgl. z.B. Sádaba 2006).

Bis zum 9. Juli gehen die Kommentare konkret auf den T-Akt von London ein, später dient er lediglich als Aufhänger. Ähnlich bei Sharm El-Sheikh: Moralische Entrüstung und Voraussehbarkeit der Anschläge spielen bis zum 26.7. die Hauptrolle.[202] Ab diesem Datum verzweigt sich die Debatte: deutsche Zeitungen setzen den Fokus auf die Charakterzüge des islamistischen Terrorismus, arabische Zeitungen thematisieren ferner prominent die Implikationen für Muslime.

So vielfältig wie die Bandbreite der Debatte zeigt sich auch die Auswahl der Kommentarverfasser, egal ob Stammredakteur oder Gastautor – viele durften sich zum Thema Terror-Anschläge äußern, Spezialistentum ist nicht auszumachen. In der Regel entfiel auf einen Autor ein Kommentar.[203] Die Mehrzahl der Kommentare in allen Medien stammte von festangestellten Redakteuren, jedoch findet sich in jedem Medium mindestens ein Gastautor.[204] Beliebt sind Intellektuelle (Literaten) und Akademiker. Positiv hervorzuheben ist der Versuch der FR, der „anderen Seite“ eine Stimme zu verleihen, indem sie mit Nadeem Elyas vom Zentralrat der Muslime in Deutschland[205] einen Kommentator auswählte, der eine muslimische Innenperspektive bei der Differenzierung zwischen Tätern und Islam beschrieb.

b) *Vielfältigkeit und Themendimensionen der Argumente*

Die absolute Anzahl aller Argumente je Medium sagt noch nichts aus über die Argumente-Streuung, d.h., inwieweit ein Argument immer wieder benutzt wird oder neue Argumente eingebracht werden. Besser verdeutlicht dies die Berechnung des AV-Koeffizienten (Argumente-Vielfältigkeits-Koeffizient). Er wird berechnet aus der Gesamtzahl der Argumente je Medium (A) geteilt durch die Anzahl der

[202] Eine Ausnahme innerhalb des Untersuchungsmaterials stellt Al-Hayat dar, die die Ereignisse von Sharm El-Sheikh in ihren Kommentaren nur am Rande streifte und in erster Linie die Natur des Terrorismus thematisierte, wobei der T-Akt in Sharm El-Sheikh bestenfalls Argument war.

[203] Bei der FAZ durften zwei, bei Al-Hayat ein Autor jeweils zwei Artikel schreiben.

[204] In der FAZ der britische Literat A.L. Kennedy sowie Joseph Croitoru. In der Al-Ahram trägt ein Drittel einen Doktortitel, u.a. der Sprecher des Rektors der Universität Kairo.

[205] Der Rat ist eines der Hauptvertretungsorgane organisierter Muslime in Deutschland.

Kategorien (K), die das Medium mit einem Argument besetzt. Je geringer der Koeffizient, um so vielfältiger scheinen also die Argumente einer Tageszeitung innerhalb des untersuchten Terrorismus-Diskurses zu sein.

Die Berechnung mit Hilfe dieser Formel ergibt für deutsche Zeitungen 5,2 Argumente je Kategorie, für arabische Medien 6,6 Aussagen. Deutsche Zeitungen bieten also im vorhandenen Argumentationsraum eine größere Breite an Aussagen, während die arabische Presse fokussierter vorgeht. Diese Durchschnittswerte sagen jedoch nichts über die inhaltliche Verteilung der Argumente (Schwer-punktbildung) aus. Diese Streuung wird in einem späteren Teil untersucht.

Während FAZ, Al-Ahram und Al-Hayat ein recht homogenes Feld bilden, (zwischen 3,6 und 3,9 Argumente je Kategorie), weicht die FR mit 2,7 Argumenten/K deutlich ab, was also der größten Bandbreite an Argumenten entspricht.

Als nächster Auswertungsschritt soll nun die Verteilung der Aussagen in deutschen und arabischen Kommentaren auf die neun ermittelten Dimensionen (Oberkategorien) herausgefunden werden. Zur Erinnerung: Diese Dimensionen sind das Ereignis London, das Ereignis Sharm El-Sheikh, Einbettung des T-Akts, Reaktionen, Ursachenattribution, Konsequenzen, Phänomen-Beschreibung des islamistisch motivierten Terrorismus (IT), Motivattribution sowie das Selbst und der Andere. Auf Abbildung 5 sind mehrere Diskursstrukturmerkmale erkennbar.

Abbildung 5: Übersicht über die Schwerpunktthemen der Mediengruppen (Angaben in %)

	1 IT	2 T-Ziele	3 Ursachen	4 Konsequenz	5 Reaktionen	6 Muslime	7 London	8 Sharm	9 Kontext
deutsch 62,7	x 18,2	(7,4)	(6,6)	(3,8)	x 19,4	(8,2)	**X** **25,1**	(8,4)	(2,8)
arabisch 55,8	(12,3)	(3,1)	x 13,4	(2,8)	**X** **29,2**	(11,9)	x 13,2	(10,8)	(2,6)

(x) – Nebenthema

Auf den ersten Blick betrachtet diskutieren sowohl deutsche als auch arabische Medien über die gleichen Themen: *Reaktionen* und *London*. Auch die Charakterisierung des Terrorismus nimmt in beiden Zeitungen einen ähnlichen Raum ein, jedoch in verschiedenem Umfang: Mit London beschäftigen sich deutsche Zeitungen in jeder vierten Aussage, arabische nur in jeder achten. Die anderen Dimensionen verteilen sich in der arabischen Presse gleichmäßiger, neben *Reaktionen* existieren fünf ähnlich gewichtete Nebenschwerpunkte (die allerdings innerhalb der arabischen Zeitungen nicht immer gleich verteilt sind), während deutsche Zeitungen mit drei Themen klare Prioritäten setzen.

c) *Themendimensionen der Kommentare im Diskurs der Einzelmedien*

Zwar konzentriert sich fast jedes Medium auf einen eigenen Schwerpunkt. Doch wie bereits oben festgestellt nehmen die Reaktionen auf den Terrorismus und der Anschlag von London überall breiten Raum ein. Aus der Reihe fallen Al-Hayat, in der die Ursachendimension eine wichtige Rolle einnimmt, und die FR, die sich den Ereignissen in Sharm El-Sheikh widmet. In Abbildung 6 sind die Schwerpunktthemen jeder Tageszeitung dargestellt, während sich eine Übersicht über die prozentuale und absolute Verteilung der Unterkategorien im Anhang findet.

Abbildung 6: Überblick über die Themenschwerpunkte der Medien (Angaben in %):

	1 IT	2 T-Ziele	3 Ursachen	4 Konsequenz	5 Reaktion	6 Muslime	7 London	8 Sharm	9 Kontext
FAZ 60,2	**X** **23,8**				x 14,3		x 22,1		
FR 66,6	x 8,8				x 27,9		**X** **29,9**	x 8,8	
Al-Ahram 68,8					**X** **27,9**		x 13,6	x 16,5	
Al-Hayat 59	x 13,6		x 15		**X** **30,4**		x 13,6		

X – Hauptschwerpunkt x – Nebenschwerpunkte

d) *Die einzelnen Themendimensionen im deutsch-arabischen Vergleich*

Für den Leser der FAZ ergibt sich – sofern man annimmt, dass er idealerweise alle Kommentare liest – ein anderes Bild der Terrorismus-Berichterstattung als für den Leser der FR oder Al-Hayat. Der Diskurs über die Anschläge des 7. Juli in London und des 23. Juli in Sharm El-Sheikh ähnelt sich jedoch im großen und ganzen. Zunächst sollen kulturraumübergreifende Diskursgemeinsamkeiten dargestellt werden.

Über die Anschläge wird *kontextuell* mit Bezug auf den 11. September 2001 in New York und Washington, den 11. März 2004 in Madrid, den Mord an Theo van Gogh in Amsterdam und dem Juli-Anschlag 2005 London berichtet sowie außerhalb der westlichen Welt Kenia, Indonesien, Ägypten (z.B. Taba).

Als *Motiv* für die T-Akte wird in allen Medien auf Kulturkonflikt, Psychologie, Politik, Gesellschaft und Religion verwiesen. Nur deutsche Zeitungen benennen auch wirtschaftliche und organisationsstabilisierende Beweggründe.

Konsequenz der T-Akte sind generell eine globale Unsicherheit und die T-Gefahr für westliche Hauptstädte. Opfer der T-Akte sind Unschuldige, wobei auf deutscher Seite Kinder mit erwähnt werden, auf arabischer die Völker zwischen den Fronten und die Bevölkerung im „Haus des Krieges".

Bei der konkreten Beschreibung der T-Akte von London und Sharm El-Sheikh ergibt sich in allen Zeitungen ein recht ähnliches Bild, dass sich nur in bestimmten Details unterscheidet. Alle Medien stimmen überein, warum *London zum T-Ziel* wurde: wegen dem G8-Gipfel (Weltaufmerksamkeit) und London als Finanzzentrum. Die unmittelbaren Reaktionen waren Schock, Angst und Unsicherheit. Lob gab es für die besonnenen politischen Reaktionen und eine demonstrierte Normalität, für nicht voreilig veröffentlichte Täterinformationen und für die gemeinsame Verdammung des Terrorismus durch Regierung und muslimische Minderheit. Der Tatverdacht am Tag 1 nach dem T-Akt war in deutschen Zeitungen schon festgelegt: der islamistische Terrorismus, während arabische Zeitungen differenzierter Al-Qaida und Schläferzellen bezifferten. Die Anschläge waren zu erwarten, über die Ursachen sind sich alle Medien sicher (Großbritanniens Teilnahme am Krieg im Irak und Afghanistan, der Status als enger Verbündeter der USA, der Nahost-Konflikt). Deutsche Zeitungen verweisen weiterhin auf nicht legitimierte Folter und Gefängnisse, arabische Zeitungen auf die wirtschaftliche, soziale und kulturelle Marginalisierung der lokalen pakistanischen Minderheit.

Auch über den Anlass für die *Anschläge von Sharm El-Sheikh* ist man sich einig: der ägyptischen Nationalfeiertag, die bevorstehende Präsidentenwahl (arabischer Diskurs) und die eher zufällige Reise der US-Außenministerin Condoleeza Rice in Nahost. Nur die deutsche Presse begründet die Ortswahl mit Sharm El-Sheikhs Eigenschaft als Friedensort und Winterresidenz. Unmittelbare Reaktionen sind wie bei London Angst und Schock. Deutsche Zeitungen bewerten die gelassene Reaktion der Urlauber und Tourismusindustrie als positiv, arabische Zeitungen kritisieren die zu hohe Emotionalität und fehlende Analyse der ägyptischen Medienberichterstattung über den Anschlag. Die erfolgreich realisierte Konsequenz war der Schaden an der ägyptischen (Tourismus-)Wirtschaft.

Im Folgenden sollen nun ausführlicher die vier medialen Diskursdimensionen herausgegriffen werden, in denen sich bei deutschen und arabischen Zeitungen erwähnenswerte Unterschiede zeigen: *Charakteristika des islamistisch motivierten Terrorismus, Ursachen, Reaktionen* sowie *das Selbst und der Andere.* Die Aussagen wurden zwar verknappt, aber das ursprüngliche Vokabular möglichst beibehalten.

Dimension „Islamistischer Terrorismus" – Deskription und Valenz

Der deutsche Diskurs verurteilt den islamistischen Terrorismus als gefährlich und kriminell, aber auch als feige und isoliert. Die arabischen Zeitungen gehen nicht auf das Gefahrenpotential ein, sondern distanzieren sich, indem sie die Abstraktheit des Terrorismus betonen, sein Aggressionspotential und die paradoxe Nutzung moderner Technologie unter ideologischer Rückwärtsgewandtheit. Der Terrorismus wird deutlich negativ bewertet, indem ihm Irrationalität, Barbarentum und das Töten Unschuldiger attribuiert wird. Außerdem ergehen mehrere allgemeine Aufforderungen, den Terrorismus zu verurteilen und die Schuldigen zu bestrafen.

Arabische Zeitungen verweisen zusätzlich zur Gefährlichkeit des Terrorismus in seiner Schadenswirkung auf seine politische Ineffizienz und Kontraproduktivität.

Deutsche und arabische Zeitungen betrachten Terrorismus als global aktiv und die Möglichkeiten der Globalisierung nutzend. Der Terrorismus befindet sich in Trans-formation hin zu neuen Strategien (Nationalisierung, Guerilla-Taktik) und Offensiven, Al-Qaida agiert nur noch ideologisch im Hintergrund. Zu Terroristen werden junge Leute aus der Mittelschicht, denen der Terrorismus Sinn gibt.

Selbstmordattentäter gelten für deutsche Zeitungen dabei als unschlagbare, intelligente Waffe. Allerdings wird auf das Paradox hingewiesen, dass die Londoner Attentäter aus den eigenen britischen Reihen kamen. In der Bewertung von Terrorismus wird den Anschlägen zwar eine große Kurzzeit-Wirkung zugestanden, langfristig jedoch ist es ein ineffektives Mittel, das zudem durch Reaktionen der demonstrativen Normalisierung des Sinns beraubt wird.

Während deutsche Zeitungen nur westliche Länder als Feinde der Terroristen ausmachen, verweisen die arabischen Printmedien auch auf die Feindschaft zu arabischen Regierungen, Heiden und Abtrünnigen allgemein sowie auf das eigene verzerrte Weltbild der Attentäter. Die Täter sind vielleicht noch gefährlicher als Bin Laden. Psychologisch wird ihnen zwar die Unterdrückung menschlicher Gefühle attestiert, aber nicht nach Motiven gesucht. Terroristen werden zwar als intelligent gesehen, moralisch jedoch als kaltblütig und krank verurteilt und vom nationalen Zugehörigkeitsgefühl ausgeklammert. Dass die Attentäter aus der britischen Gesellschaft stammten, darauf wird in den Kommentaren nicht explizit verwiesen. Auch das Thema Selbstmordattentäter wird ausgelassen.

Dimension „Ursachenattribution“

Den Islam in indirekte Verbindung mit Terrorismus bringt lediglich die FAZ: Sie weist darauf hin, dass religiös-politischer Terrorismus und Selbstmörder ausschließlich in der islamischen Welt vorkommen. Aber allein arabische Zeitungen erwähnen, dass die Terroristen den Islam irrig auslegen und für ihre Ziele missbrauchen. Die arabische Presse betrachtet Extremismus in muslimischen Gesellschaften als singuläres, nicht religionsinhärentes Phänomen, das als Folge Leid über die übrigen Muslime bringt. Die Verbindung von Islam und Terrorismus wird durch Analogien mit anderen Religionen, Ideologien oder Nationalismen relativiert, wobei indirekt Israelis und Serben Terrorismus zugewiesen wird.

Die Ursachen im Anderen als auch in sich selbst sehen sowohl arabische als auch im geringeren Maße deutsche Medien. Im deutschen Diskurs förderten ineffiziente Sicherheitsmaßnahmen seitens des Westens den Terrorismus, darunter der Missbrauch der Bekämpfung des Terrorismus und der Irak-Krieg. Arabische Zeitungen gehen deutlich weiter: Eine wichtige Rolle spielt die Außenpolitik der Großmächte, die Krieg führen, israelischen Terrorismus unterstützen und undemokratische Beziehungen zu kleineren Ländern pflegen. Die Sicherheits- bzw. Militärpolitik ist zu ergänzen um den gescheiterten Krieg gegen den Terrorismus, die moralisch und juristisch nicht legitimierten Kriege (Irak, Afghanistan), Gefängnis- und Folterskandale, Besatzungen und mangelnde Aktivitäten gegen den Terrorismus. Hinzu kommt westliche Doppelmoral, die Toleranzpolitik als Geschäftspraktik und auch der Geisteswandel in Europa hin zu mehr Nationalismus.

Für die FAZ steht außer Frage, dass der Terrorismus seine Ursachen auch in der arabisch-islamischen Welt hat. Zum einen gibt es dort die verzerrte Ideologie der Terroristen mit einem irrigen Bild des unmoralisch-neokolonialen Westens sowie Verschwörungsglauben, zum anderen handelt es sich um einen innerislamischen Modernisierungskonflikt. Arabische Zeitungen beziffern dies konkreter, indem sie die Innenpolitik der arabischen Länder kritisieren, mit Reformstau, Perspektivlosigkeit und der schwierigen Suche nach einem Glauben für Jugendliche. Zudem wird auf die Ideologie der Fundamentalisten verwiesen. Diese sehen arabische Regierungen als Agenten des Westens, während die US-Falken die die arabische Welt als Nährboden des Terrorismus betrachten.

Terrorismus ist jedoch nicht zu rechtfertigen durch wirtschaftliche Faktoren wie Armut und Modernisierungsverlierer und die machtpolitische Hegemonie des Westens (dt. Diskurs) sowie die Rechteverweigerung für Palästinenser und das Verhalten der USA (arab. Diskurs).

Dimension „Reaktionen"

Der Kampf gegen den Terrorismus wurde von der westlichen Welt bisher mangelhaft geführt, darin sind sich alle Medien einig. Außer Sicherheitslösungen wurden kaum andere Ebenen (z.B. Politik, Justiz) einbezogen. Freundlichkeit bzw. Schlichtungsmaßnahmen helfen nicht weiter. Für deutsche Zeitungen ist die aktuelle Gesetzgebung altmodisch (Kronzeugenregelung), die arabische Presse bemängelt die Versuche einer T-Definition, die die USA bzw. die Großmächte für sich ausnutzen möchten, ineffiziente internationale Umgangsrichtlinien gegen den Terrorismus, dessen Verleugnung und Missbrauch für eigene politische Zwecke.

Sicherheitspolitisch wird der Irak-Krieg als gescheiterte Anti-Terror-Aktion insbesondere durch Al-Ahram und Al-Hayat verurteilt, nach denen Kriege primär den politischen Interessen der Großmächte dienen (v.a. USA). Versagt haben die Sicherheitsmaßnahmen in westlichen Ländern, da sie vor allem Muslime diskriminieren. Deutsche Zeitungen kritisieren, dass das Versagen der Maßnahmen nicht eingestanden wird und die T-Bekämpfung in Deutschland unangemessen und wenig ernsthaft scheint, wenn die Täter aus der Mitte der Gesellschaft stammen.

Alle Medien argumentieren, dass Sicherheitspolitik allein nicht ausreicht. Schließlich ist Terrorismus eine immaterielle Idee, die sich nicht einfach mit Waffen zerstören lässt (arabische Presse). Doch Sicherheitspolitik ist weiterhin nötig. Deutsche Zeitungen verfolgen nun unterschiedliche Diskurse. Die FAZ hält die bisherige präventive Politik u.a. gegen Bin Laden für erfolgreich, die Minderung der Freiheit für unabdingbar sowie Dialogversuche für unnötig. Die progressivere FR geht hingegen mit Al-Ahram und Al-Hayat mit, wonach neue Methoden der T-Bekämpfung und eine international verbesserte Kooperation der Sicherheitsbehörden notwendig sind. London bleibt Teil des sicherheitspolitischen Krieges, sollte aber seine Truppen aus dem Irak abziehen. Krieg als Anti-Terror-Mittel an sich erscheint auch zukünftig unvermeidbar.

Politisch-wirtschaftlich sind in allen Medien Demokratisierung und Demokratie in Nahost zwingend nötig. Politisches Unrecht sollte mittels politischen Bündnissen abgeschafft, die westliche Außenpolitik revidiert und Konflikte in der Region gelöst werden. Danach setzen die Diskurse unterschiedliche Prioritäten: Auf deutscher Seite werden Reformen in der Wirtschaft sowie wirtschaftliche Hilfe für Jugendliche gefordert. Deutschland sollte sich um ein positives Image in der arabischen Welt bemühen. Der Westen sollte die Würde der Menschen in der arabischen Welt respektieren und zwischen Islam und Gewalt differenzieren. Für arabische Zeitungen jedoch liegt der Knackpunkt bei der Unterscheidung zwischen Terrorismus und Widerstand gegen eine Besatzung. Außerdem raten sie pragmatisch an, in der arabischen Welt Sicherheit zu garantieren, damit Al-Qaida im Gegenzug auch dem Westen Sicherheit garantiert.

Gesellschaftlich plädieren alle Zeitungen für eine verstärkte echte Integration von Muslimen in den EU-Ländern. Mehrheitsgesellschaft und Minderheiten sollten eine einheitliche nationale Front gegen den Terrorismus bilden. FAZ und FR halten Reformen im Bildungsbereich und Förderung der Jugend für notwendig.

Weiterhin fordern deutsche Medien normativ zur echten Auseinandersetzung mit dem Terrorismus auf, arabische Zeitungen beziehen sich auf Gesetze und Medien. Medien sollen aufklären. Innenpolitisch sollte eine Gesetzesverschärfung erfolgen, um Extremisten weniger Raum zu lassen, andererseits international das Völkerrecht und Menschenrechte durchgesetzt werden.

Ein Kampf gegen den Terrorismus von arabischer Seite erfährt besonders in FAZ und FR kaum mediale Relevanz. Deutsche und arabische Medien sehen Muslime und muslimische Minderheiten in der Pflicht, sich mit dem Terrorismus auseinander zu setzen. Aus arabischer Sicht sollte man zuerst vor der eigenen Haustür kehren: an der Auseinandersetzung sollten insbesondere arabische Muslime teilhaben.

Al-Ahram und Al-Hayat werfen der arabischen Welt Versagen vor durch Verschwörungstheorien und Schuldzurückweisungen, repetitive Friedenskonferenzen, einem fehlenden nationalen Bündnis oder durch die mangelnde Entwicklung eines Standpunkts unabhängig von der westlichen Welt. Deutsche Zeitungen kritisieren hingegen die ineffiziente Sicherheitspolitik, die den Terrorismus toleriert und durch eine unzureichende islamkonzeptionelle Auseinandersetzung geprägt ist.

Auch was die arabisch-muslimische Welt gegen den Terrorismus unternehmen könnte, fällt in deutschen Zeitungen quantitativ kaum ins Gewicht: selbst initiierte Reformen in Politik, Wirtschaft und Bildung, die Verantwortung der Muslime für ein entzerrtes Islambild und die Distanzierung muslimischer Führer vom Terrorismus. Im Gegensatz dazu entwickeln arabische Zeitungen deutlich mehr Ideen: nicht nur Reformen in Politik, Wirtschaft und Bildung werden gewünscht, sondern das Volk soll politisch partizipieren, der gemäßigte Islam in die Reformen einbezogen werden und die arabischen Länder sich dem Kampf in Nahost aus Eigeninteressen widmen. Nötig ist auch ein internationales Abkommen gegen den Terrorismus, ein positives Image des Islams, Aufklärungskampagnen gegen den extremistischen Gedanken, eine wehrhafte und geeinte Gesellschaft mit kulturellen Eliten sowie eigene moralische Anstrengungen im Rahmen eines echten

Dschihâds. Die Forschung sollte sich den neuen Entwicklungen des Terrorismus widmen, und religiöse Würdenträger mittels Fatwas Stellung gegen den Terrorismus beziehen. Medien sollten Opposition und gemäßigtem Islam eine Stimme einräumen.

Alle Zeitungen sehen die Bekämpfung des Terrorismus als schwierig, aber notwendig an. Sie bleiben allerdings uneins, ob dabei bürgerliche Freiheiten zugunsten der Sicherheit einzuschränken sind (arabische Presse) oder nicht (FR). Arabische Medien betonen, dass man nicht ein Fünftel der Weltbevölkerung aufgrund ihres Glaubens bekämpfen kann. Der Begriff „Krieg gegen den Terrorismus" ist unglücklich gewählt. Die internationale Gemeinschaft möchte keinen unendlichen Krieg. Im Kampf gegen den Terrorismus sei aber jede Maßnahme gerechtfertigt.

Dimension „Das Selbst und der Andere" – Muslime im Diskurs

Beide mediale Diskurse konstatieren eine beträchtliche muslimische Minderheit in Europa, deren Integration bei weitem nicht reibungslos funktioniert. Wegen den Attentätern gleich vom Scheitern der Integration zu sprechen hält die arabische Presse jedoch für weit übertrieben. Sie glaubt, dass Integration funktionieren kann, zitiert Blair und westliche Akademiker, die sich für den gemäßigten Islam aussprechen. Die muslimische Minderheit sollte nicht mit Extremisten verwechselt werden, sie respektiert den Rechtsstaat und dessen Schutz. Identitätsprobleme (Identitätsgewinnung, Gefahr des Identitätsverlusts), mit denen Muslime in westlichen Gesellschaften konfrontiert sind, diskutieren nur arabische Zeitungen.

Der konservative deutsche Diskursstrang sieht die Lage wenig optimistisch: er verspürt europaweit Angst vor Muslimen und eine gesellschaftliche Kluft. Der muslimischen Minderheit wirft sie Übersensibilität und zu viel Verständnis für Extremisten vor. Für die Integration verantwortlich ist der Staat.

Bemerkenswert ist der häufige Opferstatus von Muslimen in der arabischen Presse: Islam und Araber sind einem starken Negativimage ausgesetzt, unterliegen Diskriminierungen im Sicherheitsbereich sowie Rassismus und Drohungen. Seit 9/11 sehen sich Muslime einem Generalverdacht ausgesetzt. Sie sind überall Opfer aufgrund von Anschlägen und militärischen Feldzügen. FAZ und FR gehen nur vereinzelt auf Drohungen gegen Muslime und deren Opferstatus ein.

e) Argumentekonzentration und Argumentationslücken

Neben der inhaltlichen Dimension spielt natürlich auch eine Rolle, wie häufig einzelne Argumente vorkommen und welchen Schwerpunkt sie bilden (vgl. Anhang). Die nachstehende Übersicht gibt deutsche und arabische Aussagen wieder, die in einem der Einzelmedien einen Anteil von mehr als 4 % erreichten.

Abbildung 7: Häufigste Argumente und Dimensionen in deutschen und arabischen Zeitungen

[grau] Argumentehäufigkeit > 5 % [weiß] Argumentehäufigkeit 4-5 %

Dimension	„Deutsch" besetzte Argumente und Dimensionen	Vorkommen: in % (und absolut)			
		FAZ	**FR**	**Al-Ahram**	**Al-Hayat**
5	Bewertung der Erfolgsaussichten des Kampfes gegen den Terrorismus		**6,1** (9)		
5	Einige westliche/internationale Maßnahmen zur Bekämpfung des IT auf sicherheitspolitisch-militärischer Ebene haben versagt oder erweisen sich als ineffizient.		**5,4** (8)	**2,9** (8)	**4** (11)
5	Nötig ist ein Kampf auf politisch-wirtschaftlicher Ebene.		**5,4** (8)	**4** (11)	**3,7** (10)
7	T-Folgen politisch-gesellschaftlich – London		**5,4** (8)		
1	Struktur & Organisation des islamistischen Terrorismus	**4,9** (12)			
7	Motivattribution London	**4,9** (12)			
4	Allgemeine Konsequenzen: Globale Unsicherheit		**4,8** (7)		
1	Bewertung des Wirkungsgrades der T-Ziele	**4,5** (11)			
5	Westliche/internationale Bekämpfung des IT auf sicherheitspolitischer Ebene nötig	**4,1** (10)			
7	Positiv bewertete Reaktionen auf T-Akt London		**4,1** (6)		
1	Dynamik & Transformation des islamistischen Terrorismus	**3,7** (9)			

	„Arabisch" besetzte Argumente und Dimensionen	**FAZ**	**FR**	**Al-Ahram**	**Al-Hayat**
3	Der Terrorismus wurde begünstigt durch Aktivitäten der westlichen Welt, sie trägt zumindest eine Teilschuld.			**7,7** (21)	**9,5** (26)
5	Einige westliche/internationale Maßnahmen zur Bekämpfung des IT auf politisch-diplomatisch-juristisch-religiöser Ebene haben versagt oder erweisen sich als ineffizient.			**4** (11)	**7** (19)
8	Maßnahmen, die gegen den Terrorismus in Ägypten angestrebt werden sollten.			**7** (19)	
5	Die arabisch-islamische Welt sollte verschiedene Maßnahmen gegen den IT ergreifen.			**6,6** (18)	**4,4** (12)
5	Bislang haben Maßnahmen von arabisch-islamischer Seite zur Bekämpfung des islamistischen Terrorismus versagt.			**4** (11)	

Eine Monopolisierung von Argumenten findet nicht statt, trotz einiger Häufungen ist die Debatte recht breit. Al-Hayat deckt mit den 5 häufigsten Argumente-Kategorien (von insgesamt 70) bereits 28,6 % aller Aussagen ab, Al-Ahram mit 5 (von 70) sogar 29,3 %, bei der FR 24 % und bei der FAZ knapp 22 %.[206]

In der Tabelle kristallisieren sich insbesondere bei den arabischen Zeitungen bestimmte Schwerpunkte heraus. Sie weisen häufig der westlichen Welt eine Teilschuld am Terrorismus zu, kritisieren westlich initiierte Maßnahmen zur Bekämpfung des Terrorismus und fordern im Gegenzug die arabisch-islamische Welt bzw. Ägypten (nur Al-Ahram) zum selbständigen Handeln auf. Im geringeren Maße wird Selbstkritik an den bisherigen eigenen Anti-T-Maßnahmen geübt.

Ganz andere Argumente wollen die deutschen Zeitungen zu Gehör bringen. FR und FAZ unterscheiden sich sehr deutlich voneinander. Was der einen Zeitung wichtig ist, besitzt bei der anderen keine große Relevanz. Die FR präferiert Aussagen aus Dimension 5 (Reaktionen), die sich mit Maßnahmen im Kampf gegen den Terrorismus beschäftigen. Auch geht es um politisch-gesellschaftliche Folgen des T-Akts von London und die allgemeine globale Unsicherheit durch den islamistischen Terrorismus. Die FAZ hingegen beschäftigt sich am häufigsten mit dem islamistischen Terrorismus und der Bewertung seiner Effektivität, räsoniert über die Motive für die Anschläge in London und widmet sich den Reaktionen lediglich mit einer Forderung zur Bekämpfung des Terrorismus (auf sicherheitspolitischer Ebene). Zwei der häufigsten deutschen Aussagen werden auch von arabischen Zeitungen aufgegriffen, hier laufen die Diskurse also parallel.

7.3.2 Gemeinsamkeiten und Differenzen der Diskurse

Nachfolgend wird zusammenfassend auf markante Diskursähnlichkeiten und Unterschiede im Kommentarteil deutscher und arabischer Zeitungen eingegangen.

a) Diskursgemeinsamkeiten

Die Diskurse weisen viele Ähnlichkeiten auf. Jede Zeitung verurteilt ausnahmslos den islamistischen Terrorismus, zu dem klar Distanz bezogen wird. Die T-Akteure werden als Bild des „Anderen" aufgebaut, der mit dem „Wir" des Westens oder der (übrigen) Muslime nichts gemeinsam hat. Einig ist man sich über die Globalität des Terrorismus, die fehlende Logik und die Transformation Al-Qaidas zu einer bloßen Ideologie, die einem Attentäternetzwerk Struktur verleiht.

Auch die frühe Vermutung über die Identität der Attentäter aus dem islamistischen Bereich ist in allen Medien vorhanden sowie der hohe Beachtungsgrad der Anschläge in London und die geringe Wahrnehmung der Ereignisse in Sharm El-Sheikh (außer Al-Ahram). Die Einschätzung von Anlass und Symbolik

[206] Im Vergleich dazu stellte z.B. Hoffmann (2004) bei der Debatte um eine Preisverleihung für Annemarie Schimmel eine höhere Argumentekonzentration fest (die acht häufigsten Argumente nahmen bereits 39 % bzw. 47 % ein).

der Attentate war gleich, die meist positiven Reaktionen auf London und Sharm El-Sheikh, die Prognostizierbarkeit von London und die entsprechenden Ursachen.

Wurde auf frühere T-Akte Bezug genommen, so dominierten klar die Anschläge des 11. Septembers 2001 in den USA und des 11. März 2004 in Spanien. Als bedeutendste Anschläge außerhalb der westlichen Welt wurden Ägypten, Kenia und Indonesien gesehen.

Die Ursachen für den islamistischen Terrorismus in der westlichen Welt sehen alle Medien zumeist in Politik, Religion und Psychologie. Auch bei der Beurteilung der Konsequenzen finden sich inhaltlich deutliche Gemeinsamkeiten: der Zustand der globalen Unsicherheit und der Opferrolle von Unschuldigen.

Bei den Reaktionen auf den Terrorismus stimmten die Medien in der Wahrnehmung der Komplexität der Gegenmaßnahmen auf den Terrorismus überein. Zwar vom Umfang her nicht äquivalent, aber inhaltlich ähnlich verläuft die Argumentation über das Versagen der bisherigen Maßnahmen gegen den Terrorismus, insbesondere die Verurteilung des US-geführten Kriegs gegen den Irak, die Ineffizienz des Krieges gegen den Terrorismus und das Versagen juristischer Lösungen. Dabei akzentuieren arabische Zeitungen ihre Kritik schärfer. Alle gemeinsam sehen die Zukunft der Terror-Bekämpfung auf und vor allem außerhalb der sicherheitspolitischen Ebene, jedoch unterscheiden sich die Details bis auf die Forderung nach mehr Integration der muslimischen Minderheit in Europa.

b) *Diskursdifferenzen in deutschen und arabischen Medien*

Aus quantitativen und inhaltlichen Kriterien abgeleitet ergeben sich drei deutliche Unterschiede zwischen arabischen und deutschen Zeitungen: In der Schuldzuweisung an den Westen für die Anschläge, in der Opferperspektive der Muslime und im Umfang der Berichterstattung über Sharm El-Sheikh. Dass arabische Zeitungen und insbesondere Al-Ahram deutlich häufiger und nicht allein deskriptiv über Sharm El-Sheikh berichten, ist durch die Nachrichtenfaktoren geographische und kulturelle Nähe zu erklären.

Bei der Ursachenzuweisung findet sich in der arabischen Welt eine lange Liste von Gründen, die auch regelmäßig in vielen Artikeln wiederkehren. Es handelt sich um die Kritik an der militärischen Außenpolitik des Westens unter Führung der USA, verbunden mit einer Kritik an Israel dahingehend, dass „israelischer Terrorismus" als indirekte Relativierung der T-Akte verwendet wird.

Muslime sehen sich in den arabischen Zeitungen recht häufig als globales Opfer von Diskriminierungen als Konsequenz der T-Akte, was jedoch in deutschen Zeitungen nur selten thematisiert wird. Diese schaffen lieber Distanz, indem die Integration für quasi gescheitert erklärt wird ohne auf positive, zwangfreie Lösungsvorschläge einzugehen. Arabische Zeitungen jedoch haben die Hoffnung noch nicht aufgegeben: Sie legen den Fokus auf die Möglichkeit einer erfolgreichen Integration.

In die arabische Opferperspektive passt allerdings eine kritische Diskussion um Selbstmörder nicht hinein. Es ist zu vermuten, dass der Nahost-Konflikt und die Diskussionen um die richtige Bezeichnung der Attentäter diese Auseinandersetzung behindert.[207] Den Selbstmordaspekt thematisierten deutsche Zeitungen lediglich in Bezug auf deren Potential als Waffe, während sie die Diskussion um die Vereinbarkeit von Islam und Selbstmord-Anschlägen ausblendeten.

Augenfällig ist der Unterschied bei den Konzepten zur zukünftigen Bekämpfung des Terrorismus. Während deutsche Zeitungen Lösungen ausgehend von der westlicher Politik suchen (85 % der FAZ-Argumente, 94 % der FR), bevorzugen arabische Zeitungen dualistische Ansätze, initiiert in beiden Kulturräumen (Argumenteanteil „westliche Welt" 59 % in der Al-Ahram bzw. 26 % in Al-Hayat). Arabische Zeitungen verurteilen deutlich häufiger die bisherigen westlichen politisch-diplomatisch-juristischen Maßnahmen, die helfen sollten (30 % der arabischen Argumente, 14 % der deutschen).

Deutsche Zeitungen vertreten gemäß ihrem Profil sicherheitspolitische und alternative Handlungsansätze (Argumente: 11 zu 18), arabische präferieren hingegen eher nichtsicherheitspolitische Lösungen (42 Argumente zu 10). Während deutsche Zeitungen vor allem gesellschaftlich arabisch-initiierte Handlungskonzepte betrachten, rufen arabische Zeitungen explizit Muslime zur Verantwortung auf und thematisieren ein holistisches Modell zur T-Bekämpfung, wobei sie politische Imperative von Demokratisierung, Reformen, Bildung und Religion herausheben.

c) *Verwendete Topoi*

Je nach Medium dominieren bestimmte Perspektiven der Darstellung, sogenannte Topoi. Die Analyse der Argumente ergab mehrere markante Strukturen, die auch auf andere T-Akte anwendbar sind.

Bei beiden Zeitungsdiskursen beschäftigt sich der Topos vom wirtschaftlichen Schaden mit den Auswirkungen auf das Tourismusgeschäft, die nationale Ökonomie und die Gesellschaft (meist Ägypten); der Topos vom personen- und materiellen Schaden mit der Zerstörung von Einrichtungen wie Hotels oder Untergrundbahnen oder das Leiden und den Tod von Menschen.

In deutschen Zeitungen wird in Bezug auf London häufig der Stärke-Topos benutzt, der die Wehrhaftigkeit der Demokratie und der britischen Zivilgesellschaft durch die Kontinuität des Alltags vermittelt, zu dem aber auch Al-Ahrams Aussagen zur wirtschaftlichen Stabilität Ägyptens und Wehrhaftigkeit der Nation zählen.

Sehr wichtig ist für deutsche Zeitungen der Sicherheitstopos, in dem es um Risiko-Vermeidungsstrategien geht. Er ist der wichtigste Anschluss-Diskurs mit nationalem Bezug in Deutschland. In arabischen Zeitungen nimmt diesen Platz der Opfer-Topos ein, der Muslime als doppeltes Opfer der Anschläge darstellt – einerseits in Form der „Beschmutzung des Islams", andererseits durch Angriffe auf die muslimische Minderheit als Reaktion auf den T-Akt in London.

---

[207] So benutzt beispielsweise Al-Dschasira, der bedeutendste arabische Nachrichtensatellitenkanal, bei palästinensischen Anschlägen in Israel die Bezeichnung „Märtyrer", die auch in der arabischen Welt generell gebräuchlich ist. Westlich dominierte Quellen und westliche Politiker sprechen hingegen von „Selbstmordattentätern". Der Konflikt um die richtige Definition ist ein Politikum, das unmittelbar auf den Nahost-Konflikt Auswirkungen hat.

Deutsche, aber auch arabische Zeitungen warnen in einigen Argumenten vor den Folgen, z.B. der Einschränkung von Bürgerrechten oder den doch nicht so gravierenden Auswirkungen auf den Tourismus. Diese Sachverhalte sind dem Prognose-Topos zuzurechnen , das als Unterkategorie das Folgentopos enthält.

Von den Zeitungen meist neutral transportiert ist das Topos der kulturellen Unterschiede, worunter Äußerungen über das Scheitern der Integration fallen oder den Zusammenprall der Zivilisationen. Dieser Topos hält sich im Hintergrund, liegt aber subtil unter dem Geschehen und den Argumentationen.

7.3.3 Die Kommentare: Gemeinsam gegen den Terrorismus?

Um zu einem Gesamturteil über Homo- oder Heterogenität des Diskurses der untersuchten Medien zu kommen, wird für jede Oberkategorie ermittelt, welcher Aussagentypus dominiert (gleich oder unterschiedlich). Dimension 5 wird inhaltlich zweigeteilt (in westliche und arabische Welt), und jeder Teil davon einzeln bewertet. Diese Bewertungen werden zum Gesamturteil addiert.

Deutsche und arabische Kommentare ähneln sich in ihrer Argumentation. Von den 10 bewerteten Kategorien erweisen sich 7 inhaltlich als recht homogen, nur in 3 Kategorien dominieren die Unterschiede. Mehr als zwei Drittel der vorkommenden Argumente lassen sich also sowohl in arabischen als auch in deutschen Zeitungen finden (Anteil in arabischen Zeitungen: 64,2 %, in deutschen Zeitungen: 79,5 %). Unterschiede sind durch Lokalisierungsprozesse erklärbar und tauchen vor allem da auf, wo sich die mehrheitlich muslimische arabische Welt implizit oder explizit betroffen fühlt. Da die Thematisierung der religiösen Herkunft der Attentäter als Muslime erfolgt, nehmen arabische Autoren deren Konsequenzen deutlich sensibler, kritischer und abwehrbereiter wahr als ihre deutschen Kollegen. Ebenso positionieren arabische Journalisten Handlungsmaßnahmen der arabisch-islamischen Welt gegen den Terrorismus prominenter. Auch bei der Ursachenzuschreibung weisen arabische Zeitungen dem Westen eine abweichende, schuldhaftere Rolle zu.

In Bezug auf die thematischen Dimensionen allein ließe sich die Hypothese eines gemeinsamen transnationalen Diskurses bejahen. Allerdings ist noch die quantitative Aufteilung der Argumente zu berücksichtigen. Die Analyse ergab für die fünf häufigsten Aussage-Kategorien (von insgesamt 94), die im Durchschnitt etwa ein Viertel aller geäußerten Aussagen ausmachen, bis auf zwei Ausnahmen keine übereinstimmende inhaltliche Argumentation. Von den 16 insgesamt als am häufigsten bezeichneten Argumenten wurden nur zwei von deutschen und arabischen Zeitungen übereinstimmend als relevant gesehen.

Damit muss für den Diskurs die Hypothese eines gemeinsamen Argumentationsmusters zurückgewiesen werden. Die Argumentation weist zwar viele gemeinsame Interpretationsmuster auf, jedoch reicht dies aufgrund deren divergierender Quantifizierung bei konservativer Schätzung noch nicht, um von einem wirklich homogenen medialen Diskurs zu sprechen.

7.4: ERSTELLEN EINER „HOMOGENITÄTSLISTE“

Um von einer „homogenen“ oder „nicht homogenen“ Berichterstattung sprechen zu können, müssen die erhobenen einzelnen Faktoren stark zusammengefasst und Information damit deutlich reduziert werden. Um also aus dem Datenmaterial eine klare Struktur von (Nicht-)Homogenität zu gewinnen, muss dementsprechend der Nachteil in Kauf genommen werden, dass Einzelheiten aus dem Blick geraten.

In die Homogenitäts-Bewertung der Berichterstattung über Terrorismus fließen neun Dimensionen ein, die in einer Tabelle auf der Folgeseite aufgeschlüsselt sind.

Bewertet wird wie folgt: Homogenität wird zunächst für die einzelnen Variablen innerhalb der Dimensionen ermittelt, um so zu einer Gesamtbewertung der einzelnen Dimensionen zu gelangen. Da die Berichterstattung heterogen ausfällt, wird Homogenität mit 1, Nichthomogenität mit 0 und ein Ausgleich zwischen den beiden bzw. ein nur gradueller Unterschied mit ½ Punkt bewertet. Die ermittelte Gesamtpunktzahl aller neun Dimensionen ergibt dann den prozentualen Gesamt-Homogenitätsindex. Aufgrund der bereits im Auswertungsteil der quantitativen Inhaltsanalyse gezogenen Schlussfolgerungen ergibt sich die in der Tabelle verzeichnete Bewertung der einzelnen Dimensionen

Ohne Gewichtung der einzelnen Dimensionen lautet das Gesamtresultat also 5,5 Punkte auf einer Skala von 1 bis 9, was 61 % entspricht. Auch eine Reduktion auf die ersten fünf journalistischen Kernkategorien, die keinen speziellen Themenbezug aufweisen, ergibt einen Homogenitätsanteil von 60 % (3 von 5 Punkten). Insgesamt kann man also bei der Berichterstattung deutscher und arabischer Medien über Terrorismus von mittlerer Homogenität mit Tendenz nach oben sprechen.

Allerdings hätte natürlich die Erhebung anderer Kriterien oder eine andere Gruppierungsvariante möglicherweise zu einem abweichenden Ergebnis geführt.

Abbildung 8 : Elemente des Homogenitätsindexes

Dimension	Bewertung (Dimension)	Integrierte Variablen	Bewertung (Variable)
Thematische Dimension	0	▪ Thema ▪ Ort ▪ Akteur	½ 0 ½
Zeitliche Dimension	½	▪ Zeitverlauf gesamt ▪ Zeitverlauf thematisch	½ ½
Prominenz	½	▪ Umfang ▪ Ressort ▪ Platzierung ▪ Kontext = Prominenzindex	 ½
Informations-Urheber	1	▪ Verfasser ▪ Quellen	1 1
Journalistische Perspektive	1	▪ Hintergründigkeit ▪ Positionsvielfalt ▪ Grundtenor ▪ Faktizität/Sachlichkeit ▪ Darstellungsformen ▪ Schwerpunkt der Darstellung	1 0 1 1 1 1
Terrorismus-Dimension	1	▪ T-Motive ▪ T-Rückbezüge ▪ T-Rollen	1 1 1
Dimension „Der Andere"*	1	▪ Diverting/Rejecting ▪ Stereotypen ▪ Wortfeld	1 1 ½
Bezugnahmen*	0	▪ Bezugsrichtung und -anteil ▪ Bezugnehmer ▪ Bezugsobjekt ▪ Bezugsmedien (Anzahl)	0 0 0 0
Kommentar-Diskurs	½	▪ Aussagenthemen ▪ Aussagenverteilung	1 0

* bei diesen Dimensionen wurde die strukturelle Gleichheit geprüft (inwieweit in beiden Mediengruppen Stereotypen auffindbar sind usw.), inhaltlich sind die Dimensionen ja konträr veranlagt.

7.5: Resultate der Befragung

Der Umgang mit T-Akten in Redaktionen: Regeln und Terminologie

Hinter der Berichterstattung über Terrorismus steht nicht nur das journalistische System im Sinne der Systemtheorie. In die Gestaltung des Medienproduktes fließen auch Prädispositionen, Meinungen und Einstellungen der Medienakteure ein. Bisherige Untersuchungen über den redaktionellen Umgang mit Terrorismus zeigten eine hohe Varietät der Richtlinien. Nach Paletz und Tawney (1992: 106ff.) verteilten sich die großen Fernseh-Redaktionen im Fünf-Ebenen-Ansatz zwischen den Extremen „keine Regeln" und „detaillierte Kodizes". Der verantwortungsvolle Umgang vieler Medien machte direkte Interventionen der Regierung überflüssig. Ein ähnlich heterogenes Bild ergab eine weltweite Befragung unter 20 Chefredakteuren und Ressortleitern. Schriftlich fixierte Richtlinien stamm-ten entweder vom Medium selbst oder von einer parlamentarischen Kommission (Schmid 1992: 126). Die befragten deutschen Redakteure bestätigten einen Regierungseinfluss (Ebd.: 123).

Journalisten richten sich nach Qualitätsstandards, die sich im letzten Jahrhundert herausgebildet haben. Dazu zählt eine idealerweise auf Wahrheit basierende, umfassende, unparteiische Berichterstattung, die redaktionelle Unabhängigkeit bewahrt und Meinung von Fakten trennt (Schmid 1992: 125). Während der Begriff „Terrorist" von einigen Medien bereits seit längerer Zeit gemieden wird,[208] reagierten Journalisten und Wissenschaftler auf die Berichterstattung über den 11. September 2001 mit Forderungen nach mehr Quellentransparenz, Wissenserweiterung bei den einzelnen Redakteuren und der Nutzung von Datenbanken (Tuck/Weischenberg 2003: 192f.).

a) Biographie und Verständnis von Terrorismus

Die befragten Journalisten von FAZ und FR[209] haben einen ähnlichen Ausbildungsstand (fachbezogenes Studium von Politik- oder Islamwissenschaft)[210] und

[208] Die Deutsche Presse-Agentur vermerkt in ihrem dpa-Lexikon unter „Terroristen" u.a.: „Terroristen sind keine Anarchisten und umgekehrt [...] Wer Terrorist oder Freiheitskämpfer ist, definieren die direkt Betroffenen auch nach Interessenlage. Wir bemühen uns [...] andere Begriff zu benutzen, sofern diese zutreffend sind: Untergrundkämpfer, Angehörige einer Separatistenorganisation etc." (dpa 1998: 198). Reuters setzt den Begriff in Anführungsstriche und vermeidet ihn beim Nahostkonflikt vollständig ebenso wie BBC, AP und der ehemalige Chef Al-Mirazi des Washingtoner Büros von Al-Dschasira (Lasson 2004).

[209] Telefonische Interviews mit Hans-Christian Rößler am 7.12.2006 und mit Karl Grobe-Hagel am 11.1.2007.

[210] Der 39-jährige FAZ-Nachrichtenredakteur *Hans-Christian Rößler* studierte Religion, Islamwissenschaft und Neuere Geschichte in Erlangen und Großbritannien. Seit seinem Volontariat 1994 arbeitet er in der politischen Nachrichtenredaktion der FAZ mit dem Schwerpunkt Naher und Mittlerer Osten und Afrika. *Dr. Karl Grobe-Hagel* war seit 1968 fester Redakteur der FR. Er studierte in Hamburg Geschichte, Politikwissenschaft, Germanistik und promovierte in Politik und Geschichte über die chinesische Außenpolitik in der Zeit um und nach Mao. Nach

vertreten zumeist eine ähnliche, verantwortungsbewusste Ansicht des journalistischen Umgangs mit Terrorismus. Bewusst möchte keine der Zeitungen eine Plattform für die Ziele von T-Akteuren darstellen.

Das *Terrorismus*-Verständnis basiert auf der Politikwissenschaft. *Hans-Christian Rößler (HCR)* sah Terrorismus zunächst als Konflikt bzw. politische Auseinandersetzung und illegitime Gewaltanwendung durch Personen oder NROs zum Erreichen ihrer Ziele. *Dr. Karl Grobe-Hagel (KG)* führte ein politikwissenschaftliches Definitionsverständnis an und bezeichnete Terrorismus als „Form der gewalttätigen Auseinandersetzung von Staaten und Individuen". Dabei sei Terrorismus eher eine „Angelegenheit der Form", nicht der Inhalte, denn auch im Krieg wird mit terroristischen Methoden gearbeitet.

Die Symbiose-Theorie lehnen beide Redakteure ab, „wir bekommen die Zeitung auch ohne Terrorismus voll" (HCR). In etwa zehn Prozent der Fälle jedoch „macht Terrorismus es notwendig" zu berichten (KG) und sollte dann „in größere Zusammenhänge eingebettet werden, um die Medien von dieser Gefahr zu befreien".[211]

Einflussnahmen von Seiten der Politik verneinte HCR, während KG mit einem „Jein" antwortete, das sich auf die Zusammenarbeit mit deutschen Behörden während des Deutschen Herbstes 1977 bezog.[212] KG sieht Deutschland aber noch lange nicht in der Situation Russlands, in der Medien Selbstzensur ausüben und v.a. im Rundfunk kaum auf Hintergründe eingehen. Druck auf die FR üben heute in erster Linie Muslime (z.B. laizistisch-türkische Kurden) aus, die „versuchen, sich von der radikalen Minderheit abzugrenzen und für das Weglassen von ‚Islamisten' in der Berichterstattung" plädieren, denn der Islam habe keine Schuld.

b) Institutionalisierter Umgang: Regularien, Semantik, Kriterien

Ein redaktioneller Konsens, wie Redakteure mit Terrorismus umgehen sollten, ersetzt bei beiden Zeitungen schriftlich fixierte Richtlinien. Bei der FAZ existiert ein sogenannter „Index" nur für Formalien wie die richtige Umschrift für arabische Namen. Die FR will einerseits durch den redaktionellen „Generalkonsens"[213], der durch die ideologische Blattlinie geprägt ist, Distanz zum T-Akten wahren. Das FR-Redaktionsstatut aus den späten 60er Jahren, das alle Redakteure bei der Einstellung unterschreiben müssen, lehnt Gewalt im Inneren und im zwischen-

---

Mitarbeit beim Hamburger Echo und dem Vorwärts leitete er bei der FR von 1972 bis 2001 die Abteilung Außenpolitik mit dem Schwerpunkt Asien, Russland, Osteuropa. Heute arbeitet der 70-jährige weiterhin als Pauschalist mit.

[211] Das setzte die FR bereits nach dem 11. September 2001 um, indem sie z.B. zwischen Dschihâd und Kreuzzügen differenzierte oder die Historisierung des Korans thematisierte.

[212] Damals verpflichteten sich die Mitarbeiter der FR, Bekennerbriefe nicht zu drucken. Sie leiteten ein zugespieltes Foto von Hans-Martin Schleyer direkt ans BKA weiter und hinterließen dem BKA freiwillig Fingerabdrücke.

[213] Dementsprechend wurde z.B. im Fall Madrid eine eindeutige Täterzuordnung zunächst abgelehnt und die Tat-Hintergründe untersucht, v.a. in Bezug auf die Regierung Aznar.

staatlichen Bereich ab. Andererseits versucht die Redaktion, den Terrorismus „soweit wie möglich zu hinterfragen und dieses Argument zu entkräften".

Die semantische Ebene der Bezeichnung von T-Akteuren bleibt häufig personenbezogen, die beiden Journalisten verwenden durch ihre Fachkenntnisse auf dem Gebiet des islamistisch motivierten Terrorismus mit „militanter Islamist" oder „islamischer Fundamentalist" teilweise reflektiert-treffende, teilweise unscharfe, aber journalistisch eingebürgerte Begriffe.[214] Nach *KG* wird der Terminus „Terrorist" in der FR nur benutzt, wenn „keine falschen Assoziationen geweckt werden und kein Völkerhass bewirkt wird". „Islamist" und „islamischer Fundamentalist" tauchen als Termini auf. Die Bezeichnung „Dschihadist" ist jedoch aufgrund des Kontextes schwierig und davon abhängig, ob das Wort in der Quelle ebenfalls vorkam.

Wichtigste Kriterien der Berichterstattung über T-Akte sind einstimmig eine gute Infrastruktur (ausgebautes Korrespondentennetz) und die professionellen und persönlichen Kompetenzen des einzelnen Journalisten bzw. Korrespondenten (Landeserfahrung, Hintergrund- und Sprachkenntnisse, Weiterbildung durch Reisen). Ein spezielles „Ressort Krisenjournalismus" nach Weichert (2005) ist nicht nötig, da die entsprechenden Kapazitäten bei FAZ und FR bereits vorhanden, die Strukturen übersichtlich und redaktionelle Krisen-Routinen eingespielt sind.[215]

> „Ein Ressort Krisenjournalismus zielt auf das Symptom, nicht die Krankheit selbst (wie Konflikte). Ich halte es für wichtiger, dass die Kollegen Hintergründe aufklären, die Hintergründe im Einzelfall kennen und nicht einem Symptomkomplex nachhängen." (KG)[216]

---

[214] Im Nahost-Konflikt gibt es beispielsweise FAZ-Redaktionsmitglieder, die den dominanten israelischen „Terror"-Diskurs übernehmen. HR plädiert speziell im Fall Israel für den Terminus „militante Palästinenser", bei islamistisch motivierten Anschlägen für „militanter Islamismus".

[215] Durch die Anschläge von Madrid und London etablierte die FAZ Kontakte zu Sicherheitsbehörden und Nachrichtendiensten: „Man lernt aus diesen Anschlägen, aber viel ist Improvisation" (HCR). Bei Anschlägen wird im Einzelfall entschieden, ob ein Mitarbeiter mit Regionalkenntnissen entsandt wird.

[216] KG selbst rezipiert regelmäßig Fachliteratur. Seine umfangreichen Sprachkenntnisse (u.a. Russisch, Serbisch) erlauben es ihm ferner, Internet-Quellen zu konsultieren (z.B. der Diskurs von T-Gruppen in Tschetschenien). Standardliteratur stammt aus der Politikwissenschaft (z.B. Laqueur) und von mehreren Tagungen im Jahr (z.B. zur Sicherheitspolitik).

8: FAZIT

Zurück bleibt ein zwiespältiger Eindruck. Die Vermutung auf Homogenität der Berichterstattung oder auf die temporäre Herausbildung einer transnationalen Öffentlichkeit bei einem globalen Medienereignis wie den Anschlägen in London konnte nicht zur vollen Zufriedenheit bestätigt werden, denn die Berichterstattung deutscher und arabischer Medien erwies sich als sehr heterogen, durchzogen von starken Gemeinsamkeiten und Diskrepanzen.

Fakt ist, dass globale Krisen trotz der häufigen weltweiten Medienberichterstattung nicht automatisch eine globale Öffentlichkeit nach sich ziehen. Das Ausgangs-Material und die Info-Puzzles, die Handelnde und Sprecher von den Anschlägen liefern, werden zwar grenzüberschreitend durch Weltnachrichtenagenturen vermarktet und somit global kommuniziert. Die (lokalen) Abnehmer jedoch entdecken in den gleichen Themen ganz unterschiedliche Interpretationsmuster und Sinnbilder. Die Ereignisse von London und Sharm El-Sheikh fügen sich also in den Köpfen der Leser arabischer Tageszeitungen zu einem anderen Gesamtbild zusammen als bei den Deutschen. Somit bleibt Löffelholz' Fazit einer lokalisierten Krisenberichterstattung unwidersprochen auch für Printmedien gültig:

> „Freilich prägen politische, ökonomische und kulturelle Kontexte die Berichterstattung von Fernsehsendern so weitreichend, dass von einer global homogenisierten Krisen- und Kriegsberichterstattung pauschal keine Rede sein kann" (Löffelholz 2004: 29).

Betrachtet man Nachrichten im wirtschaftlichen Sinn als kommodifizierte Güter und die Agenturen als transnationale Rohstofflieferanten, so bereiten die Weltnachrichtenagenturen zwar tatsächlich die Basis für das Entstehen einer globalen Medienöffentlichkeit, jedoch vermag die potentiell wirkungsmächtige Agenda-Setting-Funktion der Agenturen maximal eine Schein-Homogenität zu erzeugen.

Die untersuchten Diskurse ähneln sich um so mehr, je höher das Abstraktionsniveau gelegt wird, je mehr sich also die Fülle der Details verringert. So wird beispielsweise an der Dimension *Thema* deutlich, dass Zeitungen in der arabischen Welt und in Deutschland die gleichen Themenkategorien beleuchten. In den Detailausprägungen, den zu füllenden Slots eines Themas, offenbaren sich jedoch markante Unterschiede.

Wie die Inhaltsanalyse über acht Dimensionen in Kombination mit einer medialen Diskursanalyse ergab, lässt sich von mäßig hoher *Homogenität* bei der Berichterstattung sprechen (5,5 auf einer Skala bis 9 Punkte). Das bedeutet, einige Felder sind sich sehr ähnlich (journalistisches Handwerk, verwendete Quellen, die Darstellung bestimmter Terrorismus-Bezüge und die gegenseitige Thematisierung als der „Andere"), andere sehr verschieden (thematischer Bereich, Bezugnahmen auf den Gegendiskurs). Ein gemischtes Bild, das meist abhängig vom jeweiligen Anschlag ist, ergibt sich beim Zeitverlauf der Berichterstattung über Terrorismus, der Prominenz und der Feinanalyse des Kommentardiskurses auf Argumentebasis.

Kommentare sind das Aushängeschild von Tageszeitungen, sie verleihen dem Blatt ein bestimmtes Profil und weisen durch ihre relative Unabhängigkeit von Agenturmeldungen das größte intermediale Abweichungspotential auf. Die Feinanalyse des deutschen und arabischen *Kommentardiskurses* ergab zwar insgesamt eine ähnliche argumentative Breite. Jedoch konzentrieren sich die Argumente auf sehr unterschiedliche Felder, die die thematischen Schwerpunkte der Inhaltsanalyse teilweise bestätigen. Deutsche Zeitungen kommentieren am häufigsten die Ereignisse in London, arabische Zeitungen hingegen die Ursachen und Reaktionen auf terroristische Anschläge sowie Themen mit Bezug zu Muslimen. Die häufigsten fünf Argumente je Medium (von 94 großteils induktiv erhobenen Argumente-Kategorien aller Zeitungen) nehmen durchgehend etwa ein Viertel des Aussagenraumes ein. Es lässt sich also von einer mäßig breiten Argumente-Vielfalt sprechen, die in der Frankfurter Rundschau am ausgeprägtesten ist.

Temporär gemeinsame Diskurse lassen sich vorrangig in der Nachrichtenberichterstattung und teilweise bei den Kommentaren nachweisen. Der Anschlag in London rief in den Untersuchungsmedien durchgehend weitaus mehr Aufmerksamkeit hervor als der Anschlag in Sharm El-Sheikh, der lediglich in der ägyptischen Tageszeitung Al-Ahram umfangreich und monoperspektivisch (Drama und nationaler Optimismus) herausgestellt wurde.

Der Zeitverlauf ergab wie schon bei vorhergehenden Anschlägen in den ersten zwei Folgetagen eine gemeinsame, humanistisch geprägte Trauerperspektive für die Opferdimensionen des Anschlags. Danach gerieten unterschiedliche Themen in den Fokus, deutsche und arabische Öffentlichkeit verfolgten jeweils eigene Schwerpunktdiskurse. Deutsche Medien diskutierten die Bedrohtheit der nationalen Sicherheit. Arabische Zeitungen betonten die Ungerechtigkeit bis hin zum Opferstatus, den muslimische Minderheiten im Ausland und die arabisch-muslimische Welt insgesamt durch den islamistisch motivierten Terrorismus einnehmen.

Während die Routineberichterstattung über die Anschläge erstaunliche Parallelen aufwies, was mit dem Rückgriff auf das Agenturmaterial der „großen Drei" zu erklären ist, verlief die Bewertung der Reaktionsmöglichkeiten auf den Terrorismus nach einem ‚Zentrum-Peripherie'-Muster. Deutsche Zeitungen als Vertreter statushöherer Länder setzen vornehmlich auf Maßnahmen, die von der westlichen Welt aus initiiert werden sollen. Dies umfasst auch Anti-Terrorismus-Maßnahmen innerhalb der arabischen Welt, der damit medial eine gewisse Passivität verliehen wird. Arabische Zeitungen als Beispiel für Länder mit einem niedrigeren internationalen Status (‚Peripherie') sehen die Verantwortung für Änderungen häufig regional verankert bei sich selbst als Muslime, aber zusätzlich beim (westlichen) ‚Zentrum' auf der Ebene der internationalen Politik.

Der Grad der Diskussion terrorismusbezogener Themen variierte nach dem Grad der länderspezifischen Pressefreiheit. Dass auch in arabischen Zeitungen im Kommentarteil viele Artikel erschienen, die sowohl die arabisch-islamische als auch die westliche Welt kritisierten, darf nicht über die Abwesenheit anderer gesellschaftlich notwendiger Diskurse hinwegtäuschen. So diskutierten deutsche Zeitungen ausgiebig über die Verringerung zukünftiger Terror-Risiken. In der Al-Ahram hingegen wurde bei der Berichterstattung über Sharm El-Sheikh eine Auseinandersetzung über nationale Ursachen und weitere Risiken verhindert zugunsten einer „Nationalen Front gegen den Terrorismus".

Spiegelbildliche Wahrnehmungen und kulturkonfliktverstärkende Sichtweisen ließen sich kaum in der Untersuchung ausmachen. Die Schuldzuweisungen für die Anschläge trugen einen recht ähnlichen Charakter, jedoch fungierten die nationalen Medien als Kritikfilter und ließen nur ein bestimmtes Maß an Kritik zu. Arabische Medien kritisierten in deutlich größerem Umfang beispielsweise die internationale Politikpraxis. Deutsche Medien widmeten sich hin und wieder der Ursachen- und Bekämpfungsdiskussion.

Allerdings wurden die Anschläge auch für einige Themen instrumentalisiert. In deutschen Zeitungen betraf dies das latent gespannte Verhältnis zur muslimischen Minderheit, in arabischen Zeitungen der Staatsterrorismus-Vorwurf an Israel, der am häufigsten in Israels Nachbarland Ägypten zum Tragen kam und in einigen wenigen Fällen antizionistische Untertöne aufwies.

Die Antwort auf die Frage nach einer *homogenen Weltöffentlichkeit* tendiert nur ansatzweise zum „Ja". Zwar thematisieren deutsche und arabische Medien oberflächlich gesehen die gleichen Komplexe, doch unterscheiden sich deren Ausprägungen in wichtigen Detailfragen voneinander, wie eben bereits erläutert wurde. Zumindest setzen die Tageszeitungen bei der Routineberichterstattung die wichtigen Ereignisse zur gleichen Zeit auf die Themenagenda. Im Nachhinein fällt der Zeitverlauf jedoch auseinander. Während deutsche Zeitungen beispielsweise Mubaraks Vorschlag zu einer Friedenskonferenz nur nebenbei erwähnen, ist es längerfristiges Hauptthema von Al-Ahram. Deutsche und arabische Zeitungen weisen also nur moderat die gleiche Themenagenda zur gleichen Zeit auf.

Das gleiche gilt für die damit zusammenhängenden Interpretationsmuster. Zwar betonten alle Zeitungen einstimmig die Mitverantwortung der britischen Regierung am Anschlag in London. Aber arabische Zeitungen diskutieren Muslime als Opfer und insbesondere die westliche Welt als (unbewusste und passive) Förderer des Terrorismus, deutsche Zeitungen hingegen betonen den Sicherheitsframe. Die Abweichungen liegen auch hier im Detail.

Beim dritten Punkt, der Frage nach den Bezugnahmen, schneiden arabische Zeitungen weit besser ab als deutsche. Denn sie nehmen häufiger auf den westlichen Gegendiskurs Bezug in Form von Medienzitierungen, Experten, Politikern oder der muslimischen Diaspora als Sonderfall. Deutsche Zeitungen jedoch ignorieren den Diskurs der arabisch-muslimischen Welt fast völlig, selbst beim Anschlag von Sharm El-Sheikh. Während sich deutsche Zeitungen nahezu abschotten, können arabische Zeitungen also durchaus eine grenzüberschreitende mediale Wahrnehmung der westlichen Öffentlichkeit für sich beanspruchen. Dies kann mit dem Zentrum-Peripherie-Verhältnis erklärt werden bzw. mit den entsprechenden Nachrichtenfaktoren, die hier eine Rolle spielen (geographische und kulturelle Nähe, politischer und wirtschaftlicher Status).

Viele der Kritikpunkte, die an der *Berichterstattung des 11. September 2001* an westlichen Medien geäußert wurden, waren im Untersuchungszeitraum marginal anzutreffen. Die Unterscheidung zwischen kollektivem „Wir" und „Unser" trat deutlich seltener zu Tage, da die Sachlage (z.B. fehlender Krieg im Anschluss) keine so starke polarisierende Situation oder einen zwingenden nationalen Selbstbezug hervorrief. Schließlich war die nationale Sicherheit meist nicht unmittelbar in Gefahr. Auch fand keine Marginalisierung kritischer Meinungen statt, abgesehen von den wie üblich wenig hörbaren Stimmen nichtradikaler Islamauslegungen. Deutsche Zeitungen versuchten zwar, den Islam von der Schuld am Terrorismus freizusprechen, dennoch wurden einerseits kritische Stimmen gegenüber dem Verhalten der muslimischen Minderheit laut, andererseits trat der Islam am häufigsten in Verbindung mit Gewalt (Terror-Verdächtige) oder bei Rechtfertigungszwängen der „friedlichen Muslime" auf die Themenagenda. Diese Beobachtung traf nicht nur auf das erhobene Material zu, sondern manifestierte sich auch im Berichterstattungsumfeld. Das enthielt die häufig kritisierten Kernthemen außenpolitischer Berichterstattung aus Entwicklungsländern „Krisen, Kriege und Konflikte", manifestiert entweder als Gewalt in islamischen Ländern (z.B. Irak) oder als Terror-Risiken von Seiten Militanter muslimischen Glaubens. Fast zur Ausnahme wurde die tiefere Analyse der komplexen Hintergründe und strukturellen Rahmenbedingungen, die zur Radikalisierung von Muslimen führen.

Manifeste gegenseitige Stereotypisierungen und kulturelle Differenzierungen traten nur im geringen Maße auf.

Fast man die vier Zeitungen zu *homogenen Gruppen* zusammen, so gleichen sich FAZ, FR und Al-Hayat in den Prioritäten. Alle drei erhoben klar die Anschläge in London zum Thema und vernachlässigten gleichzeitig den Anschlag in Sharm El-Sheikh bis auf die unmittelbare ereignisdominierte nachrichtliche Berichterstattung. Al-Hayats Redaktionssitz in London und die transnationale Ausrichtung lassen die Zeitung nicht nur formal, sondern auch inhaltlich mehr an „westlichen" journalistischen Selektions- und Produktionsroutinen ausgerichtet erscheinen als an denen von arabischen autoritären Systemen, trotz des saudi-arabischen finanziellen Einflusses. Die ausladenden Sonderseiten kurz nach den Anschlägen in London verwundern etwas angesichts der Breite an innerarabischen regionalen Themen. Doch vielleicht beschränkt sich Al-Hayat in diesem Fall absichtlich auf nichtregionale Nachrichten, weil zumindest dadurch die Zeitung keiner innerarabischen Partei unbequem werden kann.

Al-Ahram legte den Schwerpunkt der Berichterstattung auf das Ausmaß des Schadens an Mensch und Material, verband also Drama mit (der späteren) nationalen Einheit als Widerstand gegen den Terrorismus und förderte somit eine integrative Perspektive durch gemeinsames emotionales Leid und gemeinsamen Trotz. Deutsche Zeitungen gingen deutlich distanzierter mit den Folgen der Anschläge um, erhoben aber wohl erstmals die Zivilbevölkerung eindeutig zum impliziten Helden, indem sehr positiv auf das Weiterleben des Alltags nach dem Anschlag in London verwiesen wurde. Insofern findet eine mediale Akzeptanz der Allgegenwart islamistisch motivierter Terror-Anschläge statt. Indem nach vorn geblickt wird, scheint der Terror etwas von seinem Schrecken und seiner Wirkung als kommunizierte Botschaft zu verlieren.

Eine *Befragung* von zwei deutschen Journalisten, die sich professionell mit Terrorismus-Berichterstattung beschäftigen, ergab ähnliche lebensweltliche Zugänge der Personen und ein gemeinsames, akademisch geprägtes Verständnis von Terrorismus. Die semantische Ebene der Bezeichnung der Attentäter muslimischen Glaubens wird nicht immer „akademisch korrekt" gehandhabt. Dies ist jedoch zum einen der Wertbesetztheit der jeweiligen Begriffe geschuldet, zum anderen der speziellen journalistischen Sprachpraxis, die sich – wie die Zeitung insgesamt – an einem in der Regel sehr heterogenen Publikum orientieren muss.

In den untersuchten Redaktionen ersetzen Konsens oder redaktionelle Linien schriftlich fixierte Regeln beim Umgang mit Terrorismus. Eine spezielle Fachkompetenz und (als Korrespondent) Sprach- und Landeskenntnisse, die i.d.R. bereits vor der Anstellung als Redakteur erworben werden, sind nach Ansicht der Interviewpartner Voraussetzung für eine gute Berichterstattung über Anschläge. Die Redaktionen äußern sich in dieser Hinsicht soweit zufrieden mit dem Stand ihrer Ressourcen und der Infrastruktur. Dass sich die Betrachtungsweise der einzelnen Konflikte ideologisch unterscheidet, war bei FAZ und FR als Gegenpole zwischen konservativ und liberal vorauszusehen und ist zu bestätigen.

Die Angaben der Befragung sind nicht repräsentativ für alle deutschen Redaktionen, sondern nur für die Untersuchungsmedien aussagekräftig.

Die vielfach geäußerte Vermutung, dass globale Bedrohungsrisiken auch eine *global sich verantwortlich fühlende zivile Öffentlichkeit* erzeugen, die an der Verringerung der Risiken arbeitet, transformiert sich in der vorliegenden Arbeit zu national/regional fokussierten, voneinander isoliert erscheinenden Diskursen, die den „Anderen" nur oberflächlich wahrnehmen. Die deutschen Zeitungen grenzten sich deutlich mehr ein als die arabischen, welche häufig westliche Betrachtungsweisen, Meinungen und Theorien in die eigenen Analysen integrierten und diskutierten, während Experten und Vertreter muslimischen Glaubens im Politikteil deutscher Medien trotz der großen Minderheit im eigenen Land nur im Ausnahmefall vorkamen.

Diese Abwesenheit muslimischer (indirekt) Betroffener steht im Kontrast zum in Deutschland ständig präsenten Diskurs über Minderheiten und Integration. Die Nicht-Thematisierung einer oder mehrerer „genuin" muslimischer Perspektiven wirft Fragen nach dem innenpolitischen Status der eigenen Minderheit auf, die ja augenscheinlich an der massenmedialen Öffentlichkeit kaum teilnimmt. Zwar tauchen vereinzelt immer wieder „Milieuschilderungen" einer friedlich lebenden Minderheit auf, egal ob aus London oder einem Stadtteil in deutschen Großstädten. Jedoch ist die Diskrepanz zwischen Anwesenheit in Deutschland und Abwesenheit in den deutschen Elite-Medien Symptom für einen möglichen Konflikt, der aber kaum offen ausgetragen wird. Genau dies ist aber die Funktion von Massenmedien: gesellschaftliche Konflikte zum Thema zu erheben (Hug 1997).

Anlagen

9.1: Codebuch der Inhaltsanalyse

Codiert werden alle Artikel, die sich inhaltlich mit den Bombenanschlägen von London und Sharm El-Sheikh, deren Folge-Ereignissen und mit den damit zusammenhängenden Hintergründen beschäftigen (Terrorismus allgemein, Islamismus, Situation von Muslimen in Europa in Bezug auf den T-Akt).

Untersuchungseinheiten

1. Codiereinheit: mindestens Begriff, Satz; Kontexteinheit ist Textumfeld des Satzes/Begriffes soweit wie nötig. max. ganzer Beitrag
2. Analyseeinheit: der einzelne Artikel (nach Rössler 2005), z.T. die einzelne Aussage
3. Messeinheit: Häufigkeit, Zeilenumfang, ganzes Ressort/Ausgabe
4. Auswahleinheit: sind hier alle Artikel aller Ressorts außer Lokales der FAZ, FR, Al-Ahram und Al-Hayat (Zeitraum 8.-16. Juli und 24. Juli - 1. August 2005); Vollerhebung außer bei Al-Ahram (Auswahl jedes 3. Artikels)

Das vorliegende Kategoriensystem bezieht sich auf die Textanalyse. Die Bildanalyse erfolgte weniger komplex in leicht abgewandelter Form, benutzte aber weitgehend die gleichen Kriterien.

<table>
<tr><td colspan="4">I. Formale Kategorien</td></tr>
<tr><td colspan="4">1. Medium: ☐ FAZ ☐ FR ☐ Al-Ahram ☐ Al-Hayat</td></tr>
<tr><td colspan="2">2a. Publikationstag: _ _</td><td colspan="2">2b. Publikationsmonat: _ _</td></tr>
<tr><td colspan="4">3. Berichterstattung über... ☐ London ☐ Sharm El-Sheikh ☐ Beide T-Akte</td></tr>
<tr><td colspan="2">4. Umfang: ___ cm²</td><td colspan="2"></td></tr>
<tr><td>5. Ressort:</td><td>______
11 Außenpolitik, Auslandsbezug
12 Innenpolitik, Inlandsbezug
13 EU-Politik, EU-Bezug
14 Politik arabischer Raum
20 Wirtschaft und Finanzen
30 Feuilleton, Analysen
40 Beilage: Reisen
50 Medien
60 Sport
99 Sonstiges</td><td>6. Darstellungsform:</td><td>______
1 Nachricht
2 Bericht
3 Hintergrundber./Analyse
4 Reportage/Feature
5 Kommentar/Kolumne
6 Interview
7 Portrait
8 Foto
9 Illustration/Grafik
10 Karikatur
11 Kurz-Nachricht
12 Leserbrief
13 Rezension
14 Essay
15 Sonstiges</td></tr>
<tr><td colspan="4">7. Charakter: ☐ berichtend/tatsachenbetont ☐ interpretierend ☐ kommentierend ☐ uneindeutig</td></tr>
</table>

8. Platzierung: ☐ Titelseite Aufmacher ☐ Titelseite (Rest) ☐ Seitenaufmacher ☐ Seiten (Rest)

9a. Artikel-Kontext:
☐ Nein, keiner
☐ Ja: Themenschwerpunkt/-seite ☐ Ja: korrespondierender Artikel ☐ Ja: Themen-Serie **s. 9b.**

9b. Kontext-Titel:	☐ Bombenanschläge in London (FAZ) ☐ Nach den Terroranschlägen in London (FAZ) ☐ +++ terror in london +++ (FR) ☐ Islamismus in Deutschland (FAZ) ☐ Islamismus in Europa (Themenseite FR) ☐ Der Terror und der Islam (FAZ) ☐ تفجـــيرات ٧ لنـــدن فـــي يوليـــو (Die Anschläge des 7. Juli in London, Al-Ahram) ☐ الارهاب يضرب شرم الشيخ (Der Terrorismus trifft Sharm El-Sheikh, Al-Ahram)	
10. Verfasser/ Artikelherkunft:	☐ dpa ☐ afp ☐ AP ☐ Reuters ☐ MENA (Middle East News Agency) ☐ mehrere oder sonstige Agenturen ☐ Journalist/Inland	☐ Korrespondent, Journalist/Ausland ☐ Sonder-/Externer Korrespondent ☐ Gastautor nicht arabisch ☐ Gastautor arabisch ☐ Medien ☐ gedruckte Rede; Bekennerschreiben ☐ anonym/nicht feststellbar
11. Quelle:	☐ eigenes Erleben, Alltagsgespräche ☐ journalistische Interviews ☐ fremde Augenzeugen ☐ Agenturen ☐ Archiv, Datenbanken, Statistiken ☐ Pressekonferenz oder –mitteilung ☐ andere Medien ☐ eigenes Medium	☐ Dokumente ☐ anonyme Behördenquelle ☐ Polizei: allgemeine Mitteilung ☐ Politiker: allgemeine Mitteilung ☐ Sicherheits-Behörden (Mitteilung) ☐ Sonstige allgemeine Mitteilung ☐ Internet ☐ nicht klar erkennbar

12. Aktualität: ☐ tagesaktuell ☐ Folge-/Routine-Berichterstattung ☐ kein unmittelbarer Anlass

II. Inhaltliche Kategorien

13. Ereignisort:	☐ Großbritannien ☐ Ägypten ☐ Deutschland ☐ Frankreich ☐ Italien ☐ Spanien ☐ Polen ☐ Dänemark ☐ Bosnien (Sarajevo) ☐ Pakistan	☐ Saudi-Arabien ☐ Irak ☐ Russland ☐ Israel ☐ Algerien ☐ Vatikan-Staat ☐ Schweiz/Österreich ☐ Schweden ☐ Neuseeland/Australien ☐ Europa ☐ Nordamerika	☐ MENA-Region ☐ Mittlerer Osten ☐ Asien (Rest) ☐ andere Region/Staat ☐ mehrere Länder/Welt ☐ die westliche Welt ☐ die arabisch-isl. Welt ☐ Türkei ☐ Internet ☐ nicht erkennbar
14. Thema (Themenliste 2):	Thema T1: ___ T2: ___ T3: ___ (1 Haupt-, 2 Nebenthemen)		

Komplex Anschlag in London	Themen 1: Terrorismus (inkl. als Ursache)
Komplex Anschlag in London *Ereignis*: 10 Unmittelbare Konsequenzen des Anschlags allg. 11 Wirtschaftliche Konsequenzen des Anschlags 12 Verbrechensaufklärung 13 Reaktionen 14 Folgeereignis 15 Reaktionen & Muslime *T als Thema*: 16 Benennung von Ursache/Motiv für Anschlag 17 Hintergrund für T-Anschlag 18 Bezug zu anderen Anschlägen **Komplex Anschlag in Sharm El-Sheikh** *Ereignis*: 20 Unmittelbare Konsequenzen des Anschlags allg. 21 Wirtschaftliche Konsequenzen und Reaktionen 22 Verbrechensaufklärung 23 Reaktionen 24 Folgeereignis *T als Thema*: 26 Benennung von Ursache/Motiv für Anschlag 27 Hintergrund für T-Anschlag 28 Bezug zu anderen Anschlägen **Alternativkategorien**: *Ereignis* 30 Wirtschaft 31 Politik (Schwerpunkt Sicherheit) 32 Unmittelbare Sicherheitsmaßnahmen allg. 33 Sport 34 Medien 35 Reaktion Verbände 36 Terrorismus: andere Anschläge & Fahndung	**Themen 1: Terrorismus (inkl. als Ursache)** 50 Terrorismus allg. 51 T & Politik (ohne Religionsbezug, allg.) 52 T & Wirtschaft 53 T & Justiz/Gesetzgebung 54 T & Islam (abstraktes religionsbasiertes Verhältnis) 55 T & Muslime (Tat-Akteure, Radikale Muslime) 56 T & Gesellschaft 57 T & Medien 58 T & Moral 59 T: Ursachen & Motive allg. **Themen 2: Politik & Sicherheit** 60 T-Bekämpfung allg., Sicherheitspolitik allg. 61 Sicherheitsmaßnahmen national 62 Sicherheitsmaßnahmen regional/EU 63 Sicherheitsmaßnahmen international 64 Debatte zur Sicherheit **Themen 3: Weitere Diskurse** 70 Islam allg. 71 Islamismus 72 Radikale Muslime/Radikaler Islamismus 73 Muslime & die westliche Gesellschaft/der Westen (Integration, „der Andere") 74 Technik (Metro) 99 Sonstige

15. Rückbezug auf andere T-Akte:	◻ keiner ◻ 9/11 ◻ 11/3 ◻ 7/7 ◻ andere islamistische T-Akte ◻ andere nichtislamistische T-Akte ◻ islamistische T-Akte lokal in Ägypten

16a. T-Motiv (s. Motivliste)**:** M1: ___ M2: ___ M3: ___ M4: ___ M5: ___

16b. Motiv-Akteur:	◻ Gerhard Schröder (Bundeskanzler) ◻ Tony Blair (brit. Ministerpräsident) ◻ Hosni Mubarak (ägypt. Präsident) ◻ anderer Politiker ◻ Sicherheitsbehörden, Polizei ◻ Augenzeugen, Bevölkerung ◻ Akademiker, Experte, Intellektueller ◻ Vertreter religiöser muslimischer Gruppen, muslimische Schriftgelehrte	◻ T-Akteure, Islamisten ◻ Akteure der Wirtschaft ◻ Medien ◻ Muslimische Diaspora ◻ Günther Grass (dt. Schriftsteller) ◻ John Le Carré (brit. Schriftsteller) ◻ Autor ◻ diffus

17. Handlungs- und Sprechakteur	Handlungsakteur Sprechakteur	H1: ___ H2: ___ H3: ___ S1: ___ S2: ___ S3: ___

Politiker 10 Regierung global 11 Regierungen der westlichen Welt, Staatschefs,	68 Promis 69 Touristen 97 westliche Touristen

„der Westen", EU (ohne D und GB) 13 Regierungen der arab.-musl. Welt (o. Ägypten) 15 Regierungen übrige Welt 16 Regierung – D 17 Regierung – Ägypten 18 Regierung – GB 21 Politiker – Westen (ohne D) 22 Politiker – Deutschland 23 Politiker/Ministerien der arab. Welt (o. Ägypten) 24 Politiker – GB 25 Politiker – Ägypten *Justiz* 30 Justiz/Gerichte 31 Juristen – D 32 Juristen - Ägypten *Sicherheitsbehörden* 41 Westen (ohne D und GB) 42 D 43 arab. Welt (ohne Ägypten) 44 GB 45 Ägypten *Politische Institutionen* 50 Organisationen EU-Ebene 51 Organisationen arabische Welt 52 Organisationen globale Ebene 55 Organisationen von Bund und Land div. *Einzelpersonen und nichtstaatliche Gruppen* 60 Verbände/Gruppen 63 Individuen, am Anschlag beteiligt 64 Individuen mit Terrorverdacht 65 Experten für Terrorismus	98 arabische Touristen *Bevölkerung(sgruppen)* 70 Bevölkerung – Westen (außer GB) 72 Bevölkerung – Nicht-Westen (außer Ägy) 71 muslimische Minderheit 73 Muslim-Gegner (GB) 74 Bevölkerung – GB 75 Bevölkerung – Ägy 76 Militante/T-Akteure *Religiöse Gruppen* 80 musl. religiöse Gruppe – GB 81 musl. religiöse Gruppe – D 82 musl. religiöse Gruppe – Ägy 83 musl. religiöse Gruppe – Westen (o. D, GB) 84 musl. religiöse Gruppe – Arab. Welt (o. Ägy) 85 christliche Gruppe *Ressortspezifische Akteure* 86 Akteure aus dem Sportbereich 87 Akteure der Wirtschaft 89 Akteure der Kultur *Medien* 90 Medien Westen 91 Medien Arab. Welt 92 Medien-Akteure (Journalisten) 93 Medien GB 94 Medien D 95 Medien Ägy 99 Rest

18. Akteursbewertung (je Akteur): ☐ positiv ☐ neutral, wertungslos ☐ negativ

19. Akteursrolle:	Politik Polizei/Exekutive Bevölkerung/Zivilisten T-Akteure, Verdächtige	___ ___ ___ ___	0 weder Opfer noch Täter 1 überwiegend Opfer 2 überwiegend Täter 3 aktiv, aber nicht Täter (neutral) 4 passiv, aber nicht Opfer (neutral)

20a. Positionenvielfalt absolut: **20b. Positionenvielfalt Parteien**:	___ ___	**20c. Positionierungsthema**: ___ (vgl. Themenliste)

21a. Hintergrundinformation (Anteil):
☐ keine ☐ Kontext ☐ gering ☐ hoch

21b. Hintergrundinformation (Aktualität):
☐ keine ☐ latent aktuell ☐ < 15 Jahre ☐ < 60 Jahre ☐ > 60 Jahre

22. Wertung des Journalisten: explizit positiv ☐ ☐ ☐ ☐ ☐ explizit negativ

23a. Faktizität:	☐ hoch ☐ mittel ☐ gering
23b. Sachlichkeit:	☐ hoch ☐ höher ☐ mittel ☐ gering

24. Schwerpunkt der Darstellung:
☐ ereigniszentriert ☐ themenzentriert ☐ personen-/akteurszentriert ☐ nicht zuzuordnen

25a. Dividing:	allgemein: ☐ nein ☐ ja ☐ erwähnt, wird aber explizit kritisiert	speziell: ☐ Islamisten ☐ die musl. Minderheit/Mitbürger ☐ Die Briten ☐ Europa
25b. Rejecting:	allgemein: ☐ nein ☐ ja ☐ erwähnt, wird aber explizit kritisiert	speziell: ☐ Islamisten ☐ die musl. Minderheit/Mitbürger

26a. Stereotyp:
S1 ☐ keins ☐ manifest ☐ relativierend S1-Art: ___ S1-Akt.: ___ (s.u.)
S2 ☐ keins ☐ manifest ☐ relativierend S2-Art: ___ S2-Akt.: ___ (s.u.)
S3 ☐ keins ☐ manifest ☐ relativierend S3-Art: ___ S3-Akt.: ___ (s.u.)

26b. Stereotyp (Art):	*über Islam als Religion*: 11 Gewaltassoziationen 12 Frauenbild 13 Fundamentalismus 14 Weltmachtstreben 15 Überlegenheit des Westens/ Unterlegenheit des Islams 16 Bedrohungspotential/Feind (für chr. Zivilisation, westl. Demokratie) 17 Orientalische Irrationalität 18 monolithisch statt divers 19 Islam als das Andere, nicht interdependent mit and. Religionen 20 manipulativ 21 Folge: Kritik des Islams am Westen von vorn herein abgelehnt 22 Diskriminierung gegen Muslime wg. Islam-Feindschaft gerechtfertigt 23 Islamophobie ist natürlich 24 Araber und Muslime sind religiös/ethnisch T-sympathisierend 25 Muslime sind integrationsunwillig 26 Kulturlosigkeit des Islams	*über die arabische Kultur/Welt:* 27 Rückschrittlichkeit, Barbarentum 28 monolithische Masse 29 repressiv *über den Westen*: 31 Dekadenz (moralischer Verfall der Gesellschaft) 32 Frauen als Lustobjekt 33 (politische) Verschwörung gegen die arabische Welt, Interventionen 34 fanatischer Feind des Islams 35 jüdisch-christliche Allianz 36 Verteidiger „abtrünniger" Muslime 37 Gleichsetzen von Islam und Terrorismus 38 verhindert musl. Fortschritts 39 Monolithischer Westen 40 Sonstiges

26c. Stereotyp (Akteur): 0 Journalist 1 Gastautor 2 Akteur in Artikel 3 diffus

27. Wortfeld:
☐ Islam mit Gewalt durch Attribute assoziiert
☐ Islam themenbegründet mit Gewalt durch physische Nähe im Text assoziiert
☐ Religiöse Herkunft der Attentäter als Muslime unfunktional explizit genannt
☐ Religiöse Herkunft der Attentäter genannt, aber story-funktional genannt
☐ Verbindungen von Gewalt oder Terror mit „islamistisch"
☐ Vorkommen von Islam und Gewalt, aber relativiert/Verbindung entwertet
☐ Wortfeld-Assoziation mit vorwiegend islamischen Staaten
☐ keins

III. **Bezugsanalyse**	
28a. Bezug vorhanden: ☐ Ja ☐ Nein	
28b. Bezugsrichtung:	☐ kein Bezug ☐ deutscher Akteur → arabischer Diskurs ☐ arabischer Akteur → deutscher Diskurs ☐ arabischer Akteur → europäischer/amerikanischer Diskurs (ohne D) ☐ Akteur → Diaspora-Diskurs
28c. Bezugnehmer:	☐ kein Bezug ☐ Politiker, politische Institutionen, Diplomat ☐ Bevölkerung, Zivilakteure ☐ Wissenschaftler, Experten ☐ NGOs ☐ Intellektuelle ☐ Terrorverdächtige, Islamist, Londonistani ☐ religiöser muslimischer Würdenträger ☐ Sicherheitsbehörde ☐ Gleiches Medium ☐ Anderes Medium

28d. Bezugsobjekt:		
	☐ kein Bezug ☐ Mubarak ☐ Innenminister El-Adli ☐ Pervez Musharraf, Pakistan ☐ Diplomat Pakistan ☐ USA: Condoleeza Rice, Bush ☐ Politiker Frankreich ☐ Politiker Russland ☐ Otto Schily, deutsche Politiker ☐ Politiker GB, brit. Regierung ☐ Politiker Italien ☐ Ariel Sharon, Israel ☐ Politiker Japan ☐ Politiker EU ☐ Jörg Haider ☐ übrige westliche Regierung ☐ NATO ☐ UN ☐ andere Politiker, politische Institutionen, Diplomat ☐ Bevölkerung, Zivilakteure ☐ Anderes Medium	☐ Wissenschaftler, Experten ☐ NGOs, Karitative Organisationen ☐ Intellektuelle ☐ islamische Vereinigungen ☐ Zentralrat der Muslime (D) ☐ Muslimische Rat in Großbritannien ☐ Islamrat ☐ Milli Görüs ☐ Vereinigung britischer Muslime ☐ islamische Gelehrte und Akademiker ☐ islamistische Vereinigungen+Gelehrte ☐ Sicherheitsbehörden, Geheimdienst ☐ Akteure aus der Wirtschaft ☐ Verkehrsbetriebe ☐ Rechtsextreme Gruppen ☐ Militär ☐ Sportinstitutionen ☐ Justiz ☐ Adel ☐ Christliche Geistliche ☐ Papst ☐ Araber allgemein ☐ diffus

28e. Bezugsthema: ___ (vgl. Themenliste)

28f. Bezugsmedium:			
Arabische/Asiatische Medien: ☐ Al-Hayat (UK) ☐ Asharq al-Awsat (UK) ☐ Jordan Times ☐ Al-Ahram (Ägypten) ☐ Khaleej Times (VAE)	*Britische Medien*: ☐ Guardian ☐ Times ☐ Sunday Times ☐ The Independent ☐ The Observer ☐ Sunday Mirror ☐ The Sun	☐ The Mail on Sunday *Amerikanische Medien*: ☐ New York Times ☐ Herald Tribune ☐ Washington Post ☐ CNN ☐ ABC	☐ Ital. Nachrichtenagentur (ANSA) ☐ Corriere Della Serra ☐ Il Messaggero ☐ schwedische Medien ☐ spanisches Nationalfernsehen ☐ Europe 1

□ Der neue Morgen (Irak) □ Al-Nahar (Lib) □ Asia Times Online □ Al-Jazeera (Qatar) □ Daily Star (Libanon)	□ Financial Times □ Daily Mail □ Daily Telegraph □ Sunday Telegraph □ News of the World □ BBC □ Sky News □ britische Medien □ NBC □ Daily Mirror □ Mirror □ The Independent on Sunday	□ Fox News □ Wall Street Journal □ AP *Europäische Medien*: □ France Soir □ AFP □ Le Figaro □ Le Parisien □ France Inter □ Le Monde □ El Mundo	□ Publico (Portugal) □ Nachrichtenagentur Österreich *Deutsche Medien*: □ FAZ □ Deutsche Welle □ Bild am Sonntag □ Die Welt *Israelische Medien*: □ Yediut Ahrunut □ Ma'arif

9.2: ÜBERSICHT ÜBER DIE AUSGEWÄHLTEN KOMMENTARE

FAZ (n=14)

Nm: Das Muster des Terrors. FAZ 8. Juli, S. 1. (63 Z)
Heimrich, Bernhard: Der Nachhall. FAZ 9. Juli, S. 1. (160 Z)
Kennedy, A.L.: Für viele sind wir die Terroristen. (Gastbeitrag) FAZ, 9. Juli, S. 33. (Terrorismusrelevant: 153 Z)
Wehner, Markus: Was London lehrt. FAZ, 10. Juli, S. 12. (143 Z.)
V.Z.: Moderner Terrorismus. FAZ, 11. Juli, S. 10 (31 Z.)
V.Z.: Die muslimische Frage. FAZ, 12. Juli, S. 1. (63 Z.)
kum: Hausgemacht. FAZ, 15. Juli, S. 1. (63 Z.)
Schmid, Thomas: Märtyrertum und Jugendrevolte in einem. FAZ, 17. Juli, S. 12. (139 Z.)
Dt.: Revolutionäres Muster. FAZ, 23. Juli, S. 1. (63 Z.)
Croitoru, Joseph: Inszeniert. FAZ, 23. Juli, S. 37.
Nonnenmacher, Günther: Der Terror und der Islam. FAZ, 25. Juli, S. 1. (162 Z.)
Hermann, Rainer: London und Scharm al Scheich. Der Terrorismus der Dschihadisten am Beginn einer internationalen Offensive? FAZ, 26. Juli, S. 10. (189 Z.)
Jakob Strobel Y Serra: Wir bleiben. FAZ 26. Juli, S. 33. (139 Z.)
KF: Was sie wollen. FAZ, 1. August, S. 10. (11 Z.)

FR (n=9)

Spitz, Brigitte: Madrid, London. FR 8. Juli, S. 3. (120 Z)
Maron, Thomas: Eine Frage der Perspektive. FR 9. Juli, S. 3. (61 Z)
Michalzik, Peter: Normalisierung des Terrors. FR 9. Juli, S. 17. (79 Z)
Elyas, Nadeem: Der Islam will es nicht! (Gastbeitrag). FR 13. Juli, S. 2. (92 Z)
Maron, Thomas: Selbstmordattentäter in Europa. FR 14. Juli, S. 3. (80 Z.)
Spitz, Brigitte: Frequenzen des Terrors. FR 23. Juli, S. 3. (39 Z)
Günther, Inge: Anschlag auf die Friedensoase. FR 25. Juli, S. 3. (118 Z)
Spitz, Brigitte: Fataler Ausnahmezustand. FR 25. Juli, S. 3. (53 Z)
Nonnenmacher, Peter: Zerrissenes Britannien. FR 6. August, S. 3 (118 Z)

Al-Ahram (n=12)

[ohne Name]: Die Explosionen von London und das Bedürfnis nach neuen Mitteln zur Konfrontation des Terrorismus. 9. Juli, S. 15/2.
Dr. Abd Al-Salâm, Mohammad: Was steht hinter den Ereignissen vom 7. britischen Juli? 11. Juli, S. 7.
Abd Al-Khâliq, Âsem: Chirurgische Operation zur Entfernung der Idee. 13. Juli, S. 7.
Salâma, Salâma Ahmad: Die Muslime und der Terrorismus. 14. Juli, S. 14.
Sarâya, Usâma: Die Reform... und der Druck des Terrorismus. 15. Juli, S. 1.
[ohne Name]: Die herrschende britische Behandlung der Angelegenheit des Terrorismus. 17. Juli, S. 15.
Dr. Al-Hafnâwî, Mohammad Hassan: Der Terrorismus hat keine Religion und keine Moral. 25. Juli, S. 14/4.
Shafîq, Amîna: Die Trockenlegung der menschlichen Quellen des Terrorismus. 27. Juli, S. 14.
Dr. Tâher, Hâmid: Theorie des Krieges gegen den Terrorismus (Gastbeitrag Universität Kairo) 31. Juli, S. 14.
Dr. Abd Al-Min'am Sa'îd: Was machen wir mit dem Terrorismus? 1. August, S. 14.
Dr. Hamûda, Abd Al-Azîz: Und die Araber bezahlen die Rechnung. 2. August, S. 13.
Huwaidi, Fahmi: Ein anderes Denken in der Frage des Terrorismus. 2. August, S. 15.

Al-Hayat (n=10)

Scharbal, Ghassân: Im Kontext des Weltkrieges. 8. Juli, S. 1.
Al-Khâzen, Dschihâd: Augen und Ohren. 8. Juli, S. 24.
Badarkhân, Abd Al-Wahâb: Der Terrorismus hat keine Religion. 9. Juli, S. 9.
Mâlik, Adel: Krieg des Terrorismus von London nach Scharm mit Transit über den Libanon. 24. Juli, S. 9.
Badarkhân, Abd Al-Wahâb: Von London nach Scharm. 25. Juli, S. 9.
Sâghiya, Hâzem: Der Terrorismus: Kein Patriotismus und keine [bestimmte] Politik. 26. Juli, S. 9.
Nâfi'a, Hassan: Der Terrorismus... ihr neuer Weltkrieg! (Gastbeitrag – ägyptischer Schriftsteller). 27. Juli, S. 9.
Salâh, Mohammad: „Haus des Krieges" in Scharm! 28. Juli, S. 8.
Al-Amîn, Hâzem: Die Terroristenbruderschaft. 31. Juli, S. 14.
Khashâna, Rashîd: Die Rollen des „europäischen" Islams. 1. August, S. 8.

9.3: Mediale Diskursanalyse: Argumentehäufigkeiten absolut

Hinweise zum Codebuch:
Codiert werden die ausgewählten Kommentartexte. Codiereinheit ist eine einzelne Aussage. Aussagen werden je einmal zugeordnet. Dabei werden sie der Kategorie zugeordnet, die am ehesten dem Aussagenkontext entspricht (z.B. werden Aussagen zur Ideologie der Terroristen dann zur Kategorie der „terrorismusbegünstigenden Faktoren/Ursachen" gerechnet, wenn sie eindeutig als terrorfördernd klassifiziert waren; fehlte dies, so wurden sie unter „Ideologie" eingeordnet). Bei der Zuordnung gilt das Prinzip der spezifischsten (Unter-)Kategorie.

Folgende Abkürzungen wurden verwendet:

T:	Terrorismus
T-Akt:	Terroristischer Anschlag
IT:	Islamistischer Terrorismus
L:	London
S:	Sharm El-Sheikh
MM:	Muslimische Minderheit

9 Oberkategorien (Themenkomplexe)
37 Unterkategorien
79 weitere Subkategorien
Anzahl der Auswertungskategorien: 94

Angaben in absoluten Fallzahlen

	Kategoriebezeichnung	FAZ	FR	Ahram	Hayat
1	**Phänomen-Beschreibung & Bewertung**				
1.1.	**Islamistischer Terrorismus/Dschihâd**				
a	Allgemeiner Charakter	**4**	**1**	**2**	**7**
b	Ideologie	**5**	**-**	**2**	**5**
c	Globalität & Grenzenlosigkeit	**7**	**1**	**6**	**2**
d	Struktur & Organisation	**12**	**1**	**1**	**1**
e	Dynamik & Transformation	**9**	**1**	**3**	**3**
1.2.	**Terroristen: Beschreibung**	**4**	**1**	**4**	**9**
a	Herkunfts-Paradox der Attentäter	**2**	**1**	**-**	**-**
1.3.	**Selbstmordattentäter**	**3**	**2**	**-**	**-**
1.4.	**Bewertung von Terrorismus**	**1**	**-**	**5**	**7**
1.5.	**Bewertung des Wirkungsgrades der T-Ziele**	**11**	**4**	**8**	**3**
		58	**13**	**30**	**37**
2	**Motivattribution : T-Ziele**	**24**	**5**	**10**	**7**
		24	**5**	**10**	**7**
3	**Ursachenattribution**				
3.1.	**Religiös**				
a	Terrorismus und Religion haben nichts miteinander zu tun, T transzendiert die Religionen	**3**	**-**	**4**	**1**
b	Terrorismus oder Selbstmord kommen auffällig häufig im Islam vor	**2**	**-**	**-**	**-**
c	Der Islam der Terroristen hat nichts mit dem Islam an sich zu tun	**1**	**2**	**5**	**3**
3.2.	**Nichtreligiös-geographisch**				
a	Der Terrorismus wurde begünstigt durch Aktivitäten der westlichen Welt, sie trägt zumindest eine Teilschuld	**3**	**3**	**21**	**26**
b	Der Terrorismus wurde begünstigt durch Aktivitäten der arabisch-islamischen Welt bzw. muslimischen Diaspora, sie	**6**	**-**	**4**	**7 (2)**

	tragen zumindest eine Teilschuld				
3.3.	**Schein-Ursachen für T**	**4**	**2**	**-**	**1**
		19	**7**	**34**	**39 (2)**
4	**Konsequenzen**				
4.1.	**Allgemeine Konsequenzen**				
a	Globale Unsicherheit	**5**	**7**	**1**	**4**
b	Weitere Konsequenzen	**-**	**2**	**1**	**4**
4.2.	**T-Opfer**	**-**	**1**	**2**	**3**
		5	**10**	**4**	**11**
5	**Reaktionen**				
5.1.	**Handlungsorientierte Maßnahmen der westlichen Welt**				
a	Einige westliche/internationale Maßnahmen zur Bekämpfung des IT auf politisch-diplomatisch-juristisch-religiöser Ebene haben versagt oder erweisen sich als ineffizient	**5**	**3**	**11**	**19**
b	Einige westliche/internationale Maßnahmen zur Bekämpfung des IT auf sicherheitspolitisch-militärischer Ebene haben versagt oder erweisen sich als ineffizient	**5**	**8**	**8**	**11**
c	Westliche/internationale Bekämpfung des IT auf sicherheitspolitischer Ebene nötig	**10**	**1**	**2**	**8**
d	Die Sicherheitspolitik der westlichen Welt allein reicht gegen den IT nicht aus	**1**	**4**	**5**	**1**
e	Nötig ist ein Kampf auf politisch-wirtschaftlicher Ebene	**4**	**8**	**11**	**10**
f	Nötig ist ein Kampf auf gesellschaftlicher Ebene	**3**	**5**	**5**	**2**
g	Nötig ist ein Kampf auf weiteren Ebenen (Justiz, Forschung, Medien, Religion)	**-**	**1**	**1**	**7**
5.2.	**Handlungsorientierte Maßnahmen der arabisch-islamischen Welt**				
a	Für die Bekämpfung des Terrorismus ist zuerst die arabisch-islamische Welt verantwortlich	**1**	**-**	**1**	**2**
b	Bislang haben Maßnahmen von arabisch-islamischer Seite zur Bekämpfung des IT versagt	**-**	**-**	**11**	**6**
c	Die arabisch-islamische Welt sollte verschiedene Maßnahmen gegen den IT ergreifen	**3**	**2**	**18**	**12**
5.3.	**Bewertung der Erfolgsaussichten des Kämpfens gegen den Terrorismus**	**3**	**9**	**3**	**5**
		35	**41**	**76**	**83**
6	**Das Selbst und der Andere: Einstellungen der/zur muslimischen Minderheit und zu Muslimen**				
6.1.	**Vorurteil: Muslime und Europa passen nicht zusammen**				
a	Der Umgang mit der großen muslimischen Minderheit ist nur in Europa bislang problematisch, Integration ist nötig.	**7**	**2**	**2**	**6 (2)**
b	Die muslimische Minderheit sollte ihre Rechten und Pflichten erfüllen, nicht übersensibel auf Kritik reagieren.	**3**	**-**	**-**	**-**
c	Die muslimische Minderheit bringt zu großes Verständnis für T-Akt auf.	**4**	**1**	**1**	**3**
d	Die europäische Mehrheitsgesellschaft distanziert sich von den Muslimen, eine Kluft existiert.	**1**	**1**	**-**	**3**
6.2.	**Toleranzgedanke: Muslime können sich in Europa**				

	integrieren, nicht an ihnen scheitert die Integration				
a	Die Integration hat nicht versagt.	-	-	1	1
b	Der gemäßigte Islam ist mit der Integration kompatibel.	-	-	-	2
c	Da die muslimische Minderheit den Rechtsstaat nunmehr respektiert, ist sie nicht geeignet zur Tätersuche.	-	-	-	1
d	Muslimische Minderheit fordert Unterscheidung zwischen ihnen und Terroristen.	-	-	-	2
e	Die Verantwortung für die Integration der Muslime trägt der Staat.	2	-	-	-
6.3.	**Opferperspektive: Muslime sehen sich oder ihre Religion als Opfer**				
a	T-Akte stellen einen Schaden für das Image der Muslime/des Islams dar (Assoziation mit Gewalt).	-	-	7	1
b	T-Akte verursachen ein Negativ-Image für Araber.	-	-	3	-
c	Muslime in der EU/des Westens werden nach einem T-Akt Opfer von Diskriminierung im Rechte- und Sicherheitsbereich.	1	-	5	6
d	Muslime in der EU werden nach einem T-Akt Opfer von Hass, Bedrohungen, Angriffen; die britische Rechte profitiert davon.	2	2	2	3
e	Muslime in der EU stehen nach einem T-Akt generell unter Verdacht, Muslime werden kollektiv für T-Akte verantwortlich gemacht.	-	-	1	1
f	Muslimische Minderheit kritisiert Forderung nach deutlicherer Verurteilung des Terrorismus: Sie sind selbst Opfer.	-	-	-	1
g	Opfer sind die Muslime, sowohl der Minderheiten im Westen als auch die der islamischen Länder. Sie sind seit 9/11 Opfer des westlichen Dauerangriffs gegen die islamische Umma.	2	-	6	3
6.4.	**Identitätsbewusstsein: Muslime haben eine eigenständige Identität.**				
a	Jugendliche der muslimischen Minderheit haben ein islamisches Herkunftsinteresse und Identitätsfindungsbedürfnis.	4	-	-	1
b	Muslime laufen Gefahr, ihre Identität einzubüßen.	-	-	1	-
		26	**6**	**29**	**34 (2)**
7	**Ereignisgeschehen: London**				
7.1.	**Anschlagssymbolik**				
a	Symbolik der Zeit – T-Akt war geplant nach dem zeitlichen Anlass	3	1	2	2
b	Symbolik des Ortes – T-Akt war geplant nach dem örtlichen Anlass	5	-	-	3
7.2.	**T-Akt-Charakter**	**1**	**2**	**1**	**1**
7.3.	**Anschlags-Dimension**				
a	T-Akt in London ist weniger bedeutend als andere islamistisch motivierte T-Akte	2	1	-	-
b	T-Akt in London ist bedeutender als andere islamistisch motivierte T-Akte	1	-	1	1
7.4.	**Reaktionen auf den Anschlag**				
a	Unmittelbare Reaktion auf T	2	4	2	-
b	Positiv bewertete Reaktionen auf T-Akt	3	6	9	1
c	Negativ bewertete Reaktionen auf T-Akt	1	3	2	-
d	Unzureichende Medienberichterstattung	3	-	2	-
7.5.	**Ursachenattribution**	**5**	**3**	**7**	**7**

a	T-Akt war zu erwarten gewesen	4	4	-	6
7.6.	**Konsequenzen**				
a	T-Folgen politisch-gesellschaftlich	5	8	-	4
b	T-Opfer	1	-	2	1
7.7.	**Motivattribution**	12	2	3	1
a	Der T-Akt war nicht gerechtfertigt	-	1	-	-
7.8.	**Ereignisunabhängige Hintergründe**				
a	Politisch	2	1	-	3
b	Gesellschaftlich	1	-	1	1
c	Erfahrung mit T-Akten	-	3	-	-
7.9.	**Bewertung der Sicherheitspolitik**				
a	Die präventive Sicherheitspolitik vor dem Anschlag war gut	1	-	1	1
b	Unzureichende Sicherheitsmaßnahmen vor dem Anschlag	1	-	2	2
c	Debatte ist nötig über Sicherheitspolitik als notwendiger Teil der Demokratie, über Kompetenzen wie Shoot-to-Kill-Order der Sicherheitsbehörden	-	4	-	-
7.10.	**Täterverdacht Muslime/Islamisten**	1	1	2	3
		54	44	37	37
8	**Ereignisgeschehen: Sharm El-Sheikh**				
8.1.	**Anschlagssymbolik**				
a	Symbolik der Zeit – T-Akt war geplant nach dem zeitlichen Anlass	3	2	-	2
b	Symbolik des Ortes – T-Akt war geplant nach dem örtlichen Anlass	2	1	-	-
8.2.	**T-Akt-Charakter**	3	1	-	-
8.3.	**Reaktionen auf den Anschlag**				
a	Unmittelbare Reaktion auf T	1	1	1	-
b	Positive Reaktion auf T	4	3	3	-
c	Negative Reaktion auf T	2	-	-	-
d	Unzureichende Medienberichterstattung	-	-	1	-
8.4.	**Konsequenzen**				
a	T-Folgen politisch-wirtschaftlich	1	-	2	-
b	T-Opfer	1	-	1	2
8.5.	**Motivattribution**	2	4	2	5
a	Der T-Akt war nicht gerechtfertigt	-	-	3	1
8.6.	**Ereignisunabhängige Hintergründe**				
a	Politisch	1	-	4	-
b	Gesellschaftlich	-	-	1	1
c	Erfahrung mit T-Akten	-	1	1	1
8.7.	**Bewertung der Sicherheitspolitik**				
a	Gute Vorkehrungen gegen einen T-Akt	-	-	2	-
b	Die Sicherheitsvorkehrungen von Sharm sind überwindbar, Sicherheit ist bedroht	1	-	2	2
c	Unzureichende Maßnahmen vor dem Anschlag	-	-	3	-
d	Maßnahmen, die gegen den Terrorismus in Ägypten angestrebt werden sollten	-	-	19	-
		20	13	45	14
9	**Einbettung in die Ereigniswelt**				
9.1	**Bezugnahme auf T-Akte**				
a	in der westlichen Welt	2	4	3	3
b	außerhalb der westlichen Welt	-	1	1	1
9.2	**Assoziierung mit Olympia**	1	2	1	-
9.3	**Ereignisunabhängiger politischer Hintergrund**				

a	Westliche Welt	**-**	**-**	**1**	**-**
b	Arabisch-islamische Welt	**-**	**1**	**1**	**3**
		3	**8**	**7**	**7**
	Gesamt-Anzahl der Argumente	**244**	**147**	**272**	**269 (4)**
	Anzahl der je Medium belegten Kategorien: Anzahl der einzelnen ausgefüllten Kategorien: 94 9 Ober-Kategorien, 37 Unter- und 79 Sub-Kategorien	**68**	**54**	**70**	**75**
	Argumentedichte-Koeffizient (Argumente/Kategorie)	**3,6**	**2,7**	**3,9**	**3,6**

9.4: Leitfadengestütztes Interview: Umgang von Redaktionen mit Terrorismus

I: Persönlicher Teil

- Name, Alter, Funktion
- Ausbildungsweg
- zuständig für welchen T-Kompetenzbereich seit wann?

II: Allgemeiner Teil zum Terrorismus:

- Was ist Ihre Definition von Terrorismus?
- Warum werden terroristische Akte berichtet, was zeichnet es als Ereignis aus? (Nachrichtenwert usw.)
- Was sind Ihrer Ansicht nach die Wirkungen von medial vermittelten terroristischen Akten auf die Gesellschaft?
- Wie beurteilen Sie die Vorstellung einer Symbiosetheorie zwischen Medien und Terrorismus?
- Haben Sie bereits direkte oder indirekte Einflussnahmen von anderen Seiten (z.B. der Regierung) auf die Berichterstattung über Terrorismus erlebt?

III: Redaktionsspezifischer Teil zum Terrorismus:

- Gibt es innerhalb Ihrer Redaktion Richtlinien, wie Terrorismus auf semantischer Ebene zu handhaben ist, wann also vom *Terrorismus* und von *Terroristen* gesprochen wird? Gibt es einen impliziten Redaktionskonsens?
- Sind diese Richtlinien oder der Konsens schriftlich fixiert oder mündlich? Warum?
- Wie war der Umgang vor 9/11 mit „Terrorismus"? Hat sich etwas verändert?
- Welche Art von Korrespondenten kommen zu Wort bei T-Akten? Mit welcher Ausbildung (Krisenjournalismus?)? Sind sie vernetzt?
- Bilden Sie sich eigeninitiativ auf dem Fachgebiet weiter? In welcher Form?
- Wie ist Ihr Umgang mit Zeitungen der arabisch-islamischen Welt bei Anschlägen mit islamistischen Motiven? Welche redaktionelle Linie verfolgen sie? (Warum kommen bei einem Thema, wo die Hauptverdächtigen muslimischer Abstammung sind, Zeitungen der arabisch-islamischen Welt nicht zu Wort?)
- Es gibt in Ihrer Zeitung eine ausführliche Berichterstattung über die Anschläge – aber werden damit nicht gemäßigte Stimmen (des Islams) im allgemeinen marginalisiert?
- Was halten Sie von einer „Ressortkompetenz Krisenjournalismus"? Dabei wird vom Journalisten Fachwissen und Archivkenntnis verlangt, von der Medieninstitution eine internationale Vernetzung von Korrespondenten und die Etablierung von Krisenjournalismus als Teil der journalistischen Expertise.

IV: Ressortkompetenz Krisenjournalismus in 10 Punkten

Bitte antworten Sie auf jeden Punkt mit „nötig" oder „nicht nötig/wichtig" bzw. „bereits realisiert" in Ihrer Redaktion.

- Materialversorgung
- Synergien
- Korrespondentenvertretung
- Internes Expertennetzwerk
- Externe Expertendatenbank
- Netzwerk Recherche
- Aus-/Fortbildung
- Guidelines
- Planspiele
- Sicherheit

10: LITERATURVERZEICHNIS

Zum Übersetzen der Koranpassagen wurde folgende Ausgabe verwendet:

Der Koran. Übersetzung von Max Henning. 7. Auflage (1989). Leipzig: Verlag Philipp Reclam jun.

Literatur

Abdelnasser, Walid M. (2000): Islam and the West. Perspectives from the Egyptian Press, with Particular Emphasis on Islamist Papers. In: Hafez, Kai (Hrsg.) (2000b): Islam and the West in the Mass Media. Fragmented Images in a Globalizing World. Cresskill, NJ: Hampton Press, S. 141-156.

Ägyptische Organisation für Menschenrechte (2006): Über die Pressefreiheit in Ägypten. Die Presse in Ägypten zwischen dem Hammer der Gesetze und dem Amboss der Regierung (in arab.). 12.7., unter: http://www.eohr.org/ar/report/2006/re0712.shtml (Zugriff vom 3.1.2007).

Ajami, Fouad (1993): The Summoning. In: Foreign Affairs, 72. Jg., Heft 4 (September/Oktober), S. 2-9.

Akram, Ejaz (2004): The Muslim World and Globalization: Modernity and the Roots of Conflict. In: Lumbard, Joseph E.B. (Hrsg.): Islam, Fundamentalism, and the Betrayal of Tradition. Essays by Western Muslim Scholars. Bloomington, Ind.: World Wisdom, S. 237-279.

Aktan, Hamza (2005): Terrorakte und Selbstmordattentate im Lichte von Koran und Sunna. Capan, Ergün (Hrsg.): Terror und Selbstmordattentate. Aus islamischer Perspektive. Mörfelden-Walldorf: Fontäne, S. 25-42.

Al-Bukhari (1991): Sahih Al-Bukhari. Nachrichten von Taten und Aussprüchen des Propheten Muhammad. Stuttgart: Philipp Reclam jun.

Al-Gabiri, Muhammad Abid (1994): Islam und Extremismus. Die missbrauchte Irrationalität. In: DU, Heft 7/8, S. 150-153.

Al-Jahni, Ali bin Faiz (2002): Terrorism. Concept and Reality. Riad: Naif Arab Academy for Security Sciences.

Al Jammal, Rasem M. (1990): Ausländische Nachrichten in arabischen Zeitungen (in arab.). In: Al-Mustaqbal Al-Arabi Nr. 135, S. 13f.

Al-Mirazi, Hafez/Carreno, José u.a. (2003): Foreign Correspondents in Washington. In: Hess, Stephen/Kalb, Marvin (Hrsg.): The Media and the War on Terrorism. Washington: Brookings Institution Press, S. 198-219.

Altwicker, Tilmann (1999): Zu den linguistischen Grundlagen der Diskursethik bei Jürgen Habermas. Unter: http://www.gs.uni-heidelberg.de/sprache2/altwick2.htm (Zugriff vom 12.122006).

Ammon, Royce J. (2001): Global Television and the Shaping of World Politics. CNN, Telediplomacy, and Foreign Politics. Jefferson: MacFarland & Company.

Antes, Peter (1995): Religiöser Fundamentalismus. In: Hartmann, Uwe/Walther, Christian (Hrsg.): Der Soldat in einer Welt im Wandel. Ein Handbuch für Theorie und Praxis. München, Landsberg am Lech: Olzog. S. 54-60.

Arbeitsgemeinschaft der Öffentlich-Rechtlichen Rundfunkanstalten der Bundesrepublik Deutschland (**ARD**) (2005) (Hrsg.): ARD-Jahrbuch 2005. 37. Jg. Hamburg : Hans-Bredow-Institut.

de **Arístegui**, Gustavo (2004) : El islamismo contra el islam. Las claves para entender el terrorismo yihadista. Barcelona: Ediciones B.

Aubert, Vilhelm (1963): Competition and Dissensus: Two Types of Conflict and of Conflict Resolutions. In: Journal of Conflict Resolution, 7. Jg., S. 26-42.
Auswärtiges Amt (2006): Länderinformationen – Ägypten. Unter: http://www.auswaertiges-amt.de/diplo/de/Laenderinformationen/Aegypten/Bilateral.html (Zugriff vom 3.1.2007).
Ayoob, Mohammed (2005): The Future of Political Islam. The Importance of External Variables. In: International Affairs, 81. Jg., Heft 5, S. 951-961.
Bachit, Said (1998): Die journalistische Arbeit in Ägypten. Eine soziologische Studie über die ägyptischen Journalisten (in arab.). Kairo: Al-Arabi.
Backhaus, Klaus/Erichson, Bernd u.a. (Hrsg.) (2003): Multivariate Analysemethoden. Eine anwendungsorientierte Einführung. 10. Auflage. Berlin: Springer-Verlag.
Ballstaedt, Steffen-Peter/Mandl, H. u.a. (1981): Texte verstehen, Texte gestalten. München: Urban & Schwarzenberg.
Barber, Benjamin (1992): Jihad Vs. McWorld. In: The Atlantic Monthly, Vol. 269, Heft 3 (März), S. 53-63.
Barthel, Günter/ Stock, Kristina (Hrsg.) (1994): Lexikon Arabische Welt. Kultur, Lebensweise, Wirtschaft, Politik und Natur im Nahen Osten und Nordafrika. Wiesbaden: Reichert.
Bassets, Marc (2004): Vom Leugnen und Lügen. In: Message, Heft 2, S. 10-15.
Bassiouni, M.C. (1982): Media Coverage of Terrorism. The Law and the Public. In: Journal of Communication, 32. Jg., S. 128-143.
Bayer, Klaus (1999): Argument und Argumentation. Logische Grundlagen der Argumentationsanalyse. Opladen: Westdeutscher Verlag.
Beck, Ulrich (2004): Der kospolitische Blick oder: Krieg ist Frieden. Frankfurt a.M.: Suhrkamp.
Beck, Ulrich/Lau, Christoph (2004): Entgrenzung und Entscheidung. Was ist neu an der Theorie reflexiver Modernisierung? Frankfurt a.M.: Suhrkamp.
Becker, Franz/Reinhardt-Becker, Elke (2001): Systemtheorie. Eine Einführung für die Geschichts- und Kulturwissenschaften. Frankfurt a.M., New York: Campus Verlag.
Becker, Jörg (2002): Medien im Krieg. Einleitung. In: Albrecht, Ulrich/ Ders. (Hrsg.): Medien zwischen Krieg und Frieden. Baden-Baden: Nomos, S: 13-26.
Becker, Jörg (2005): Einleitende Gedanken. In: Capan, Ergün (Hrsg.): Terror und Selbstmordattentate. Aus islamischer Perspektive. Mörfelden-Walldorf: Fontäne, S. vii-xiii.
Beermann, Torsten (2004): Der Begriff "Terrorismus" in deutschen Printmedien. Eine empirische Studie. Münster: LIT.
Bentele, Günther (1990): Fernsehen und Realität. Ansätze zu einer rekonstruktiven Medientheorie. In: Hickethier, Knut/Schneider, Irmela (Hrsg.) (1992): Fernsehtheorien. Dokumentation der GFF-Tagung 1990. Berlin: Edition Sigma Bohn, S. 45-67.
Bentele, Günter (1993): Wie wirklich ist die Medienwirklichkeit? Einige Anmerkungen zum Konstruktivismus und Realismus in der Kommunikationswissenschaft. In: Ders./ Rühl, Manfred (Hrsg.): Theorien öffentlicher Kommunikation. Problemfelder, Positionen, Perspektiven. München: Ölschläger, S. 152-171.
Berghaus, Margot (2004): Luhmann leicht gemacht. 2., überarb. Auflage. Köln, Weimar, Wien: Böhlau Verlag.
Bernard, Jutta/Gronauer, Claudia/Kuczera, Natalie (1994): Auf der Suche nach einem neuen Feindbild. Eine vergleichende Metaphernanalyse zu Kommunismus und Islam. In: Medienprojekt Tübinger Religionswissenschaft (Hrsg.): Der Islam in den Medien. Gütersloh: Gütersloher Verlagsgesellschaft, S. 198-207.
Beuthner, Michael / Weichert, Stephan Alexander (Hrsg.) (2005): Die Selbstbeobachtungsfalle. Grenzen und Grenzgänge des Medienjournalismus. Wiesbaden: VS Verlag für Sozialwissenschaften.
Bilke, Nadine 2002: Friedensjournalismus. Wie Medien deeskalierend berichten können. Münster: Agenda-Verlag.
Blake, Mariah (2005): From All Sides. In: Columbia Journalism Review (März/April), S. 16-18.

BMI - Bundesministerium des Inneren (2007a): Zusammenfassung des Terrorismusbekämpfungsgesetzes. Unter: http://www.bmi.bund.de/cln_012/nn_165104/Internet/Content/Themen/Terrorismus/DatenundFakten/Zusammenfassung__des__Id__93041__de.html (Zugriff vom 3.1.2007).
BMI - Bundesministerium des Inneren (2007b): Bundesinnenminister Dr. Schäuble: Die Antiterrordatei ist ein unverzichtbares Instrument im Kampf gegen den Terror. Unter: http://www.bmi.bund.de/cln_012/nn_165104/Internet/Content/Themen/Terrorismus/DatenundFakten/Antiterrordatei.html (Zugriff vom 3.1.2007).
Bonfadelli, Heinz/Wirth, Werner (2005): Medienwirkungsforschung. In: Ders./Jarren, Otfried u.a. (Hrsg.): Einführung in die Publizistikwissenschaft. 2. Aufl. Bern: Haupt Verlag, S. 561-602.
Boorstin, Daniel J. (1961): The Image or What Happened to the American Dream. New York.
Botzat, Tatjana/Kiderlen, Elisabeth u.a. (1997): Ein deutscher Herbst. Zustände 1977. Frankfurt a.M.: Verl. Neue Kritik.(Orig. 1978)
Boyd, Douglas A. (1999): Broadcasting in the Arab World. A Survey of the Electronic Media in the Middle East. 3. Auflage. Iowa: Iowa State University Press.
Boyd-Barrett, Oliver (1998): 'Global' News Agencies. In: Boyd-Barrett, Oliver/Rantanen, Terhi (Hrsg.): The Globalization of News. London: Sage Publications, S. 19-34.
Boyd-Barrett, Oliver/Thussu, Daya Kish (1992): Contra-Flow in Global News. London: John Libbey.
Brosius, Felix (2002): SPSS 11. Bonn: mitp.
Brown, Robin (2003): Clausewitz in the Age of CNN: Rethinking the Military-Media Relationship. In: Norris, Pippa/Kern, Montague u.a. (Hrsg.): Framing Terrorism. New York: Routledge, S. 43-58.
Bundesamt für Verfassungsschutz (2006): Islamismus. Entstehung und aktuelle Erscheinungsformen. Köln: Bundesamt für Verfassungsschutz.
Bunz, Alex R. (2000): Informationsüberflutung oder Informationsmangel? Anmerkungen zur Transnationalen Kommunikation in Europa. In: Baerns, Barbara/Raupp, Juliana (Hrsg.): Information und Kommunikation in Europa. Transnational Communication in Europe. Berlin: Vistas Verlag, S. 25-27.
Burkart, Roland (1999): Alter Wein in neuen Schläuchen?, in: Rusch, Gebhard/Schmidt, Siegfried J. (Hrsg.): Konstruktivismus in der Medien- und Kommunikationswissenschaft. Frankfurt a.M.: Suhrkamp, S. 55-72.
Burkart, Roland (2002): Kommunikationswissenschaft. Grundlagen und Problemfelder. Wien: Böhlau Verlag.
Busse, Dietrich/ Teubert, Wolfgang (1994): Ist Diskurs ein sprachwissenschaftliches Objekt? In: Ders./Herrmanns, Fritz u.a. (Hrsg.): Begriffsgeschichte und Diskursgeschichte. Opladen: Westdeutscher Verlag, S. 10-28.
Capan, Ergün (2005): Selbstmordanschläge und Islam. In: Ders. (Hrsg.): Terror und Selbstmordattentate. Aus islamischer Perspektive. Mörfelden-Walldorf: Fontäne, S. 103-118.
Cartwright, D.P. (1966): Analysis of Qualitativ Material. In: Festinger, L./Katz, D. (Hrsg.): Research Methods in the Behaviorial Sciences. New York: Holt, S. 421-469.
Chalaby, Jean K. (2005): Towards an Understanding of Media Transnationalism. In: Ders. (Hrsg.): Transnational Television Worldwide. Towards a New Media Order. London: IB Tauris, S. 1-13.
Cherribi, Sam (2006): From Baghdad to Paris. Al-Jazeera and the Veil. In: Press/Politics, 11. Jg., Heft 2, S. 121-138.
Choi, Yong-Joo (1995): Interpenetration von Politik und Massenmedien: Eine theoretische Arbeit zur politischen Kommunikation. Münster u.a.: Lit.
Christensen, Christian (2006): Islam in the Media. Cartoons and Context. In: Screen Education, Vol. 43, S. 27-32.
Cohen-Almagor, Raphael (2005): Media Coverage of Acts of Terrorism: Troubling Episodes and Suggested Guidelines. In:Canadian Journal of Communication, 30. Jg., S. 383-409.

Cohen, A.A./Adoni, H. u.a. (Hrsg.) (1990): Social Conflict and Television News. London: Sage.
Cook, David (2005): Understanding Jihad. Berkeley u.a.: University of California Press.
Crelinsten, R.D. (1989): Terrorism and the Media. Problems, Solutions, and Counterproblems. In: Political Communication and Persuasion, 6. Jg., S. 311-339.
Dajani, Nabil H. (1992): Disoriented Media in a Fragmented Society. The Lebanese Experience. Beirut: American University of Beirut.
Dakake, David (2004): The Myth of a Militant Islam. In: Lumbard, Joseph E.B. (Hrsg.): Islam, Fundamentalism, and the Betrayal of Tradition. Essays by Western Muslim Scholars. Bloomington, Ind.: World Wisdom, S. 3-37.
Dearing, James W./Rogers, Everett M. (1996): Agenda-Setting. Thousand Oaks: Sage.
Delli Carpini, M.X./Williams, B.A. (1984): Terrorism and the Media. Patterns of Presentation and Occurrence, 1969-1980. In: Western Political Quarterly, 40. Jg., H. 1, S. 45-64.
Dobkin, Bethami A. (2005): The Television Terrorist. In: Slocum, David J. (Hrsg.): Terrorism, Media, Liberation. New Brunswick: Rutgers University Press, S. 121-136.
Denoeux, Guilain (2002): The Forgotten Swamp: Navigating Political Islam. In: Middle East Policy, 9. Jg., Heft 2 (Juni).
Deutsche Presse-Agentur (1998): Alles über die Nachricht. Das dpa-Handbuch. Starnberg: Schulz.
Deutscher Bundestag (2006): Gesetzentwurf der Bundesregierung: Entwurf eines Gesetzes zur Errichtung gemeinsamer Dateien von Polizeibehörden und Nachrichtendiensten des Bundes und der Länder, Drucksache 16/2950 (16.10.2006), S. 2, zit. nach Lafontaine, Oskar (2006): Für Sozialaufbau. In: Junge Welt, 22.10.06, S. 10.
Diekmann, Andreas (2002): Empirische Sozialforschung. Grundlagen, Methoden, Anwendung. Reinbek b. Hamburg: Rowohlt Taschenbuch Verlag.
Dietl, Wilhelm/Hirschmann, Kai u.a. (2006): Das Terrorismus-Lexikon. Täter, Opfer, Hintergründe. Frankfurt a.M.: Eichborn.
Donges, Patrick/Jarren, Otfried (1998): Öffentlichkeit und öffentliche Meinung. In: Bonfadelli, Heinz/Hättenschwiler, Walter (Hrsg.): Einführung in die Publizistikwissenschaft. Eine Textsammlung. 4. Aufl., Zürich: IPMZ – Institut für Publizistik und Medienforschung an der Universität Zürich, S. 95-110.
Dowling, Ralph E. (1986): Terrorism and the Media. A Rhetorical Genre. In: Journal of Communication, 36. Jg., Heft 1, S. 12-24.
Duden (2001): Das Herkunftswörterbuch. Etymologie der deutschen Sprache. Stichwort: Terrorismus. 3. Auflage. Mannheim u.a.: Dudenverlag.
Duden (2007): Deutsches Universalwörterbuch. 6. Auflage. Mannheim u.a.: Dudenverlag.
Eder, Klaus/Kantner, Cathleen (2002): Interdiskursivität in der europäischen Öffentlichkeit. In: Berliner Debatte Initial, 13. Jg., Heft 5/6, S. 79-88.
Van Eemeren, Frans H./Grootendorst, Rob (1997): Argumentation. In: Van Dijk, Teun A. (Hrsg.): Discourse as Structure and Process. Discourse Studies: A Multidisciplinary Introduction Volume 1. London: Sage, S: 208-229.
Eggert, Wolfgang (2005): London. Die Lizenz zum Töten. Die Verstrickung der Geheimdienste in den Terrorismus. München: Chronos Medien.
Eickelman, Dale F. (2004): The Middle East's Democracy Deficit. In: Veer, Peter van der/Munshi, Shoma (Hrsg.): Media, War, and Terrorism. Responses from the Middle East and Asia. London u.a.: RoutledgeCurzon, S. 61-73.
El-Ansary, Waleed (2004): The Economics of Terrorism: How bin Laden is Changing the Rules of the Game. In: Lumbard, Joseph E.B. (Hrsg.): Islam, Fundamentalism, and the Betrayal of Tradition. Essays by Western Muslim Scholars. Bloomington, Ind.: World Wisdom, S. 191-135.
El-Din, Seif I. Tag (2003): Islamic Ethics of Religious Pluralism. In: Islamic Quarterly, 47. Jg., Heft 2, S. 139-156.
El Fadl, Khaled Abou (2005): The Great Theft. Wrestling Islam from the Extremists. New York: HarperSanFrancisco.

Elias, Norbert (1989): The Symbol Theorie. In: Theory, Culture and Society. 6. Jg., S. 169-217, 339-383, 499-537.
Ennaji, Moha (1995): A syntactico-semantic Study of the Language of News in Morocco. In: International Journal of the Sociology of Language, 112, S. 97-111.
Esposito, John L. (1992): The Islamic Threat. Myth or Reality?New York: Oxford University Press.
Esposito, John L. (2002): Unholy War. Terror in the Name of Islam. New York: Oxford University Press.
Esser, Frank (2002): Transnationale Journalismusforschung. Eine Bilanz ihrer Befunde und ihrer Bedeutung. In: Hepp, Andreas/ Löffelholz, Martin (Hrsg.): Grundlagentexte zur transkulturellen Kommunikation. Konstanz: UVK-Verl.-Ges., S. 319-344.
Esser, Hartmut (1975): Soziale Regelmäßigkeiten des Befragtenverhaltens. Meisenheim am Glan: Hain.
Fahmy, Shahira (2005): Emerging Alternatives or Traditional News Gates. Which News Sources Were Used to Picture the 9/11 Attack and the Afghan War? In: Gazette, 67. Jg., Heft 5, S. 381–398.
Faulstich, Werner (1991): Medientheorien. Einführung und Überblick. Göttingen: Vandenhoeck und Ruprecht.
Faulstich, Werner (2002): Einführung in die Medienwissenschaft. Probleme – Methoden – Domänen. München: Wilhelm Fink Verlag.
Flohr, Anne Katrin (1991): Feindbilder in der internationalern Politik. Ihre Entstehung und ihre Funktion. Münster: Lit.
Foertsch, Volker (2005): Die Rolle der Nachrichtendienste bei der Aufklärung und Bekämpfung des islamistischen Terrorismus. In: Ders./Lange, Klaus (Hrsg.): Islamistischer Terrorismus. Bestandsaufnahme und Bekämpfungsmöglichkeiten. München: Hanns-Seidel-Stiftung, Akademie für Politik und Zeitgeschehen, S. 68-81.
Fraas, Claudia/Klemm, Michael (2005): Diskurse – Medien – Mediendiskurse. Begriffsklärungen und Ausgangsfragen. In: Dies. (Hrsg.): Mediendiskurse. Bestandsaufnahme und Perspektiven. Reihe Bonner Beiträge zur Medienwissenschaft. Frankfurt a.M.: Peter Lang, S. 1-8.
Frerichs, Stefan (2000): Bausteine einer systemischen Nachrichtentheorie. Konstruktives Chaos und chaotische Konstruktionen. Wiesbaden: Westdeutscher Verlag.
Früh, Werner 2004: Inhaltanalyse. Theorie und Praxis. Unveränd. Nachdruck d. 5. Auflage 2001. Konstanz: UVK.
Fuller, Graham (2003): The Future of Political Islam. New York: Palgrave.
Galtung, Johan/**Ruge**, Mari (1987): Structuring and Selecting News. In: Gottschlich, Maximilian (Hrsg.): Massenkommunikationsforschung. Theorieentwicklung und Problemperspektiven. Wien: Wilhelm Braumüller, S. 129-137. Erstmals in: Journal of Peace Research, 2. Jg., Heft 1/1965, Oslo, S. 64-91.
Gawlas, Christine (2004): Nachrichten – heißer Draht zwischen Lebenswelten. Kulturtransfer im internationalen Pressewesen. Frankfurt am Main: Peter Lang – Europäischer Verlag der Wissenschaften.
Geis, Michael (1987): The language of politics. New York u.a.: Springer-Verlag.
George, Susan (2006): Transnational Risks: A New Challenge for Global Civil Society. In: Richter, Ingo K./Berking, Sabine u.a. (Hrsg.): Building a transnational civil society. Global Issues and Global Actors. Houndmills u.a.: Palgrave Macmillan, S. 29-37.
Gerhards, Jürgen (2002). Das Öffentlichkeitsdefizit der EU im Horizont normativer Öffentlichkeitstheorien. In: Kaelble, Hartmut/Kirsch, Martin u.a. (Hrsg.): Transnationale Öffentlichkeiten und Identitäten im 20. Jahrhundert. Frankfurt a.M.: Campus Verlag, S. 135-158.
Gerrits, Robin P.J.M. (1992): Terrorists' perspectives: Memoirs. In: Paletz, David L./Schmid, Alex P. (Hrsg.): Terrorism and the Media. Newbury Park, CA: Sage, S. 29-61.
Ghadbian, Najib (1997): Democratization and the Islamist Challenge in the Arab World. Boulder, Col.: Westview Press.

Giddens, Anthony (1999): Runaway World. How Globalization ist Reshaping Our Lives. London: Profile Books.
Görke, Alexander (2004): Zwischen Selbstbehauptung und Vereinnahmung. Strukturen und Funktionen journalistischer Krisenkommunikation. In: Löffelholz, Martin (Hrsg.): Krieg als Medienereignis II. Krisenkommunikation im 21. Jahrhundert. Wiesbaden: VS Verlag für Sozialwissenschaften, S. 121-144.
Görke, Alexander (2005): Von marxistischen Weltsystemtheorien zur Weltgesellschaft. In: Hepp, Andreas/Krotz, Friedrich u.a. (Hrsg.): Globalisierung der Medien-Kommunikation. Eine Einführung. Wiesbaden: VS Verlag für Sozialwissenschaften, S. 45-67.
Graber, Doris A. (2007): Terrorism, Censorship, and the First Amendment. In: Dies. (Hrsg.): Media Power in Politics. 5. Aufl., Washington: CQ Press, S. 390-402.
Grewendorf, G. (1980): Argumentation in der Sprachwissenschaft. In: Zeitschrift für Literaturwissenschaft und Linguistik H. 10, S. 129ff.
Gruhler, Alexander (2001): Das Ende der "totalen" Freiheit im Internet? Die Auswirkungen inkriminierter Inhalte auf die Informationsgesellschaft. Tectum: Marburg, 1997, zitiert nach Kirchner, Henner: Internet in the Arab World: A Step towards "Information Society"? In: Hafez, Kai (Hrsg.): Mass Media, Politics, and Society in the Middle East. Cresskill, New Jersey: Hampton Press, 2001, S. 137-158.
Guidry, J./Kennedy, M. (2000): Globalization and Social Movements. In: Dies. (Hrsg.): Globalization and Social Movements. Culture, Power and the Transnational Sphere. Ann Arbor, MI: University of Michigan Press, S. 1-32.
Habermas, Jürgen (1969): Strukturwandel der Öfentlichkeit. Neuwied: Luchterhand.
Habermas, Jürgen (1972): Wahrheitstheorien. In: Ders. (1995): Vorstudien und Ergänzungen zur Theorie des kommunikativen Handelns. Frankfurt am Main: Suhrkamp, S. 127-186.
Habermas, Jürgen (1982): Erläuterungen zum Begriff des kommunikativen Handelns. In: Ders. (1995): Vorstudien und Ergänzungen zur Theorie des kommunikativen Handelns. Frankfurt am Main: Suhrkamp, S. 571-606.
Habermas, Jürgen (1988a): Theorie des kommunikativen Handelns. Bd.1. 1. Aufl., Text nach der 4. Aufl. Frankfurt am Main: Suhrkamp.
Habermas, Jürgen (1988b): Theorie des kommunikativen Handelns. Bd.2. 1. Aufl., Text nach der 4. Aufl. Frankfurt am Main: Suhrkamp.
Habermas, Jürgen (1998): Struggles for Recognition in the Democratic Constitutional State. In: Cronin, C./De Greiff, P. (Hrsg.): The Inclusion of the Other: Studies in Political Theory. Cambridge: MIT Press, S. 203-238.
Hackensberger, Alfred (2006): Mubarak verschärft die Pressegesetze drastisch - "Das mit den Reformen ist nun vorbei". In: Telepolis, 15. Juli. Unter: http://www.heise.de/tp/r4/artikel/23/23105/1.html (Zugriff vom 3.1.2007).
Hafez, Kai (1999): Islamfeindlichkeit als eine neue Form des Antisemitismus ? In: Ders./Steinbach, Udo (Hrsg.): Juden und Muslime in Deutschland: Minderheitendialog als Zukunftsaufgabe. Tagung DOI 21. Januar in Hamburg. Hamburg: Dutsches Orient-Institut.
Hafez, Kai (2001): Introduction. Mass Media in the Middle East: Patterns of Political and Societal Change. In: Ders. (Hrsg.): Mass Media, Politics, and Society in the Middle East. Cresskill, New Jersey: Hampton Press.
Hafez, Kai (2002a): Die politische Dimension der Auslandsberichterstattung. Band 1: Theoretische Grundlagen. Baden-Baden: Nomos Verlagsgesellschaft.
Hafez, Kai (2002b): Die politische Dimension der Auslandsberichterstattung. Band 2: Das Nahost- und Islambild der deutschen überregionalen Presse. Baden-Baden: Nomos Verlagsgesellschaft.
Hafez, Kai (2002c): Journalism Ethics Revisited. A Comparison of Ethic Codes in Europe, North Africa, the Middle East, and Muslim Asia. In: Political Communication, 19. Jg., Heft 2, S. 225-250.

Hafez, Kai (2004): Islamismus und Medien – eine unheilvolle Symbiose. In: Klußmann, Jörgen (Hrsg.) (2005): Terrorismus und Medien. Eine komplexe Beziehung. Dokumentation der Tagung 25/2004 (6.-8. September). Bonn: Evangelische Akademie im Rheinland, S. 55-60.
Hafez, Kai (2005): Mythos Globalisierung. Warum die Medien nicht grenzenlos sind. Wiesbaden: VS Verlag für Sozialwissenschaften.
Hafez, Kai/Richter, Carola (2007): Das Islambild von ARD und ZDF. In: Aus Politik und Zeitgeschichte, Heft 26-27 (25.6.), S. 40-46.
Hagen, Lutz/Berens, Harald u.a. (1998): Ländermerkmale als Nachrichtenfaktoren. In: Holtz-Bacha, Christina/Scherer, Helmut (Hrsg.): Wie die Medien die Welt erschaffen und wie die Menschen darin leben. Opladen: Westdeutscher Verlag, S. 59-81.
Haidar, Faizy M. (1997) : Die Einflüsse der Berichterstattung auf die Wahrnehmung der Dritten Welt. Diplomarbeit, Universität Leipzig.
Haller, Michael (1993): Journalistisches Handeln. Vermittlung oder Konstruktion von Wirklichkeit? In: Bentele, Günter/Rühl, Manfred (Hrsg.): Theorien öffentlicher Kommunikation. Problemfelder, Positionen, Perspektiven. München: Ölschläger, S. 137-151.
Haller, Michael (1994): Recherche und Nachrichtenproduktion als Konstruktionsprozesse. In: Merten, Klaus/ Schmidt, Siegfried J. u.a. (Hrsg.): Die Wirklichkeit der Medien. Eine Einführung in die Kommunikationswissenschaft. Opladen: Westdeutscher Verlag, S. 277-290.
Hallin, Daniel C./Mancini, P. (2004): Comparing Media Systems: Three Models of Media and Politics. Cambridge: Cambridge UP.
Halm, Heinz (1994): Fundamentalismus – ein leeres Etikett. In: Rotter, Gernot (Hrsg.): Die Welten des Islam. Neunundzwanzig Vorschläge, das Unvertraute zu verstehen. Frankfurt a.M.: Fischer Taschenbuch Verlag, S. 211-218.
Hamada, Basyuni (1993): Die Agenda-Setting-Rolle der Medien in der arabischen Welt (in arab.). Beirut: Centre for Arab Unity Studies.
Hamelink, C. (1983): Cultural Autonomy in Global Communications. Norwood, NJ: Ablex.
Hanns-Seidel-Stiftung e.V. (IBZ) (2005): Ägypten. Monatsbericht Juli 2005. Unter: http://www.hss.de/Downloads/AegyptenJuli2005(1).pdf (Zugriff vom 3.1.2007).
Hartmann, Angelika (2002): Islamic Fundamentalism: A Movement "within Modernity against Modernity". In: Ruf, Werner (Hrsg.): Islam and the West. Judgements, Prejudices, Political Perspectives. Münster: agena. S. 55-71.
Hatef, Giti (2001): Zwischen den Stühlen. In: Grimme – Zeitschrift für Programm, Forschung und Medienproduktion, 24. Jg., H. 4, S. 43-44.
Heiligsetzer, Edda (2001): Religiös-fundamentalistischer Terrorismus im Vergleich: Extremistischer Protestantismus in den USA und fundamentalistische Gewalt im islamischen Orient. In: Die Friedenswarte, Bd. 76, H. 1, S. 81-100.
Heine, Peter (2000): Religiös motivierte Terrorismus. In: Hirschmann, Kai/Gerhard, Peter (Hrsg.): Terrorismus als weltweites Phänomen. Berlin: Berlin Verlag Arno Spitz, S. 69-120.
Helal, Ibrahim (2002) im Gespräch mit Michael Haller: „Zeig auch die Gegenseite!". Islamische Normen und Pressefreiheit – geht das zusammen? In: Message, Heft 3, S. 38-42.
Hendawi, Harnza (o.D.): Terror Manual Advises on Targets. Unter: www.story.news.yahoo.com/news?tmpl=story&u=/ap/20.../afhan_spreadin_terror (Zugriff vom 11.02.2002). Zit. bei Nacos (2005: 206, Anm. 5)
Hepp, Andreas (2005): Medienkultur. In: Ders./Krotz, Friedrich (Hrsg.): Globalisierung der Massenkommunikation. Eine Einführung. Wiesbaden: VS Verlag für Sozialwissenschaften, S. 137-162.
Hepp, Andreas (2006a): Translokale Medienkulturen: Netzwerke der Medien und Globalisierung. In: Hepp, Andreas/Krotz, Friedrich u.a. (Hrsg.): Konnektivität, Netzwerk und Fluss. Wiesbaden: VS Verlag für Sozialwissenschaften, S. 43-68.
Hepp, Andreas (2006b): Transkulturelle Kommunikation. Konstanz: UVK.

Hermann, Rainer (2004): Das Terrornetzwerk al-Qâ'ida. Vom nahöstlichen zum internationalen Terrorismus. In: Möller, Reinhard (Hrsg.): Islamismus und terroristische Gewalt. Würzburg: Ergon, S. 71-97.
Hermanns, Fritz (1995): Sprachgeschichte als Mentalitätsgeschichte. Überlegungen zu Sinn und Form und Gegenstand historischer Semantik. In: Gardt, Andreas/Mattheier, Klaus u.a. (Hrsg.): Sprachgeschichte des Neuhochdeutschen. Gegenstände, Methoden, Theorien. Tübingen: Max Niemeyer Verlag, S. 69-101.
Hermanns, Fritz (2005): "Krieg gegen den Terrorismus". Über die Bedeutung des Wortes *Terrorismus* im Diskurs der Medien und Experten. In: Fraas, Claudia/Klemm, Michael (Hrsg.): Mediendiskurse. Bestandsaufnahme und Perspektiven. Reihe Bonner Beiträge zur Medienwissenschaft. Frankfurt a.M.: Peter Lang, S. 142-168.
Hesmondhalgh, David (2002): The Cultural Industries. London: Sage.
Hewitt, Christopher (1992): Public's Perspectives. In: Paletz, David L./Schmid, Alex P. (Hrsg.): Terrorism and the Media. Newbury Park, CA: Sage, S. 170-207.
Hilker, Thomas (2006): Terrorismus. Grundwissen, Organisationen, Angriffsmittel, Religiöser Fanatismus, Suizidbomber. Münster: Edition Octopus.
Hippler, Jochen/ Lueg, Andrea (1987): Gewalt als Politik. Terrorismus und Intervention im Nahen Osten. Köln: Pahl-Rugenstein.
Hirschmann, Kai (2006a): Eine Reaktion zu "Warum Terrorgruppen und Sekten nicht miteinander vergleichbar sind". Unter http://www.claudia-sanders.de/2006/11/16/warum-terrorgruppe-und-sekten-nicht-vergleichbar-sind/#comment-165 (Zugriff vom 20.02.2007).
Hirschmann, Kai (2006b): Internationaler Terrorismus. Unter http://www.bpb.de/publikationen/HMYBJN,0,Internationaler_Terrorismus.html (Zugriff vom 20.02.2007).
Hocking, Jennifer Jane (1992): Governments' Perspectives. In: Paletz, David L./Schmid, Alex P. (Hrsg.): Terrorism and the Media. Newbury Park, CA: Sage, S. 86-104.
Hodess, Robin B. (1998): News Coverage of European Politics. A Comparison of Change in Britain and Germany. In: Jopp, Mathias/Maurer, Andreas u.a. (Hrsg.): Europapolitische Grundverständnisse im Wandel: Analysen und Konsequenzen für die politische Bildung. Bonn: Europa-Union-Verlag, S. 449-472.
Hoffman, Bruce (1993): "Holy Terror". The Implications of Terrorism Motivated by a Religious Imperative. RAND Paper P-7834, unter: http://www.nwcitizen.com/publicgood/reports/holywar3.htm (Zugriff am 21.02.2006).
Hoffman, Bruce (2001): Terrorismus – der unerklärte Krieg. Neue Gefahren politischer Gewalt. Frankfurt am Main: Fischer Taschenbuch.
Hoffman, Bruce (2006): Terrorismus – der unerklärte Krieg. Neue Gefahren politischer Gewalt. Frankfurt am Main: S. Fischer.
Hoffmann, Anne (2004): Islam in den Medien. Der publizistische Konflikt um Annemarie Schimmel. Münster: Lit.
Horchern, H.J. (1987): Terrorism in Germany. 1985. In: Wilkinson, Paul/Stewart, Alasdair M. (Hrsg.): Contemporary Research on Terrorism. Aberdeen: Aberdeen University Press, S. 141-163.
Horsley, William (2001): Sichtweisen von anderswo – Großbritannien. In: Hall, Peter Christian (Hrsg.): Krieg mit Bildern. Wie Fernsehen Wirklichkeit konstruiert. 33. Mainzer Tage der Fernseh-Kritik 2000. Mainz: Zweites Deutsches Fernsehen, S. 115-119.
Hourani, Albert (1980): Europe and the Middle East. Berkeley: University of California Press.
Hug, Detlef Matthias (1997): Konflikte und Öffentlichkeit. Zur Rolle des Journalismus in sozialen Konflikten. Opladen: Westdeutscher Verlag.
Huhnke, Brigitta (1993): Intermediale Abhängigkeiten bei der Inszenierung rassistischer Feindbilder seit Mitte der achtziger Jahre am Beispiel der Wochenzeitungen „Bild am Sonntag" und „Der Spiegel". In: Jäger, Siegried/Link, Jürgen (Hrsg.): Die vierte Gewalt. Rassismus und die Medien. Duisburg: ßß S. 213-266.
Huntington, Samuel P. (1993): Clash of Civilizations. In: Foreign Affairs, 72. Jg., Heft 3 (Sommer), S. 22-49.

Huntington, Samuel (2001): So are Civilizations at War? Interview. In: The Observer, 21.10., unter http://www.observer.co.uk/Print/0,3858,4492363,00.html.
Ibrahim, Dina (2003): International Correspondents in the Middle East. In: Gazette, 65. Jg., Heft 1, S. 87-101.
Imhof, Kurt (1996): Intersubjektivität und Moderne. In: Imhof, Kurt/Romano, Gaetano (Hrsg.): Die Diskontinuität der Moderne. Zur Theorie sozialen Wandels. Frankfurt: Campus, S. 200-292.
International Research & Exchanges Board (IREX) (2006): Media Sustainability Index (MSI) – Middle East & North Africa (MENA). Executive Summary. Unter: http://www.irex.org/programs/MSI_MENA/2005/MSIMENA05_summary.asp (Zugriff vom 3.1.2007).
Irvin, Cynthia L. (1992): Terrorists' Perspectives: Interviews. In: Paletz, David L./Schmid, Alex P. (Hrsg.): Terrorism and the Media. Newbury Park, CA: Sage, S. 62-85.
Israeli, Raphael (2002): A Manual of Islamic Fundamentalist Terrorism. In: Terrorism and Political Violence. 14. Jg., Heft 4 (Winter), S. 23-40.
Iyengar, Shanto (1991): Is Anyone Responsible? How Television Frames Political Issues. Chicago: University of Chicago Press.
Jäckel, Michael (2002): Medienwirkungen. Ein Studienbuch zur Einführung. 2. Aufl. Wiesbaden: Westdeutscher Verlag.
Jäger, Siegfried (2004): Kritische Diskursanalyse. Eine Einführung. Münster: Unrast-Verlag.
Jarren, Otfried/Meier, Werner A. (2002): Mediensysteme und Medienorganisationen als Rahmenbedingungen für den Journalismus. In: Jarren, Otfried/Wessler, Hartmut (Hrsg.): Journalismus – Medien – Öffentlichkeit: Eine Einführung. Wiesbaden: Westdeutscher Verlag, S. 99-163.
Jenkins, Henry (2001): Convergence? I diverge. In: Technology Review, Juni: S. 93.
Joffé, George (1999). In: Washington Post, 30. August (zit. nach Tatham 2006: 28).
Kaase, Max (1986): Massenkommunikation und politischer Prozess. In: Ders. (Hrsg.): Politische Wissenschaft und politische Ordnung. Analysen zu Theorie und Empirie demokratischer Regierungsweise. Festschrift zum 65. Geburtstag von Rudolf Wildenmann. Opladen: Westdeutscher Verlag, S. 357-374.
Kaelble, Hartmut/Kirsch, Martin u.a. (2002): Zur Entwicklung transnationaler Öffentlichkeiten und Identitäten im 20. Jahrhundert. Eine Einleitung. In: Dies. u.a. (Hrsg.): Transnationale Öffentlichkeiten und Identitäten im 20. Jahrhundert. Frankfurt a.M.: Campus Verlag, S. 7-36.
Kalin, Ibrahim (2004): Roots of Misconception. Euro-American Perceptions of Islam Before and After September 11. In: Lumbard, Joseph E.B. (Hrsg.): Islam, Fundamentalism, and the Betrayal of Tradition. Essays by Western Muslim Scholars. Bloomington, Ind.: World Wisdom, S. 143-187.
Kammann, Uwe (2001): Mit Bravour gemeistert. In: Grimme – Zeitschrift für Programm, Forschung und Medienproduktion, 24. Jg., H. 4, S. 22-23.
Kappel, Armin/Kuske Silvia (1994): Fundamentalismus – Karriere eines Begriffs. In: Medienprojekt Tübinger Religionswissenschaft: Der Islam in den Medien. Gütersloh: Gütersloher Verlagshaus, S. 62-86.
Keller, Reiner (1998): Müll – die gesellschaftliche Konstruktion des Wertvollen. Die öffentliche Diskussion über Abfall in Deutschland und Frankreich. Opladen: Westdeutscher Verlag.
Kempf, Wilhelm (1999): Konfliktprävention und Medien. Plädoyer für einen Friedensjournalismus. In: epd-Entwicklungspolitik H. 6. Unter: www.epd.de/entwicklungspolitik/1999/6kempf.html.
Kennedy, Robert (1999): Is One Person's Terrorist Another's Freedom Fighter? Western and Islamic Approaches to 'Just War' Compared. In: Terrorism and Political Violence, 11. Jg., Heft 1 (Frühling), S. 1-21.
Kepel, Gilles (1991): Die Rache Gottes. Radikale Moslems, Christen und Juden auf dem Vormarsch. München: Piper.

Kepel, Gilles (2002): Jihad: The Trail of Political Islam. Cambridge, MA: The Belknap Pres of Harvard University Press.
Kepel, Gilles (2004): The War for Muslim Minds. Cambridge, MA: The Belknap Pres of Harvard University Press.
Kepplinger, Hans Mathias (1989): Instrumentelle Aktualisierung. Grundlagen einer Theorie publizistischer Konflikte. In: Schulz, Winfried/Kaase, Max (Hrsg.): Massenkommunikation. Theorien, Methoden, Befunde. Opladen: Westdeutscher Verlag, S. 199-220.
Kepplinger, Hans Mathias (1993): Funktionswandel der Massenmedien. In: Rühl, Manfred/Stuiber, Heinz-Werner u.a. (Hrsg.): Kommunikationspolitik in Forschung und Anwendung. Festschrift für Franz Ronneberger. Düsseldorf: Droste, S. 47-64.
Kepplinger, Hans Mathias (1998): Der Nachrichtenwert der Nachrichtenfaktoren. In: Holtz-Bacha, Christina/Scherer, Helmut u.a. (Hrsg.): Wie die Medien die Welt erschaffen und wie die Menschen darin leben. Opladen: Westdeutscher Verlag, S. 19-38.
Kepplinger, Hans Mathias/Habermeier, Johanna (1995): The Impact of Key Events on the Presentation of Reality. In: European Journal of Communication, 10. Jg., S. 371-390.
Kermani, Navid (2002): Bibel, Bush und Berlusconi. Die Geschichte des Islam als Kabinett des Horrors: Über die grassierende Islamfeindlichkeit europäischer Intellektueller. Eine Polemik. In: Frankfurter Rundschau, 8.11., S. 17.
Kerner, Leo (1978): Terror und Unperson. In: Autonomie. Materialien gegen die Fabrikgesellschaft. H. 1, S. 7-12.
Keshk, Magdi (1995): Die BR Deutschland-Berichterstattung in der ägyptischen Presse. Eine vergleichende Analyse anhand der drei wichtigsten Zeitungen „Al Achbar", „Al Ahram", Al Gomhorreya". Münster: Lit.
Kevin, Deirdre/Schlesinger, Philip (2000): Can the European Union Become a Sphere of Publics? In: Eriksen, Erik O./Fossum, John E. (Hrsg.): Democracy in the European Union. Integration Through Deliberation? London: Routledge, S. 206-229.
Khazen, Jihad (1999): Censorship and State Control of the Press in the Arab World. In: The Harvard International Journal of Press Politics. 4. Jg, Heft 3, S. 87-92.
Khoury, Rami (2001): Arab Satellite TV: Promoting Democracy or Autocracy? In. Jordan Times, Nr. 9 (Mai).
Kienpointner, Manfred (1992): Alltagslogik. Struktur und Funktion von Argumentationsmustern. Stuttgart-Bad Cannstatt: fromann-holzboog.
Kienzler, Klaus (1996): Der religiöse Fundamentalismus. Christentum – Judentum – Islam. München: C.H. Beck.
Kleinsteuber, Hans J. (2003): Mediensysteme im internationalen Vergleich. Ein Überblick. Unter: http://www.imw.unibe.ch/lehre/lehrveranstaltungen/ss03/meier/pdf/meier2003text04.pdf (Zugriff vom 3.1.2007).
Klink, Manfred (2000): Nationale und internationale Präventions- und Bekämpfungsstrategien. In: Hirschmann, Kai/Gerhard, Peter (Hrsg.): Terrorismus als weltweites Phänomen. Berlin: Berlin Verlag Arno Spitz, S. 241- 260.
Klußmann, Jörgen (2004): Terrorismus und Medien – eine komplexe Beziehung. Vorwort. In: Ders. (Hrsg.) (2005): Terrorismus und Medien. Eine komplexe Beziehung. Dokumentation der Tagung 25/2004 (6.-8. September). Bonn: Evangelische Akademie im Rheinland, S. 5-8.
Konerding, Klaus-Peter (2005): Diskurse, Themen und soziale Topik. In: Fraas, Claudia/Klemm, Michael (Hrsg.): Mediendiskurse. Bestandsaufnahme und Perspektiven. Reihe Bonner Beiträge zur Medienwissenschaft. Frankfurt a.M.: Peter Lang, S. 9-38.
Kopperschmidt, Josef (1989): Methodik der Argumentationsanalyse. Stuttgart-Bad Cannstatt: frommann-holzboog.
Kopperschmidt, Josef (2000): Argumentationstheorie zur Einführung. Hamburg: Junius.
Krämer, Gudrun (1999): Gottes Staat als Republik. Reflexionen zeitgenössischer Muslime zu Islam, Menschenrechten und Demokratie. Baden-Baden: Nomos.

Kriener, Markus/Meckel, Miriam (1996): Internationale Kommunikation. Begriffe, Probleme, Referenzen. In: Meckel, Miriam/Kriener, Markus (Hrsg.): Internationale Kommunikation. Eine Einführung. Opladen: Westdeutscher Verlag, S. 11-18.
Krippendorf, Klaus (1993): Schritte zu einer konstruktivistischen Erkenntnistheorie. In: Bentele, Günter/Rühl, Manfred (Hrsg.): Theorien öffentlicher Kommunikation. Problemfelder, Positionen, Perspektiven. München: Ölschläger, S. 19-51.
Krippendorff, Klaus (2004): Content Analysis. An Introduction to its Methodology. 2. Auflage. Thousand Oaks: Sage.
Künzler, Matthias/Hribal, Lucie u.a. (2005): Mediensysteme – Medienorganisationen. In: Bonfadelli, Heinz/Jarren, Otfried u.a. (Hrsg.): Einführung in die Publizistikwissenschaft. 2. Aufl. Bern: Haupt Verlag, S. 179-202.
Kunczik, Michael/Zipfel, Astrid (2005): Publizistik. Ein Studienbuch. 2. Auflage. Köln: Böhlau Verlag.
Kurre, Silvia (1994): Gesellschaftliche Bildproduktion und Religion II. Wirkungszusammenhänge sozialer Vorstellungsbilder. In: Medienprojekt Tübinger Religionswissenschaft (Hrsg.): Der Islam in den Medien. Gütersloh: Gütersloher Verl.-Haus, S. 47-61.
Lang, Kurz/Lang, Gladys E. (1984): Politics and Television Re-viewed. Beverly Hills.
Laqueur, Walter (1982): Terrorismus. Frankfurt a.M.: Suhrkamp.
Laqueur, Walter (1987): The Age of Terrorism. Boston: Little, Brown.
Lasson, Kenneth (2004): War of Words. Unter: http://www.globaljournalist.org (Zugriff vom 10.10.2006).
Lewis, Bernard (1990): The Roots of Muslim Rage. In: The Atlantic Monthly, Sep., S. 47-60.
Lewis, Bernard (2003): Die Wut der arabischen Welt. Warum der jahrhundertelange Konflikt zwischen dem Islam und dem Westen weiter eskaliert. Frankfurt: Campus.
Liga der Arabischen Staaten (1998): Die arabische Konvention zur Unterdrückung von Terrorismus. April. Unter: http://www.ciaonet.org/cbr/cbr00/video/cbr_ctd/cbr_ctd_27.html (Zugriff vom 3.1.2007).
Lippmann, Walter (1922): Public Opinion. New York: MacMillan.
Lippmann, Walter (1990): Die öffentliche Meinung. Bochum: Universitätsverlag Brockmeyer.
Löffelholz, Martin (2004): Krisen- und Kriegskommunikation als Forschungsfeld. Trends, Themen und Theorien eines hoch relevanten, aber gering systematisierten Teilgebietes der Kommunikationswissenschaft. In: Ders. (Hrsg.): Krieg als Medienereignis II. Krisenkommunikation im 21. Jahrhundert. Wiesbaden: VS Verlag für Sozialwissenschaften.
Ludes, Peter/Staab, Joachim F. u.a. (1997): Nachrichtenausblendung und Nachrichtenaufklärung. In: Schatz/Heribert/Jarren Otfried u.a. (Hrsg.): Machtkonzentration in der Mediengesellschaft? Beiträge zu einer Neubestimmung des Verhältnisses von politischer und medialer Macht. Opladen: Westdeutscher Verlag, S. 139-156.
Lueken, Geert-Lueke (2000): Paradigmen einer Philosophie des Argumentierens. In: Ders. (Hrsg.): Formen der Argumentation. Reihe: Leipziger Schriften zur Philosophie, Bd. 11. Leipzig: Leipziger Universitätsverlag, S. 13-51.
Lünenborg, Margret (2004): Europa ohne Öffentlichkeit? Theorien zur Analyse europäischer Journalismuskulturen. In: Löffelholz, Martin (Hrsg.): Theorien des Journalismus. Ein diskursives Handbuch. Wiesbaden: VS Verlag für Sozialwissenschaften, S. 435-450.
Luhmann, Niklas (1984): Soziale Systeme. Grundriss einer allgemeinen Theorie. Frankfurt a.M.: Wiss. Buchgesellschaft.
Luhmann, Niklas (1996a): Soziale Systeme. Grundriss einer allgemeinen Theorie. 6. Auflage. Frankfurt a.M.: Suhrkamp.
Luhmann, Niklas (1996b): Die Realität der Massenmedien. 2., erweiterte Auflage. Opladen: Westdeutscher Verlag.
Luhmann, Niklas (2000): Die Politik der Gesellschaft. Frankfurt a.M.: Suhrkamp.

Maalouf, Amin (2003): Der heilige Krieg der Barbaren: die Kreuzzüge aus der Sicht der Araber. München: Deutscher Taschenbuch-Verlag.
Malthaner, Stefan (2004): Terroristische Bewegungen und ihre Beugsgruppen. Anvisierte Sympathisanten und tatsächliche Unterstützer. In: Waldmann, Peter (Hrsg.): Determinanten des Terrorismus. Weilerswist: Velbrück Wissenschaft, S. 85-138.
Mandaville, Peter (2001): Transnational Muslim Politics. Reimagining the umma. London u.a.: Routledge.
Marcinkowski, Frank (1993): Publizistik als autopoietisches System. Politik und Massenmedien. Eine systemtheoretische Analyse. Opladen: Westdeutscher Verlag.
Marcinkowski, Frank/Bruns, Thomas (2004): Autopoiesis und strukturelle Kopplung. Theorien zur Analyse der Beziehungen von Journalismus und Politik. In: Löffelholz, Martin (Hrsg.): Theorien des Journalismus. Ein diskursives Handbuch. Wiesbaden: VS Verlag für Sozialwissenschaften, S. 487-501.
Martens, Wil (1997): Organisation und gesellschaftliche Teilsysteme. In: Ortmann, Günther/Sydow, Jörg u.a. (Hrsg.): Theorien der Organisation. Die Rückkehr der Gesellschaft. Opladen: Westdeutscher Verlag, S. 263-311.
Martin, Richard C. (Hrsg.) (2004): Encyclopedia of Islam and the Muslim World. Band 2 (M-Z). New York u.a.: Thomson Gale.
Martín-Rojo, Luisa (1995): Division and Rejection: from the personification of the Gulf Conflict to the demonisation of Saddam Hussein. In: Discouse and Society, 6. Jg., Heft 1, S. 49-80.
Mathes, Rainer (1999): Der Kommunikationswettbewerb um die „Medienrealität". Kurz- und langfristige Effekte von PR-strategischen Inszenierungen im Spiegel von Resonanzanalysen. In: Rolke, Lothar/Wolff, Volker (Hrsg.): Wie die Medien die Wirklichkeit steuern und selber gesteuert werden. Opladen: Westdeutscher Verlag, S. 249-262.
Mayring, Philipp (1993): Einführung in die qualitative Sozialforschung. 2. Auflage. Weinheim: Beltz.
Mayring, Philipp (2003): Qualitative Inhaltsanalyse. Grundlagen und Techniken. 8. Aufl., Weinheim: Beltz.
McCarthy, Ellen: Va.-Based, U.S.-Financed Arabic Channel Finds its Voice. In: Washington Post 14.10.2004, unter: http://www.washingtonpost.com/wp-dyn/articles/A33564-2004Oct14.html. (Zugriff Mai 2005).
McCarthy, Thomas (1993): Ideale und Illusionen. Dekonstruktion und Rekonstruktion in der kritischen Theorie. Frankfurt a.M.: Suhrkamp.
McCombs, Maxwell E. (2004): Setting the Agenda. The Mass Media and Public Opinion. Cambridge: Polity Press.
McQuail, Denis (2000): McQuail's Mass Communication Theory. 4. Auflage. London: Sage.
Meckel, Miriam (2001): Die globale Agenda. Kommunikation und Globalisierung. Wiesbaden: Westdeutscher Verlag.
Meggle, Georg (2005): Was ist Terrorismus? In: Kronfeld-Goharani (Hrsg.): Friedensbedrohung Terrorismus. Ursachen, Folgen und Gegenstrategien. Berlin: LIT Verlag, S. 15-36.
Mellor, Noha (2005): The Making of Arab News. Lanham: Rowman & Littlefield.
Merten, Klaus (1993): Kommentar zu Klaus Krippendorf. In: Bentele, Günter/Rühl, Manfred (Hrsg.): Theorien öffentlicher Kommunikation. Problemfelder, Positionen, Perspektiven. München: Ölschläger, S. 52-55.
Merten, Klaus (1995): Inhaltsanalyse. Einführung in Theorie, Methode und Praxis. 2. Auflage. Opladen: Westdt. Verlag.
Merten, Klaus (1999): Einführung in die Kommunikationswissenschaft. Band 1/1: Grundlagen der Kommunikationswissenschaft. Münster: Lit.
Metzger, Albrecht (2004): Der Islam und der Westen. In: Möller, Reinhard (Hrsg.): Islamismus und terroristische Gewalt. Würzburg: Ergon, S. 13-27.
Metzger, Albrecht (2005): Islamismus. Reihe eva Wissen. Hamburg: EVA Europäische Verlagsanstalt.

Meuren, D. (2001): TV-Sender al-Dschasira: Bühne für Bin Laden oder CNN der arabischen Welt? In: Spiegel Online, 9.10.
Meyer, Christoph O. (2000): Towards a European Public Sphere? Transnational Investigative Journalism and the European Commission's Resignation. In: Baerns, Barbara/Raupp, Juliana (Hrsg.): Information und Kommunikation in Europa. Transnational Communication in Europe. Berlin: Vistas Verlag, S.107-127.
Meyn, Hermann (2004): Massenmedien in Deutschland. Konstanz: UVK
Mikich, Sonja (2003): Geistige Provinzialisierung. Eine Zustandsbeschreibung. In: Cippitelli, Claudia/Schwanebeck, Axel (Hrsg.): Nur Krisen, Kriege, Katastrophen? Auslandsberichterstattung im deutschen Fernsehen. Dokumentation der 21. Tutzinger Medientage. München: Verlag Reinhard Fischer, S. 117-128.
Milton-Edwards, Beverly (2005): Islamic Fundamentalism since 1945. London u.a.: Routledge.
Müller, Eggo (2001): Globalisierung und Medien. 10. Januar. unter: http://www.montage-av.de/pdf/101_2001/10_1_Eggo_Mueller_Globalisierung_und_Medien.pdf (Zugriff vom 12.12.2006), S. 9-21.
Münkler, Herfried (2001): Terrorismus als Kommunikationsstrategie. Die Botschaft des 11. September. In: Internationale Politik, 56. Jg., Heft 12, S. 11-18.
Münkler, Herfried (2002): Die neuen Kriege. Reinbek b. Hamburg: Rowohlt Verlag. Lizenzausgabe für die Bundeszentrale für politische Bildung.
Musolff, Andreas (2006): Terrorismus im öffentlichen Diskurs der BRD. Seine Deutung als Kriegsgeschehen und die Folgen. In: Weinhauer, Klaus/Requate, Jörg u.a. (Hrsg.): Terrorismus in der Bundesrepublik. Medien, Staat und Subkulturen in den 1970er Jahren. Frankfurt a.M.: Campus Verlag, S. 302-319.
Nacos, Brigitte L. (2002a): Mass-Mediated Terrorism in the New World (Dis)Order. In: Slocum, David J. (Hrsg.) (2005): Terrorism, Media, Liberation. New Brunswick: Rutgers University Press, S. 186-208.
Nacos, Brigitte L. (2002b): Mass-Mediated Terrorism. The Central Role of the Media in Terrorism and Counterterrorism. Lanham, Boulder, New York, Oxford: Roman & Littlefield Publishers.
Nafie, Ibrahim (2005): Vorwort: Ja – sie sind die Soldaten der Freiheit (in arab.). In: Hafez, Salah al-Din (Hrsg.): Die arabischen Journalisten sind die Soldaten der Freiheit... Zusammenstellung der Aktionsberichte der Arabischen Journalistenunion in vier [sic] Jahren 2000-2004 (in arab.). Qalyub (Ägyp.): Al-Ahram Al-Tigariya.
Nafroth, Katja (2002): Zur Konstruktion von Nationenbildern in der Auslandsberichterstattung. Das Japanbild der deutschen Medien im Wandel. Münster: Lit.
Neidhardt, Friedhelm (1989): Auf der Suche nach Öffentlichkeit. In: Nutz, Walter (Hrsg.): Kunst, Kommunikation, Kultur. Festzuschrift zum 80. Geburtstag von Alphons Silbermann. Frankfurt a.M.: Verlag Peter Lang, S. 25-35.
Neidhardt, Friedhelm (1994): Öffentlichkeit, öffentliche Meinung, soziale Bewegungen. In: Ders. (Hrsg.): Öffentlichkeit, öffentliche Meinung, soziale Bewegungen. Kölner Zeitschrift für Soziologie und Sozialpsychologie, Sonderheft 34. Opladen: Westdeutscher Verlag, S. 7-41.
Neidhardt, Friedhelm (2005): Jenseits des Palavers, Funktionen politischer Öffentlichkeit. In: Wunden, Wolfgang (Hrsg.): Öffentlichkeit und Kommunikationskultur. Münster: LIT, S. 19-30.
Neverla, Irene (2003): Zäsur und Kompetenz. Thesen zur journalistischen Krisenberichterstattung. In: Beuthner, Michael u.a. (Hrsg.): Bilder des Terrors - Terror der Bilder? Krisenberichterstattung am und nach dem 11. September. Köln: Halem, S. 158-169.
Nitsch, Holger (2001): Terrorismus und Internationale Politik am Ende des 20. Jahrhunderts. Dissertation. München: Ludwig-Maximilian-Universität.
Noelle-Neumann, Elisabeth/Petersen, Thomas (1996): Alle, nicht jeder. Einführung in die Methoden der Demoskopie. München: Dt. Taschenbuch Verlag.
Norris, Pippa/Inglehart, Ronald (2003): Public Opinion among Muslims and the West. In: Norris, Pippa/Kern, Montague (Hrsg.): Framing Terrorism. New York: Routledge, S. 203-228.

Norris, Pippa/Kern, Montague (2003): Framing Terrorism. In: Dies. (Hrsg.): Framing Terrorism. New York: Routledge, S. 3-23.
Nossek, Hillel (2004): Our News and Their News: The Role of National Identity in the Coverage of Foreign News. In: Journalism, 5. Jg., Heft 3, S. 343-368.
Nossek, Hillel/Berkowitz, Dan (2006): Telling „Our" Story Through News of Terrorism. In: Journalism Studies, 7. Jg., Heft 4, S. 691-707.
Oberreuter, Heinrich (1989): Mediatisierte Politik und politischer Wertewandel. In: Böckelmann, Frank E. (Hrsg.): Medienmacht und Politik. Mediatisierte Politik und politischer Wertewandel. Berlin: Wiss.-Verl. Spiess, S. 31-41.
Östgaard, Einar (1965): Factors Influencing the Flow of News. In: Journal of Peace Research, 2. Jg., S. 39-63.
Ohde, Christina (1994): Der Irre von Bagdad. Zur Konstruktion von Feindbildern in überregionalen deutschen Tageszeitungen während der Golfkrise 1990/91. Frankfurt am Main: Peter Lang.
Paletz, David L./Tawney, Laura L. (1992): Broadcasting Organizations' Perspectives. In: Ders./Schmid, Alex P. (Hrsg.): Terrorism and the Media. Newbury Park, CA: Sage, S. 105-110.
Palmer, Jerry (2000): Spinning into Control. News Values and Source Strategies. London: Leicester University Press.
Pasquay, Anja (2006): Zur Lage der Zeitungen in Deutschland 2006. Unter: http://www.bdzv.de/markttrends_und_daten.html (Zugriff vom 3. Januar 2007).
Paterson, Chris (1998): Global Battlefields. In: Boyd-Barrett, Oliver/Rantanen, Terhi (Hrsg.): The Globalization of News. London: Sage Publications, S. 79-103.
Patterson, Thomas (1998): Political Roles of the Journalist. In: Graber, Doris/McQuail, Denis u.a. (Hrsg.): The Politics of News – The News of Politics. Washington: CQ Press, S. 17-32.
Petermann, F./Hehl, F.J. (Hrsg.) (1979): Einzelfallanalyse. München: Urban & Schwarzenberg.
Peters, Butz (1991): RAF. Terrorismus in Deutschland. Stuttgart, Deutsche Verlags-Anstalt.
Peters, Rudolph (2005): Jihad in Classical and Modern Islam. A Reader. Princeton: Markus Wiener Publishers.
Pfeifer, Wolfgang (1993): Etymologisches Wörterbuch des Deutschen. Band 2: M-Z. Zentralinstitut für Sprachwissenschaft. Berlin: Akad.-Verlag.
Picard, Robert G./Adams P.D. (1988): Characterizations of acts and perpetrators of Political Violence in Three Elite U.S. Daily Newspapers (Paper No. 5). Boston: Emerson College and California State University.
Picard, Robert G. (1990): News Coverage as the Contagion of Terrorism. Dangerous Charges Backed by Dubious Sciences. In: Graber, Doris A. (Hrsg.): Media Power in Politics. 3. Aufl., Washington D.C.: Congressional Quarterly, S. 313-323.
Plasser, Fritz (1985): Elektronische Politik und politische Technostruktur reifer Industriegesellschaften – ein Orientierungsversuch. In: Ders./Ulram, Peter A. u.a. (Hrsg.): Demokratierituale. Zur politischen Kultur der Informationsgesellschaft. Wien u.a.: Böhlau, S. 9-31.
Pörksen, Bernhard (2004): Journalismus als Wirklichkeitskonstruktion. Grundlagen einer konstruktivistischen Journalismustheorie. In: Löffelholz, Martin (Hrsg.): Theorien des Journalismus. Ein diskursives Handbuch. Wiesbaden: VS Verlag für Sozialwissenschaften, S. 335-347.
Poole, Elizabeth (2002): Reporting Islam. Media Representations of British Muslims. London u.a.: I.B. Tauris.
Poole, Elizabeth (2006): The Effects of September 11 and the War in Iraq on British Newspaper Coverage. In: Dies./Richardson, John E. (Hrsg.): Muslims and the News Media. London: I.B.Tauris, S. 89-102.
Protze, Manfred (2002): Podiumsdiskussion zur „Berichterstattung über Katastrophen, Kriege und Terrorismus". In: Maercks-Franzen, Ulrike (Hrsg.): Macht und Ohnmacht der Worte und Bilder. Die Welt nach dem 11. September 2001. Wie gehen wir in der Berichterstattung mit

Krieg, Katastrophen und Terror um? 15. Journalistinnen- und Journalistentag. 24.11.2001 Dortmund. Berlin: DJU in Verdi.
Przeworski, Adam/Teune, Henry (1970): The Logic of Comparative Social Inquiry. Malabar: Krieger.
Pürer, Heinz (2003): Publizistik- und Kommunikationswissenschaft. Ein Handbuch. Konstanz: UVK.
Raab, Jörg/Milward, H. Brinton (2003): Dark Networks as Problems. In: Journal of Public Administration Research and Theory, 13. Jg., Heft 4, S. 413-439.
Rapoport, David (1996): Editorial. The Media and Terrorism. Implications of the Unabomber Case. In: Terrorism and Political Violence. 8. Jg., Nr. 1 (Frühjahr).
Rapoport, David C. (2006a): General Introduction. In: Ders. (Hrsg.): Terrorism. Critical Concepts in Political Science. Band 1 von 4. Oxfordshire u.a.: Routledge, S. xxvii-xxxvii.
Rapoport, David C. (2006b): Fear and Trembling. In: Ders. (Hrsg.): Terrorism. Critical Concepts in Political Science. Band 1 von 4. Oxfordshire u.a.: Routledge, S. 3-36.
Reinares, Fernando (2005): Terrorismus global. Aktionsfeld Europa. Hamburg: Europäische Verlagsanstalt.
Reuter, Christoph (2004): Parasiten des Zorns. Wie Al Kaida neue Akteure rekrutiert. In: Internationale Politik. 59. Jg. (2), S. 12-20.
Richardson, John E. (2006): Who gets to speak? A study of Sources in the broadsheet press. In: Poole, Elizabeth/Richardson, John E. (Hrsg.): Muslims and the News Media. London: I.B.Tauris, S. 103-115.
Richter, Ingo K./Berking, Sabine u.a. (2006): Introduction. In: Dies. u.a. (Hrsg.): Building a transnational civil society. Global Issues and Global Actors. Houndmills u.a.: Palgrave Macmillan, S. 1-26.
Rinnawi, Khalil (2006): Instant Nationalism. McARabism, al-Jazeera and Transnational Media in the Arab World. Lanham u.a.: University Press of America.
Risse, Thomas/Van de Steeg, Marianne (2003): An Emerging European Public Sphere? Empirical Evidence and Theoretical Clarifications. Tagesdokument der Konferenz zur „Europäisierung der Öffentlichkeit, politischen Mobilisierung, öffentlichen Kommunikation und die EU", 20.-22. Juni, Wissenschaftszentrum Berlin.
Robertson, Roland (1994): Globalization. Social Theory and Global Culture. London: Sage.
Robinson, Piers (2002): The CNN Effect. The myth of news, foreign policy and intervention. London: Routledge.
Roemeling-Kruthaup, Susanne von (1991): Politik, Wirtschaft und Geschichte Lateinamerikas in der bundesdeutschen Presse. Frankfurt a.M.: Vervuert Verlag.
Rössler, Patrick (2003): Botschaften politischer Kommunikation: Länder, Themen, und Akteure internationaler Fernsehnachrichten. In: Esser, Frank/Pfetsch, Barbara (Hrsg.): Politische Kommunikation im internationalen Vergleich. Grundlagen, Anwendungen, Perspektiven. Wiesbaden: Westdeutscher Verlag, S. 305-336.
Rössler, Patrick (2005): Inhaltsanalyse. Konstanz: UVK.
Rötzer, Florian (2004): Aufmerksamkeitsterrorismus und die Medien. In: Klußmann, Jörgen (Hrsg.) (2005): Terrorismus und Medien. Eine komplexe Beziehung. Dokumentation der Tagung 25/2004 (6.-8. September). Bonn: Evangelische Akademie im Rheinland, S. 21-40.
Rosengren, Karl Erik (1970): International News: Intra and Extra Media Data. In: Acta Sociologica, 13. Jg., S. 96-109.
Rotter, Gernot (1994): Islam und der Westen. Die verlorene Nähe. In: du. Zeitschrift der Kultur. Heft 7/8 Juli/August. S. 46-48.
Roy, Olivier (1994): The Failure of Political Islam. London: Tauris.
Roy, Olivier (1995): Généalogie de l'islamisme. Paris: Hachette.
Rühl (1980): Journalismus und Gesellschaft. Bestandaufnahme und Theorieentwurf. Mainz: v. Hase und Koehler.

Rühl, Manfred (1984): Die Welt als neugeordnetes Kommunikationssystem? Thesen zur Realisierbarkeit eines kommunikationspolitischen Ordnungsprogramms. In: Publizistik, 29. Jg., Heft 3/4.
Rühl, Manfred (1987): Systemdenken und Kommunikationswissenschaft. In: Gottschlich, Maximilian (Hrsg.): Massenkommunikationsforschung. Theorieentwicklung und Problemperspektiven. Wien: Wilhelm Braumüller, S. 43-63. Zuerst veröffentlicht in: Ders. (1969): Systemdenken und Kommunikationswissenschaft. In: Publizistik.
Rugh, William A. (1979): The Arab Press. New York: Syracuse University Press.
Rugh, William A. (1987): The Arab Press. New York: Syracuse University Press.
Rugh, William A. (2004): Arab Mass Media. Newspapers, Radio, and Television in Arab Politics. Westport, CT: Praeger.
Runnymede Trust (1997): Islamophobia. A Challenge for us all. Unter: http://www.runnymedetrust.org/publications/pdfs/islamophobia.pdf (Zugriff vom 3.1.2007)
Sádaba, Teresa/La Porte, Teresa (2006): Mediated Terrorism in Comparative Perspective. Spanish Press Coverage of 9/11 vs. Coverage of Basque Terrorism. In: Kavoori, Anandam P./Fraley, Todd (Hrsg.): Media, Terrorism, and Theory. A Reader. Lanham: Rowman & Littlefield Publishers, S. 69-89.
Said, Abdul Aziz (1992): Islamic Fundamentalism and the West. In: Mediterranean Quarterly (Herbst), S. 21-36.
Said, Edward W. (1981): Covering Islam. New York: Pantheon.
Said, Edward W. (1985): Orientalism. Harmondsworth, Middlesex: Penguin Books, (Erstauflage London 1978).
Said, Edward W. (2002): Die Phrase vom „Zusammenprall der Kulturen". Eine Kritik an Samuel P. Huntington. In: Stein/Windfuhr: S. 179-187.
Sakr, Naomi (2004): Al-Jazeera Satellite Channel: Global Newscasting in Arabic. In: Paterson, Chris/Sreberny, Annabelle (Hrsg.): International News in the 21st Century. Hants: John Libbey Publishing for the University of Luton Press, S. 147-168.
Sapir, Edward (1951): The Status of Linguistics as a Science. In: Ders.: Selected Writings of Edward Sapir. Berkeley: University of California Press, S. 160-166.
Sarcinelli, Ulrich (1987): Symbolische Politik. Zur Bedeutung symbolischer Politik in der Wahlkampfkommunikation der Bundesrepublik Deutschland. Opladen: Westdeutscher Verlag.
Sarcinelli, Ulrich (1992): Massenmedien und Politikvermittlung. Eine Problem- und Forschungsskizze. In: Wittkämpfer, Gerhard W. (Hrsg.): Medien und Politik. Darmstadt: Wiss. Buchgesellschaft, S. 37-62.
Sarcinelli, Ulrich (1994): Mediale Politikdarstellung und politisches Handeln. In: Jarren, Otfried (Hrsg.): Politische Kommunikation in Hörfunk und Fernsehen. Opladen: Westdeutscher Verlag, S. 35-50.
Satha-Anand, Chaiwat (1993): Nonviolent Crescent: Eigth Theses on Muslim Nonviolent Actions. In: Paige, Glenn D., dies. u.a. (Hrsg.): Islam and Nonviolence. Honolulu: University of Hawaii.
Saxer, Ulrich (1981): Publizistik und Politik als interdependente Systeme. Zur politischen Funktionalität von Publizistik. In: Media Perspektiven, S. 501-514.
Saxer, Ulrich (1998): Mediengesellschaft: Verständnisse und Missverständnisse. In: Sarcinelli, Ulrich (Hrsg.): Politikvermittlung und Demokratie in der Mediengesellschaft. Beiträge zur politischen Kommunikationskultur. Bonn: Bundeszentrale für politische Bildung, S. 52-73.
Saxer, Ulrich (2002): Der gesellschaftliche Ort der Massenkommunikation. In: Haas, Hannes/Jarren, Otfried (Hrsg.): Mediensysteme im Wandel. Struktur, Organisation und Funktion der Massenmedien. Wien: Wilhelm Braumüller, S. 1-14.
Sayyid, Bobby S. (1997): A Fundamental Fear. Eurocentrism and the Emergence of Islamism. London: Zed Books.

Schaefer, Todd M. (2003): Framing the US Embassy Bombings and September 11 Attacks in African and US Newspapers. In: Norris, Pippa/Kern, Montague (Hrsg.): Framing Terrorism. New York: Routledge, S. 93-112.
Schatz, Heribert (1982): Interessen- und Machtstrukturen im Interaktionsfeld von Massenmedien und Politik. In: Ders./Lange, Klaus (Hrsg.): Massenkommunikation und Politik. Aktuelle Probleme und Entwicklungen im Massenkommunikationssystem der Bundesrepublik Deutschland. Frankfurt a.M.: Haag und Herchen, S. 6-20.
Schatz, Heribert (1997): Einführung in die Thematik und Überblick über die Beiträge. In: Ders./Jarren Otfried u.a. (Hrsg.): Machtkonzentration in der Mediengesellschaft? Beiträge zu einer Neubestimmung des Verhältnisses von politischer und medialer Macht. Opladen: Westdeutscher Verlag, S. 11-21.
Scheffler, Thomas (2002): Apocalypticism, Innerwordly Eschatology, and Islamic Extremism. Konferenzpaper "In Multiple Voices. Challenges and Opportunities for Islamic Peacebuilding After September 11, 12.-13. April 2002. University of Notre Dame, Indiana.
Schenk, Michael (1999): Kommunikationstheorien. In: Noelle-Neumann, Elisabeth/Schulz, Winfried u.a. (Hrsg.): Fischer-Lexikon Publizistik Massenkommunikation. 5. Aufl., Frankfurt am Main: Fischers Taschenbuch Verlag, S. 171-187.
Scheuch, Erwin K. (1973): Das Interview in der Sozialforschung. In: König, René (Hrsg.): Handbuch der empirischen Sozialforschung. Grundlegende Techniken und Methoden der empirischen Sozialforschung, Band 2. 3. Auflage. Stuttgart: Enke, S. 66-190.
Schiffer, Sabine (2004): Die Darstellung des Islams in der Presse. Sprache, Bilder, Suggestionen. Eine Auswahl von Techniken und Beispielen. Diss. Friedrich-Alexander-Universität Erlangen-Nürnberg.
Schicha, Christian/Brosda, Carsten(2002): Medien, Terrorismus und der 11. September 2001 – Eine Einleitung. In: Dies. (Hrsg.): Medien und Terrorismus. Reaktionen auf den 11. September 2001. Münster u.a.: Lit, S. 7-24.
Schimmelpfennig, Monika (2005): Re-Islamisierung und Islamismus. Hintergründe und sozialpolitische Ursachen am Beispiel Ägypten. Marburg: Tectum.
Schmid, Alex P./De Graaf, J. (1982): Violence as Communication. Insurgent Terrorism and the Western News Media. Beverly Hills, CA: Sage.
Schmid, Axel P. (1992): Editors' Perspectives. In: Paletz, David L./Ders. (Hrsg.): Terrorism and the Media. Newbury Park, CA: Sage, S. 111-136.
Schmid, Alex P. (2006): Terrorism and the Media. In: Rapoport, David C. (Hrsg.): Terrorism. Critical Concepts in Political Science. Band 1 von 4. Oxfordshire u.a.: Routledge, S. 94-112.
Schmidt, Siegfried J. (1994): Die Wirklichkeit des Beobachters. In: Merten, Klaus/ Ders. u.a. (Hrsg.): Die Wirklichkeit der Medien. Eine Einführung in die Kommunikationswissenschaft. Opladen: Westdeutscher Verlag, S. 3-19.
Schmidt, Siegfried J. (1995): Medien – Kultur – Gesellschaft. Medienforschung brauch Systemorientierung. In: Medien Journal, 19. Jg., Heft 4, S. 28-35.
Schimank, Uwe (1990): Politische Steuerung in der Organisationsgesellschaft – am Beispiel der Forschungspolitik (unveröffentlichtes Manuskript). MPIfG Köln.
Schneckener, Ulrich (2002): Netzwerke des Terrors. Charakter und Strukturen des transnationalen Terrorismus. SWP-Studie 42. Unter: http://www.bpb.de/files/TGV5AC.pdf (Zugriff vom 3.1.2007).
Schneckener, Ulrich (2006): Transnationaler Terrorismus. Frankfurt a.M.: Suhrkamp.
Scholl, Armin/Weischenberg, Siegfried (1998): Journalismus in der Gesellschaft. Theorie, Methodologie und Empirie. Opladen: Westdeutscher Verlag.
Scholl-Latour, Peter (1995): Das Schwert des Islam: Revolution im Namen Allahs. München: Heyne.
Schriewer, Jürgen u.a. (1998): Konstruktion von Internationalität: Referenzhorizonte pädagogischen Wissens im Wandel gesellschaftlicher Systeme (Spanien, Sowjetunion/Russland,

China). In: Kaelble, Hartmut/Ders. (Hrsg.): Gesellschaften im Vergleich. Forschungen aus Sozial- und Geschichtswissenschaften. Frankfurt a.M.: Lang, S. 151-258.
Schudson, Michael (2003): The Sociology of News. New York u.a.: W.W. Norton & Company.
Schultz, Tobias (2005): Faszination, Enttäuschung, Wut. Wie Araber den Westen sehen. Mosbach: OM Books.
Schulz, Winfried (1976): Die Konstruktion von Realität in den Nachrichtenmedien. Analyse der aktuellen Berichterstattung. Freiburg/München: Verlag Karl Alber.
Schulz, Winfried (1989): Massenmedien und Realität. Die „ptolemäische" und die „kopernikanische" Auffassung. In: Kaase, Max/Ders. (Hrsg.): Massenkommunikation. Theorien, Methoden, Befunde. Opladen: Westdeutscher Verlag, S. 135-149.
Schulz von Thun, Friedemann (1994): Miteinander Reden. Band 1: Störungen und Klärungen. Allgemeine Psychologie der Kommunikation. Reinbek bei Hamburg: Rowohlt.
Schuster, Thomas (2004): Staat und Medien. 2. Auflage. Wiesbaden: VS Verlag für Sozialwissenschaften.
Seib, Philip (2005): Hegemonic No More: Western Media, the Rise of Al-Jazeera, and the Influence of Diverse Voices. In: International Studies Review, 7. Jg., S. 601-615.
Shpiro, Shlomo (2001): Medien und Terrorismus. Eine klare Strategie wird benötigt. In: Internationale Politik, 56. Jg., Heft 12, S. 19-24.
Siebert, Fred S./Petersen, Theodore u.a. (1953): Four Theories of the Press. Urbana: University of Illinois Press.
Sievert, Holger (1998): Europäischer Journalismus. Theorie und Empirie aktueller Medienkommunikation in der Europäischen Union. Opladen: Westdt. Verlag.
Silbermann, Alphons (1982): Einstellung. In: Ders.: Handwörterbuch der Massenkommunikation und Medienforschung. Bd. 2 (Teil L-Z). Berlin: ????, S: 431-432.
Sinclair, John/Jacka, Elizabeth u.a. (1996): Peripheral Vision. In: Dies. (Hrsg.): News Patterns in Global Television. Oxford: Oxford UP, S. 1-32.
Sinekopova, Galina V. (2006): Building the Public Sphere Bases and Biases. In: Journal of Communication, 56. Jg., Heft 3 (September), S. 505-522.
Six, Ulrike (1982): Einstellungen und Vorurteile. In: Kagelmann, H. Jürgen/Wenniger, Gert (Hrsg.): Medienpsychologie. Ein Handbuch in Schlüsselbegriffen. München u.a.: Urban und Schwarzenberg, S. 18.
Smith, J.E.K. (1976): Analysis of Qualitative Data. In: Rosenzweig, M.R./Porter, L.W. (Hrsg.): Annual Review of Psychology, Vol. 27. Palo Alto: Annual Reviews Inc., S. 487-499.
Sommer, Gert/Theobald, Karl-Günther (1986): Misinformation and the Enemy Image. Theoretical Considerations and an Empirical Study. Scientific Meeting of the International Society of Political Psychology Juni 1986. Amsterdam
Soualhi, Younes (2005): Fundamentals and Fundamentalism: An Islamic Politico-Legal Analysis. In: Islamic Quarterly, Vol. 49 (2), S. 123-145.
Spoo, Eckart (2004): Die Verteuflung der Zweifler. In: Thoden, Ronald (Hrsg.): Terror und Staat. Der 11. September – Hintergründe und Folgen. Geostrategie, Terrorismus, Geheimdienste, Medien, Kriege, Folter. Berlin: Kai Homilius Verlag, S. 188-208.
Sreberny, Annabelle (2001): Mediated Culture in the Middle East: Diffusion, Democracy, Difficulties. In: Gazette, 63. Jg., Heft 2-3, S. 101-119.
Sreberny-Mohammadi, Annabelle (1998): The Media and Democratization in the Middle East. The Strange Case of Television. In: Democratization and the Media, 5. Jg., Heft 2, S: 179-199.
Sreberny-Mohammadi, Annabelle/Kaarle Nordenstreng et al. (Hrsg.) (1985): Foreign News in the Media: International Reporting in 29 Countries. Paris: United Nations Educational Scientific and Cultural Organization.
Sreberny-Mohammadi, Annabelle/Winseck, Dwayne u.a. (1997): Editors' Introduction. Media in Global Context. In: Dies. (Hrsg.): Media in global context. A Reader. London: Arnold, S. ix-xxviii.

Staab, Joachim Friedrich (1990): Entwicklung der Nachrichtenwert-Theorie. Theoretische Konzepte und empirische Überprüfungen. In: Wilke, Jürgen (Hrsg.): Fortschritte der Publizistikwissenschaft. Freiburg i. B.: Alber, S. 161-172.
Staab, Joachim Friedrich et al. (1991): Struktur eines publizistischen Konflikts. Die Berichterstattung über das ‚Soldatenurteil' in der überregionalen Tagespresse der Bundesrepublik Deutschland. In: Kölner Zeitschrift für Soziologie und Sozialpsychologie, 43. Jg., H. 1, S. 70-85.
Starck, K./Villaneuva, W. (1992): Cultural Framing. Foreign Correspondents and their Work. Paper presented at the Annual Meeting of the Association for Education in Journalism and Mass Communication. Montreal, Canada.
Steinberg, Guido (2004): Der Islamismus im Niedergang? Anmerkungen zu den Thesen Gilles Kepels, Oliver Roys und zur europäischen Islamismusforschung. In: Bundesministerium des Inneren (Hrsg.): Islamismus. 3. Auflage. Berlin: Bundesministerium des Inneren, S. 19-42.
Steinseifer, Martin (2006): Terrorismus als Medienereignis im Herbst 1977: Strategien, Dynamiken, Darstellungen, Deutungen. In: Weinhauer, Klaus/Requate, Jörg u.a. (Hrsg.): Terrorismus in der Bundesrepublik. Medien, Staat und Subkulturen in den 1970er Jahren. Frankfurt a.M.: Campus Verlag, S. 351-381.
Stichweh, Rudolf (2002): Die Entstehung einer Weltöffentlichkeit. In: Kaelble, Hartmut/Kirsch, Martin u.a. (Hrsg.): Transnationale Öffentlichkeiten und Identitäten im 20. Jahrhundert. Frankfurt a.M.: Campus Verlag, S. 57-66.
Tatham, Steve (2006): Losing Arab Hearts and Minds. The Coalition, Al-Jazeera and Muslim Public Opinion. London: Hurst & Company.
Theveßen, Elmar (2004): Bedrohung Deutschlands durch den islamistischen Terrorismus. Aktuelle Gefährdungs- und Sicherheitslage in Europa. In: Möller, Reinhard (Hrsg.): Islamismus und terroristische Gewalt. Würzburg: Ergon, S. 153-168.
Thofern, Detlef (1997): Darstellung des Islams in DER SPIEGEL. Eine inhaltsanalytische Untersuchung über Themen und Bilder der Berichterstattung von 1950 bis 1989. Hamburg: Verlag D. Kovaĉ.
Thornton, William H. (2005): New World Empire. Civil Islam, Terrorism, and the Making of Neoglobalism. Lanham u.a.: Rowman & Littlefield.
Thussu, Daya Kishan (2006a): Televising the "War on Terrorism": The Myths of Morality. In: Kavoori, Anandam P./Fraley, Todd (Hrsg.): Media, Terrorism, and Theory. A Reader. Lanham: Rowman & Littlefield Publishers, S. 3-17.
Thussu, Daya Kishan (2006b): International Communication. Continuity and Change. 2. Auflage. London: Hodder Arnold.
Tibi, Bassam (2006): Die Neuerfindung des Islams. Unter: http://www.tagesspiegel.de/meinung/Kommentare;art141,2125567 (Zugriff vom 20.02.2007).
Tolmein, Oliver (2002): Vom Deutschen Herbst zum 11. September. Hamburg: Konkret Literatur Verlag.
Tonnemacher, Jan (2003): Kommunikationspolitik in Deutschland. Eine Einführung. 2., überarb. Auflage. Konstanz: UVK.
Toulmin, Stephen (1975): Der Gebrauch von Argumenten. Reihe Wissenschaftstheorie und Grundlagenforschung Bd. 1. Kronberg: Scriptor Verlag. [engl. Original (1958): The Uses of Argument. Cambridge.]
Tuck, Jay (2003): „Apokalypse how? Quantität und Qualität der Medienbilder des 11. September" – Eine Podiumsdiskussion am 8. November 2002 im Warburg-Haus. In: Beuthner, Michael u.a. (Hrsg.): Bilder des Terrors - Terror der Bilder? Krisenberichterstattung am und nach dem 11. September. Köln: Halem, S. 170-203
UNDP (Hrsg.) (2003): Arab Human Development Report 2003. Building a Knowledge Society. New York: UNDP Regional Bureau for Arab States.
Veer, Peter van der (2004): Introduction. In: Ders./Munshi, Shoma (Hrsg.): Media, War, and Terrorism. Responses from the Middle East and Asia. London u.a.: RoutledgeCurzon, S. 1-8.

Viorst, Milton (1974): Egypt and Israel: two nations and their press. In: Columbia Journalism Review, 13. Jg., Heft 1 (Mai/Juni), S. 32-37.
Virilio, Paul (1998): Ereignislandschaft. München: Hanser.
Volkmer, Ingrid (2002a): Sphären transkultureller Öffentlichkeit. In: Hepp, Andreas/Löffelholz, Martin (Hrsg.): Grundlagentexte zur transkulturellen Kommunikation. Konstanz: UVK (UTB), S. 819-834.
Volkmer, Ingrid (2002b): Journalism and Political Crisis in the Global Network Society. In: Zelizer, Barbie/Allan, Stuart (Hrsg.): Journalism after September 11. London u.a.: Routledge, S. 235-246.
Vultee, Fred (2006): News Language and the Creation of Meaning About the Middle East. In: Journal of Communication Inquiry, 30. Jg., Heft 4 (Oktober), S. 319-336.
Waldmann, Peter (1998): Terrorismus. Provokationen der Macht. München: Gerling Akademie Verlag.
Waldmann, Peter (2004a): Einleitung: Determinanten der Entstehung und Entwicklung terroristischer Organisationen. In: Ders. (Hrsg.): Determinanten des Terrorismus. Weilerswist: Velbrück Wissenschaft, S. 11-28.
Waldmann, Peter (2004b): Terrorismus und öffentliche Wahrnehmung. In: Klußmann, Jörgen (Hrsg.) (2005): Terrorismus und Medien. Eine komplexe Beziehung. Dokumentation der Tagung 25/2004 (6.-8. September). Bonn: Evangelische Akademie im Rheinland, S. 9-20.
Wandscher, Christiane (2006): Internationaler Terrorismus und Selbstverteidigungsrecht. Berlin : Duncker und Humblot.
Warnke, Ingo (2002): Adieu Text – bienvenue Diskurs? In : Fix, Ulla/Adamzik, Kirsten u.a. (Hrsg.): Brauchen wir einen neuen Textbegriff? Antworten auf eine Preisfrage. Reihe Forum für angewandte Linguistik 40. Frankfurt a.M.: Peter Lang, S. 125-141.
Watt, Montgomery (1991): Muslim-Christian Encounters. London: Routledge.
Weber, Stefan (2003): Konstruktivistische Medientheorien. In: Ders. (Hrsg.): Theorien der Medien. Konstanz: UVK, S. 180-201.
Wehr, Hans (1985): Arabisches Wörterbuch für die Schriftsprache der Gegenwart. Arabisch-Deutsch. 5. Aufl. Wiesbaden: Harrassowitz Verl.
Weichert, Stephan Alexander (2002): Der inszenierte Terrorist. In: Cover - Medienmagazin, Heft 3, S. 74-75.
Weichert, Stephan Alexander (2003): Von der Live-Katastrophe zum Medien-Denkmal: Das mediatisierte Krisenereignis „11. September". In: Beuthner, Michael u.a. (Hrsg.): Bilder des Terrors - Terror der Bilder? Krisenberichterstattung am und nach dem 11. September. Köln: Halem, S. 74-102.
Weichert, Stephan Alexander (2004): Die Selbstüberbietungsspirale. Krisenberichterstattung im Angesicht des Terrors. In: medienheft, 14.12., unter: http://www.medienheft.ch/kritik/bibliothek/k23_WeichertStephanAlexander.html (Zugriff vom 3. Januar 2007).
Weichert, Stephan Alexander (2006): Die Krise als Medienereignis: über den 11. September im deutschen Fernsehen. Dissertation. Köln: Halem.
Weimann, G. (1983): The Theater of Terror. Effects of Press Coverage. In: Journal of Communication, 33. Jg., H. 1, S. 38-45.
Weinberg, Leonard/Pedazhur, Ami (2005): The Challenges of Conceptualizing Terrorism. In: Terrorism and Political Violence, 17. Jg., Heft 1 (Frühling).
Weinhauer, Klaus (2006): Zwischen „Partisanenkampf" und „Kommissar Computer": Polizei und Linksterrorismus in der Bundesrepublik bis Anfang der 1980er Jahre. In: In: Ders./ Requate, Jörg u.a. (Hrsg.): Terrorismus in der Bundesrepublik. Medien, Staat und Subkulturen in den 1970er Jahren. Frankfurt a.M.: Campus Verlag, S. 244-270.
Weinhauer, Klaus/Requate, Jörg (2006): Einleitung. Die Herausforderung des „Linksterrorismus". In: Dies. u.a. (Hrsg.): Terrorismus in der Bundesrepublik. Medien, Staat und Subkulturen in den 1970er Jahren. Frankfurt a.M.: Campus Verlag, S. 9-32.

Weischenberg, Siegfried (1992): Journalistik 1. Medienkommunikation: Theorie und Praxis. Opladen: Westdeutscher Verlag.
Weischenberg, Siegfried (2003): „Apokalypse how? Quantität und Qualität der Medienbilder des 11. September" – Eine Podiumsdiskussion am 8. November 2002 im Warburg-Haus. In: Beuthner, Michael u.a. (Hrsg.): Bilder des Terrors - Terror der Bilder? Krisenberichterstattung am und nach dem 11. September. Köln: Halem, S. 170-203
Weischenberg, Siegfried/Löffelholz, Martin u.a. (1994): Merkmale und Einstellungen von Journalisten. Media Perspektiven, Heft 4, S. 154-167.
Weiß, Hans-Jürgen (1988): Meinungsgestaltung im Interesse der Zeitungen? Eine Analyse der Zeitungspublizistik zur Erhöhung der Rundfunkgebühr (Oktober 1987 bis Januar 1988). In: Media Perspektiven, H. 8, S. 469-489.
Weller, Christoph (2002): Friedensforschung zwischen Massenmedien und Krieg – Von der Manipulationsforschung zur konstruktivistischen Friedenstheorie. In: Albrecht, Ulrich/Becker, Jörg (Hrsg.): Medien zwischen Krieg und Frieden. Baden-Baden: Nomos Verlagsgesellschaft, S. 27-44.
Weltbank (Hrsg.) (2001): World Development Report 2000/2001. Attacking Poverty. Oxford: Oxford University Press.
Weßler, Hartmut (1999): Öffentlichkeit als Prozess. Deutungsstrukturen und Deutungswandel in der deutschen Drogenberichterstattung. Opladen: Westdeutscher Verlag.
Whine, Michael (1999): Islamist Organizations on the Internet. In: Terrorism and Political Violence, 11. Jg., Heft 1 (Frühling), S: 123-132.
Wilke, Jürgen (1986): Auslandsberichterstattung und internationaler Nachrichtenfluss im Wandel. In: Publizistik, 31. Jg., S. 53-90.
Wilke, Jürgen (1998a): Konstanten und Veränderungen der Auslandsberichterstattung. In: Holtz-Bacha, Christina/Scherer, Helmut u.a. (Hrsg.): Wie die Medien die Welt erschaffen und die Menschen darin leben. Opladen: Westdeutscher Verlag, S. 39-57.
Wilke, Jürgen (1998b): The Struggle for Control of Domestic News Markets (2). In: Boyd-Barrett, Oliver/Rantanen, Terhi (Hrsg.): The Globalization of News. London: Sage Publications, S. 49-60.
Wilke, Renate (1981): Umfang und Informationswert der Auslandsberichterstattung. In: Aufermann, Jörg/Scharf, Wilfried (Hrsg.): Hörfunk und Fernsehen für die Demokratie. Ein Handbuch über den Rundfunk in der Bundesrepublik Deutschland. 2. Auflage. Opladen: Westdeutscher Verlag, S. 316-333.
Wilkinson, Paul (1997): The Media and Terrorism: A Reassessment. In: Terrorism and Political Violence, 9. Jg., Heft 2 (Sommer), S. 51-64.
Wilkinson, Paul (2001): Terrorism versus Democracy. The Liberal State Response. London: Frank Cass.
Wimmel, Andreas (2005): Transnationale Diskurse in der europäischen Medienöffentlichkeit: Die Debatte zum EU-Beitritt der Türkei. TranState Working Papers Nr. 29. Bremen: Universität Bremen.
Whorf, Bejamin Lee (1963): Sprache, Denken, Wirklichkeit. Beiträge zur Metalinguistik und Sprachphilosophie. Reinbek b. Hamburg: Rowohlt.
Wirth, Werner/Kolb, Steffen (2003): Äquivalenz als Problem. Forschungsstrategien und Designs der komparativen Kommunikationswissenschaft. In: Esser, Frank/Pfetsch, Barbara (Hrsg.): Politische Kommunikation im internationalen Vergleich. Grundlagen, Anwendungen, Perspektiven. Opladen: Westdeutscher Verlag, S.104-131.
Wyss, Vinzenz/Pühringer, Karin u.a. (2005): Journalismusforschung. In: Bonfadelli, Heinz/Jarren, Otfried (Hrsg.): Einführung in die Publizistikwissenschaft. 2. Auflage. Bern: Haupt Verlag, S. 297-330.

MEDIEN UND POLITISCHE KOMMUNIKATION – NAHER OSTEN UND ISLAMISCHE WELT / MEDIA AND POLITICAL COMMUNICATION – MIDDLE EAST AND ISLAM

(Die Bände 1–10 sind beim Deutschen Orient-Institut, Hamburg erschienen und über dieses und den Buchhandel zu beziehen.)

Band 11 Jamal Nazzal: Das palästinensische Rundfunksystem und die deutsch-palästinensische Medienkooperation. 340 Seiten. ISBN 978-3-86596-058-0. ISBN 3-86596-058-8

Band 12 Aydin Nasseri: Internet und Gesellschaft in Iran. Mit einem Vorwort von Katajun Amirpur. 198 Seiten. ISBN 3-86596-116-9

Band 13 Maria Röder: Haremsdame, Opfer oder Extremistin? Muslimische Frauen im Nachrichtenmagazin Der Spiegel. 160 Seiten. ISBN 978-3-86596-143-3

Band 14 Antje Glück: Terror im Kopf. Terrorismusberichterstattung in der deutschen und arabischen Elitepresse. 206 Seiten. ISBN 978-386596-157-0

Band 15 Muhammad I. Ayish: The New Arab Public Sphere. 254 Seiten. ISBN 978-3-86596-168-6

Band 16 Susan Schenk: Das Islambild im internationalen Fernsehen. Ein Vergleich der Nachrichtensender *Al Jazeera English*, *BBC World* und *CNN International*. 176 Seiten. ISBN 978-3-86596-224-9

Band 17 Jan Michael Schäfer: Protest in Ägypten. Wie Al-Jazeera und andere Medien die Kifaya-Bewegung möglich machten. 150 Seiten. ISBN 978-3-86596-219-5

Frank & Timme

Verlag für wissenschaftliche Literatur

MEDIEN UND POLITISCHE KOMMUNIKATION – NAHER OSTEN UND ISLAMISCHE WELT / MEDIA AND POLITICAL COMMUNICATION – MIDDLE EAST AND ISLAM

Band 18 Sarah Jurkiewicz: Al-Jazeera vor Ort. Journalismus als ethische Praxis. 140 Seiten. ISBN 978-3-86596-228-7

Band 19 Katharina Nötzold: Defining the Nation? Lebanese Television and Political Elites, 1990–2005. 376 Seiten. ISBN 978-3-86596-242-3

Band 20 Kerstin Engelmann, Friederike Günther, Nele Heise, Florian Hohmann, Ulrike Irrgang, Sabrina Schmidt: Muslimische Weblogs. Der Islam im deutschsprachigen Internet. 282 Seiten. ISBN 978-3-86596-239-3

Band 21 Carola Richter: Medienstrategien ägyptischer Islamisten im Kontext von Demokratisierung. 354 Seiten. ISBN 978-3-86596-361-1

Band 22 Douglas Reynolds: Turkey, Greece, and the "Borders" of Europe. Images of Nations in the West German Press 1950–1975. 558 Seiten. ISBN 978-3-86596-441-0

Band 23 Kai Hafez (Hg.): Arabischer Frühling und deutsches Islambild. Bildwandel durch ein Medienereignis? 154 Seiten. ISBN 978-3-86596-497-7

Band 24 Almut Woller: Transformation der Geschlechterverhältnisse in den Vereinigten Arabischen Emiraten. Eine feministische Diskursanalyse der Arbeitsmarktintegration emiratischer Frauen. 234 Seiten. ISBN 978-3-7329-0015-2

Band 25 Margret Müller: The World According To Israeli Newspapers. Representations of International Involvement in the Israeli-Palestinian Conflict. 286 Seiten. ISBN 978-3-7329-0286-6